[季刊 経済理論 第54巻 第4号] 目次

特集

政治経済学の経済政策論

- 003 特集にあたって……**関根順一**
- 006 民主的改革論の「失敗」とマルクス派の経済政策論……**大西 広**
- 014 反緊縮のマクロ経済政策理論……**松尾 匡**
- 027 原発災害の復興政策と政治経済学……**除本理史**

論文

- 037 ケインズ的失業を伴うグレアム型貿易モデル
  ──国際価値・賃金率・雇用量の同時決定……**佐藤秀夫**
- 055 価値形態論における計算貨幣……**江原 慶**
- 068 世界金融反革命とアメリカ株価資本主義……**涌井秀行**

書評

- 078 八木紀一郎=著
  『国境を越える市民社会 地域に根ざす市民社会──現代政治経済学論集』……**宇仁宏幸**
- 081 萩原伸次郎=著
  『新自由主義と金融覇権──現代アメリカ経済政策史』……**松橋 透**
- 085 ロベール・ボワイエ=著／山田鋭夫=監修，横田宏樹=訳
  『作られた不平等──日本，中国，アメリカ，そしてヨーロッパ』……**鍋島直樹**
- 088 大西 広=編著
  『中成長を模索する中国──「新常態」への政治と経済の揺らぎ』……**厳 成男**
- 092 田中英明=著
  『信用機構の政治経済学──商人的機構の歴史と論理』……**柴崎慎也**
- 096 岡田徹太郎=著
  『アメリカの住宅・コミュニティ開発政策』……**樋口 均**

書評へのリプライ

- 099 『この経済政策が民主主義を救う』に対する
  書評[評者=海野八尋氏]へのリプライ……**松尾 匡**

- 103 第8回(2017年度)経済理論学会奨励賞……**奨励賞選考委員会**
- 105 Article Summaries
- 109 刊行趣意・投稿規定
- 110 編集後記……**結城剛志**

Political Economy Quarterly Vol. 54, No. 4
CONTENTS

SPECIAL ISSUE

The Study of Economic Policy in Political Economy

003 Introduction......**Jun-Ichi SEKINE**

006 What Should Be Discussed on Economic Policies by Marxian Economics......**Hiroshi ONISHI**

014 Theories of Anti-Austerity Macro Economic Policy......**Tadasu MATSUO**

027 Political Economy and the Reconstruction of
Fukushima from the Nuclear Disaster......**Masafumi YOKEMOTO**

ARTICLES

037 A Graham-type Trade Model with Keynesian Unemployment:
Simultaneous Determination of International Values, Wage Rates,
and Quantities of Employment......**Hideo SATO**

055 Money of Account and the Value-form Analysis......**Kei EHARA**

068 World Financial Counter-Revolution and U.S. Stock Price Capitalism......**Hideyuki WAKUI**

BOOK REVIEWS

078 Kiichiro YAGI,
Civil Society Crossing Borders, Rooted in Localities:
Studies in Contemporary Political Economy......**Hiroyuki UNI**

081 Shinjiro HAGIWARA,
Neo-liberalism and Financial Hegemony......**Toru MATSUHASHI**

085 Robert BOYER /translation supervised by Toshio YAMADA, translated by Hiroki YOKOTA,
La Fabrique des Inégalités......**Naoki NABESHIMA**

088 Hiroshi ONISHI ed.,
China's Transformation to Medium Growth......**Chengnan YAN**

092 Hideaki TANAKA,
The Political Economy of Credit Organizations:
The History and Logic of Systems Organized by Merchants......**Shinya SHIBASAKI**

096 Tetsutaro OKADA,
Housing and Community Development Policy in the United States......**Hitoshi HIGUCHI**

BOOK REVIEW REPLY

099 Reply to Yahiro UNNO's Review of *This Economic Policy will Salvage Democracy:*
The Effective Alternative for Defeating Abe Regime by **Tadasu MATSUO**

103 The 2017 JSPE Young Scholars Award

105 Article Summaries

109 Aims and Scope, and Instructions for Authors

110 Editorial Postscript......**Tsuyoshi YUKI**

特集にあたって

関根順一 | 編集担当

2008年のリーマン・ショックとそれに続くグローバル金融危機に対し，主要国は非伝統的金融政策や大規模な財政政策をはじめ政策を総動員して事態の収拾を図った。今やリーマン・ショックから10年近くが経過して，主要国の経済は表向き，平静を取り戻したかに見える。しかし，米連邦準備理事会(FRB)は2015年12月，事実上のゼロ金利政策を解除したものの，なお金融政策の正常化の途上にあり，欧州中央銀行(ECB)は2014年6月以来，マイナス金利政策を続けている。日本でも2012年12月の政権発足以来，第2次安倍政権は，金融緩和・財政出動・成長戦略からなる経済政策「アベノミクス」の推進に努めてきたが，日本銀行は2016年2月，「量的・質的金融緩和」の「物価安定目標」を達成できないまま，マイナス金利政策に踏み込んだ。主要国の市場経済は，はたして自律的な回復を遂げたのだろうか。

主要国の市場経済は経済政策への依存を強める一方で，経済政策を巡る議論も活発になってきている。日本でも近年，多くの政治家・官僚・エコノミスト・ジャーナリスト・学者が盛んに経済政策を論じ，経済理論学会でも多数の会員が日本経済の現状を分析し，経済政策の妥当性を議論してきた。

本特集では改めて，マルクス経済学をその基幹部分とする政治経済学における経済政策論の研究課題を論じたい。そもそも政治経済学における経済政策論の研究課題は何か。本特集は，おそらくは多くの政策研究が暗黙の前提としている事柄に光を当てる。

新古典派経済学の標準的な教科書では，自由で平等な諸個人からなる市民社会を暗黙に想定し，完全競争下での市場経済の優越を説く一方，現実の市場経済における資源配分は必ずしも効率的ではないことを認め，資源配分の歪みを是正するために政府による市場経済への介入が必要であると説明する。

しかしながら，この一見，常識的な説明には3つの問題点がある。第1に，この説明では社会は自由で平等な諸個人から構成される。新古典派経済学が暗黙に想定する社会には持てる者と持たざる者の，支配する者と支配される者の深刻な対立は存在しないが，はたして，それは現実の姿だろうか。第2に，この説明が想定する市場経済は歴史的諸条件とは無関係に成立する。確かに新古典派の経済学者も市場経済と無縁な経済，自然経済の存在を知っているが，少なくとも理論的には市場経済の成立は歴史的諸条件によらな

い。第3に，この説明では政府は国民の総意を受けて市場経済に介入する。しかし，社会の内部に深刻な利害対立があるとき，政府は，この利害対立に対して中立を保つことができるのだろうか。

一方，マルクス経済学を中心とする政治経済学は，新古典派経済学が想定する議論の前提にはとらわれない。それでは，このような前提から解放されたとき，経済政策論は，どのような研究課題に直面するだろうか。以下では，議論の見通しをよくするために暫定的な研究課題のリストを示しておこう。

第1に，政治経済学は，市場経済が社会的にも経済的にも多様な人々から構成され，異なる集団の間に深刻な社会的政治的利害対立が存在することを否定しない。とりわけ古典派経済学とマルクス経済学は市場経済が実は資本制経済であり，資本家・労働者・地主の間に経済的利害の対立があることを認める。その上で政治経済学は政府の中立性を仮定しない。それゆえ，政治経済学は特定の経済政策が誰のための政策であるのか，どの階級に利益を，どの階級に損失をもたらすのかを問うことができる。置塩信雄は，このような問題意識を持って新野幸次郎との共著『ケインズ経済学』の中でケインズ政策の本質を論じた。

議会制民主主義の下では一般に，経済政策の実施は議会の承認を必要とし，特定の経済政策を実施しようとすれば，為政者は多少とも国民の合意を取り付けなければならない。その際，特定の経済政策の提唱者は，その真の意図を隠し，特定の経済政策が国民全体の利益に合致すると主張するかもしれない。経済政策論の第1の課題は，階級間の利害対立を隠すことなく経済政策の真の意図を明らかにすることである。国民が特定の経済政策の真の意図を知ることは民主的な政策決定過程において，とりわけ重要である。

第2に政治経済学は主流派あるいは非主流派の近代経済学と異なり，市場経済が永遠不変な社会であるとは考えない。実際，市場経済，より正確には資本制経済は歴史上，生産力が一定の水準に達した段階で初めて出現し，資本制経済の成立は歴史的諸条件に依存する。また資本制経済が直面する問題も永遠不変な社会における市場の失敗ではなく，歴史的諸条件の下で生じる経済問題である。政府は，歴史的諸条件の下で生じる具体的な経済問題の解決を迫られており，経済政策論の第2の研究課題は経済政策の歴史的課

題を明らかにすることである。宇野弘蔵は，このような問題意識を背景に『経済政策論』の中で欧米主要国における通商政策の歴史的変遷を研究した。

第3に，実施された経済政策は常に期待された成果を上げるとは限らない。一般に政府は，必ずしも公にされていないにしても一定の政策目標を設定して市場に介入する。しかしながら，人々に自由な経済活動が許される限り，政府の市場介入は，政府自身が意図しない結果を招くかもしれない。加えて，資本制経済において特定の階級の利益に沿って実施された政策は，各階級に異なる影響を及ぼすにちがいない。経済政策論の第3の課題は経済政策の効果を検証することである。労働経済の専門家による一連の実証研究は，労働市場における近年の規制緩和が非正規雇用の増大をはじめ労働条件の悪化を引き起こしたことを明らかにした。

最後に，経済政策論は実践的な意味で，現在，実施されている政策や導入されようとしている政策を検討するだけでは十分ではない。もし，現行の経済政策や近い将来の経済政策が不適当であれば，それに代わる経済政策は存在するのか。代替的な経済政策は具体的に，どのような内容で，はたして実行可能であるのか。さらには，代替的な経済政策は，現行の経済政策以上の政策効果を上げるのか。現行の経済政策に代わる経済政策を提示することも経済政策論の課題である。1980年代に置塩信雄と野澤正徳を中心とする研究グループは，このような研究課題に取り組み，その研究成果を『日本経済の数量分析』にまとめた。

大西論文「民主的改革論の『失敗』とマルクス派の経済政策論」は『日本経済の数量分析』と関連が深い。大西会員は前述の研究グループに加わり，大学院在学中に同書第4章「民主的政策の階層別効果」を執筆した。大西論文の表題にある「民主的改革」とは，この研究グループが目指した日本経済の「国民本位」の改革を指す。大西論文は，それを「失敗」と言うが，それは，どのような理由によるのだろうか。

本特集の主要な目的は政治経済学における経済政策論の研究課題を論じることである。とはいえ，政策研究の対象は多岐にわたり，また，その神髄は個別具体的な政策分析や政策提言にある。

松尾論文「反緊縮のマクロ経済政策理論」は，冒頭で触れた非伝統的金融政策に関わる。松尾会員は，

「同次系問題」を背景にデフレ不況の診断を行い，政策的処方箋を示した。松尾論文は上述の第4の研究課題に正面から取り組んでいると考えられる。90年代以降，日本で本格的なデフレ不況が進行する中で主流派経済学の周辺にケインズ理論の現代的復権が起こる。その一方でヨーロッパやアメリカでは近年，緊縮財政に反対し，国民の生活保障さらには生活向上のための財政支出の拡大を訴える左派勢力の隆盛が目覚しい。最新の政策論争に論評しながら，松尾論文は新たなマクロ経済政策を提起する。

　除本論文「原発災害の復興政策と政治経済学」は政治経済学の視点から，東日本大震災後の7年間で実施された復興政策を検証する。まず除本会員は，1960年代以降に発展してきた公害・環境問題の政治経済学の研究成果を確認する。その上で除本論文は，都留重人・宮本憲一らが確立した「政治経済学の方法」を土台として原発事故の損害賠償と災害復興政策の問題点を明らかにする。損害賠償は経済政策と無縁であるように思われるかもしれない。しかし，除本論文を読めば，その考えが正しくないことがわかる。

　3つの特集論文はいずれも重要な問題に取り組み，貴重な問題提起を行った。特集論文を読んだ後，読者は，その分析結果や見解に必ずしも合意できないと感じるかもしれない。しかし，何か政策上の問題に関して最終的な解決を提示することが本特集の目的ではない。むしろ本特集の目的は研究課題を確認することである。各論文に関して異論を持つ読者には，ぜひ経済理論学会で報告を行い，あるいは『季刊 経済理論』に論文を発表し，政治経済学の経済政策論の研究に貢献されることを望む。

特集論文

民主的改革論の「失敗」とマルクス派の経済政策論

大西 広 慶應義塾大学

はじめに

　本特集の趣意書にあるように，マルクス経済学が経済政策を論じる視角は資本主義を永遠のものとし，場合によってはその延命を図ることを目的とする近代経済学のそれとは異なる。また，経済を操作可能な単なる対象と捉える「経済工学」とも異なり，「法則認識の科学」たることを回想しなければならない。ここで「回想」というのは，その本来のあり方が忘れ去られているように見えるからである。

　私は，過去に，マルクス経済学を「政策科学」に発展させることを意図した研究グループに属していたが，そのグループ・メンバーの多くは狭義の「政策科学」から離脱をしている。その理由は何か，そして，その結果として何を「経済政策」として研究するようになっているかを本論文では論じたい。具体的には，国家の規模に関する法則性，失業率変動の法則性，成長率変動の法則性，政策主体としての政府の中立性問題，労使関係の法則性，株式会社社会主義論などを論じたい。

「政策選択論」として社会変革を捉えた民主的改革論の失敗

　上述のように私は1980年代初頭に「民主的改革論」として展開された正統派マルクス経済学内の研究グループに属し，その文脈で大学院修士時代に研究を始めた。私の師は京都大学の野澤正徳先生であったが，神戸の置塩信雄教授とのジョイント・プロジェクトとして「日本経済の民主的改革」を実行する経済政策を策定しその効果を予測・測定するプロジェクトであった。ともに大月書店から両先生を編者として出された『講座 今日の日本資本主義 第10巻 日本経済の民主的改革と社会主義の展望』1982年と『日本経済の数量分析』1983年に集約されたこのプロジェクトではマクロ・モデルと社会階層別モデルという2本の計量経済モデルが構

築され，私は野澤教授の下で後者の作業に加わった。大企業，中小企業，個人企業，その他企業に企業を4部門分割し，かつまたそれぞれの部門での分配を役員報酬と賃金とに分けたこのモデルの構築には相当の苦労があったが，その構築によって大企業やその役員への増税，中小企業や個人業主への減税や補助金，そしてその結果としての消費増が国民経済にどのような影響を与えるかを予測・推計することが可能となり，我々が「民主的改革」と呼んだ整合的な政策体系の提示を行った。また，アメリカの肩代わり政策で推進される軍事費の拡大をやめればどのような国民的利益があるかも推計した。こうして現政権の政策体系は間違っていること(労働者や中小企業家，個人業主の利益とならないこと，別の政策体系を行う政府を被支配階級が選択しなければならないこと)が説明できると考えたのである。日本の正統派マルクス主義は「社会主義革命」に先立って反帝反独占の民主主義革命が必要だと主張していたのだから，その政策体系に沿ったものとして基本的にはこのプロジェクトは肯定的に評価された。それは，このプロジェクトが日本の正統派マルクス経済学が総力をあげた『講座 今日の日本資本主義』全10巻の最終巻としてセットされていたことからもうかがえる。ちなみに，この『講座』自体，戦前の『日本資本主義発達史講座』の現代版と位置付けられていた。

　しかし，それでも，このプロジェクトに参加したほとんどのメンバーはその後，「政策研究」から「理論研究」に移行する。その理由は何か。本稿が論じるのは基本的にこの事情となる。言い方を変えると「マルクス派経済政策論」として研究されるべき，論じられるべきものは何かという問題である。

　こうした「転換」のひとつの契機となったのは，雑誌『現代と思想』上の是永純弘氏による論文(是永(1979))であった。この論文は，上記プロジェクトの成果刊行前のものであり，かつ「民主的改革の政策論」というよりそのために作成される数量モデルへの批判であったが，

是永氏と同様，「マルクス派経済統計学会」に属する京大および京大出身者のグループ（つまり野澤グループ）にとっては無視できない批判として提起され，よってマルクス派の政策論はどうあるべきかを真剣に考える契機となった。各人それぞれが考える方向性には様々なバリエーションがあったが，たとえば私の場合には，労働者への賃金分配による消費増の効果だけを見るのではなく，投資減の効果も見なければならない，そして，その効果は資本蓄積を減退させるから「生産力効果」をも含まねばならない。それを含む計量経済モデルとはどのようなモデルであるべきかをテーマとして修士論文を作成した。言い換えると，需要サイドのケインズモデルに代わる供給サイドのマルクスモデルとはどのようなモデルであるべきか，という問題であった。

この問題を少し表現を変えて説明すると次のようになる。すなわち，計量経済モデルというのはどのような理論に基づいても構築することができるので，我々が「政策モデル」として何かを作るのであれば，その前にまずは何がマルクス的な理論であるかを確定しなければならない。が，その検討が不十分であった。ので，「政策研究」の前にケインズとマルクスとの関係，あるいは新古典派との関係などなどについてまずは研究を深めねばならない。それが先決との認識に達したのである。他のメンバーもテーマこそ違え，やはりそれぞれの理論研究に帰って行ったというのが実情である。こうして「民主的改革派」はいわば自然消滅することとなったのである。

社会変革にとってのキーは整合的経済政策か？

ところで，「民主的改革論」には様々な理論的特徴が存在したが，そのうちのひとつとしてあった「経済整合性論」について述べておきたい。これは野党はたとえば賃金分配の一方のメリットを述べるが他方のデメリットを論じない，財政の追加的支出を要求するがそれに見合う歳入源を明確にしない，といった批判に対応する目的で言われ始めたものであり，実際，重要な論点である。先の民主党政権の失敗も，この点での緊張感のなさが財政赤字を急拡大させ，最終的には公約違反の消費税導入へと向かった。このようなことになると野党には「政権担当能力」がないとなって，現体制の転覆が不可能となる。よって，日本の共産主義政党は社会民主主義政党と違ってこの問題を特別に重視してきた。

この伝統のひとつに「民主的改革論」の「経済整合性論」があったと理解される。ので，民主的改革論が重視した経済整合性論は今でもなお非常に重要な，忘れられてはならない重要な政策上の前提条件なのだと認識しておくことは重要である。

しかし，その上で，「整合性ある政策体系がないと政権奪取はできない」のかと吟味すると，現実の政権交代はそういうものではなく，もっと大きなレベルの変化，選択が争われているようにも思われる。トランプ政権成立時の選挙であれば，製造業を守るために保護貿易主義に回帰するのかそれとも自由貿易主義を継続するのかが問われ，日本の民主党政権成立時には消費税や普天間基地移設問題などが争点となった。もっと抽象的に言うと，労働者的政策と資本家的政策の選択である。政策に整合性がとれているのは当然のこと，前提条件であるが，いつも主要に争われているのはもっと大きな路線選択である。細かな整合性は二次的な問題，あるいは政権獲得後に本当にうまく政策運営できるかどうかというレベルの問題と考えた方がよい。我々「民主的改革論」のグループが当時検討したケース・スタディにはチリのアジェンデ政権の崩壊にはその経済政策上の失敗があったというものがあり[※1]，そうした意味で政権獲得後に整合性のある政策をとれる能力は極めて重要であるが，それは一種の前提であって，それ以上に重要なものはもっと大きな路線選択である。その後に世界と我々が経験した諸国の政策的争点も結局はそういうものだったと考えるのである。

たとえば，2016年の韓国の反朴政権デモの広がりは若者の政権支持率を0％にまで低めるほどの大規模なものであったが，実際に政権を下野させたこの運動は「それに代わるもの」の基本線をたとえば特定の人物の特定の利益のためではない，公平な政治というものに置いた。この基準でいえば日本の安倍政権はとっくの昔に打ちのめされていなければならないが，これは言い換えると政権の維持・下野に関わる大きな論点であるということになる。私はこの問題を「安倍政権の新自由主義が問われているのではなく，その国家主義（国家権力の乱用）が問われている」のだと理解しているが，ともかくもそうした政権の在り方，誰のための政権であるのか，といった大きなレベルの選択が争点となっていた／いるのである。細かな政策が問われているのではない。

したがって，本来，政権選択としての社会変革のためのプロジェクトであった「民主的改革論」は，経済整

合性の主張という重要論点を積極的遺産として後に遺したものの，全体としては社会変革の中心的プロジェクトではなくなることとなった。労働者のための政権をつくりたければ，そこで果たされるべきマルクス経済学のより重要な課題は別のところに設定されねばならなかったのである。

では，何がより重要な問題として課題設定されねばならなかったのか。この問題を考えるために，「民主的改革論の失敗」と関わる3つの論点を提起し，まずはそのそれぞれについて考察を行ってみたい。具体的には，①民主的規制論の意義と限界，②政府政策にすべてを収斂してはならないこと，そして③長期法則の認識が政策評価の前提となることである。

民主的規制論の意義と限界

それでまず論ずるのは，民主的改革論がそのある種の目玉として提起した「民主的規制論」である。これは，従来のなんでも国有化といった非現実的な政策提起からの決別としての意義を持った一方で，「資本主義とは何か」という根源的な持題について置塩信雄氏が鋭角的に提起した回答と鋭く関わっている。置塩(1980)は「所有の実質は決定権である」との提起を行い，よって「生産手段の私的所有の廃止」とは「生産に関する決定権を国民が獲得することである」とする。つまり，形式的には「私的所有」が維持されたとしても，その決定を国(や労働者)が握ればよいとして，国による直接的な生産関係への介入を主張する。具体的には販売価格や賃金の決定に関する介入，投資決定に関する介入，雇用決定に関する介入および稼働率に関する介入であり，それらを総称して「民主的規制」と呼んだ。そして，この立場は「国有化論」からの離脱として歓迎されたのである。

しかし，話はそう簡単にはいかなかった。こうした介入の効果を計量モデルで計測するのは簡単ではあるものの(たとえば，特定の生産額に対応する雇用量を増やすためには雇用関数の定数項を変化しさえすればよい)，それがあまりに容易であるがために，その現実的条件がどこにあるのかの検討が必要になる。あるいはまた，政府が無理やりに追加雇用させるとはどういうことか(たとえば企業監視のための公務員を大量に雇用するのか)，損失を増やしても追加雇用させるとはどういうことか(たとえば個別企業に追加雇用の人数をそれぞれ指示するのか)，そうした圧力はどのように現実に

なされるのかが問われることとなった。もちろん，こうした「圧力」には(独占)資本家が経済的なレベルでもリアクションを行うであろうから，それへの対応も問題となる。たとえば，ありうる生産サボタージュにはどのように対応するのか，といったような問題もあった。論文などで以上の諸問題を公開したわけではないが，プロジェクト・メンバー間で議論されたこうした諸論点を聞いて私が考えたことは，政府による対企業の規制とは「何々してはいけない」というようなものは可能でも「なんらかの嫌がる行為を無理やりにさせる」のは非常に困難であるということであった。前者にはたとえば有害物質を使用させないとか，汚水の垂れ流しを禁止するとかいうもので，問題があっても現実に機能している。しかし，後者の具体的イメージが涌かないというような問題である。

そのため，当時の私は生産増にとって必要なのは規制ではなくむしろ競争政策であると考えた。なぜなら，「独占資本主義」の弊害とは，独占状態ないしそのための生産抑制であるのだから，その打破のために必要なのは競争を厳しくすることによる生産抑制への対抗策であるべきだという論理である。私がケインズ派計量経済モデルに対抗して修士論文で作成したマクロ計量経済モデルは「供給重視のマクロ・モデル」であったが[*2]，そこでやろうとした「政策シミュレーション」も「競争促進政策」であった。これはなんと「規制緩和政策」に通ずる。この意味で，「マルクス派」の「経済政策論」も国有化論，民主的規制論を経て新古典派的なものを再評価せざるを得なくなっているというのが私の認識である。

なお，こうした政策論上の立場のシフトは企業の在り方に対する考え方の変化をも帰結しないわけにはいかない。上記のような「民主的規制」をもっても，もちろん「国有化」をもっても「社会主義的」なものとしないのであれば，将来における企業の在り方とはどのようなものとなるのであろうか。この問題へのその後の私の思索は碓井・大西編(2007)第6章における「株式会社社会主義論」に帰結することとなった。この趣旨は，マルクスやエンゲルスもかなりな程度に「所有の社会化」として株式会社を評価していたというところにあるとともに，株式上場制度における不特定多数による株式売買を通じた経営層への圧力を評価するもので，「参加(voice)」という「民主主義的」な圧力よりも「退出(exit)」という「市場的」な圧力を評価するという意味では大きな意味を持つ。こうした「圧力」は「決定」への関与そのものであるから，置塩理論的にも「所有の社会化」以上に重要である。ともかく，マルクス派内にも株式会社制度を積極的なもの

として評価しようとする流れはいくつかあるわけだから[3]、この点はもっと本格的に検討されるべきではないだろうか。

政府政策にすべてを収斂させてはならないこと

　2番目に論じておきたいことは「民主的改革」とは単なる政権選択の問題ではなく、「社会」レベルにおける力関係の変化による生産や分配部面での変革をも含むということである。たとえば、「生産」部面では、上記のような株式会社制度の進化やNPOなど社会的セクターの発展がある。これらの発展に寄与する政府政策の実現という課題もあるが、ともかく、それらとは無関係に「社会」内部で独自に取り組まれる課題を無視してはならない。選挙で選ばれることを主に活動を行う政党はどうしても「政府政策」に問題をすべて収斂させる傾向があるが、それは「改革」のすべてではないのである。

　これはもちろん、「分配」部面の問題についても言える。ピケティを含む社会民主主義はどうしても「再分配」に関心を集中させ、結果として「大きな政府」を要求することとなってしまう。この原因にはその推進者としての政党の利益もあろうが、「生産、分配への直接関与」のリアクションへの恐れもあるのではないかと考える。たとえば、賃上げは価格転嫁や雇用減という企業側のリアクションを生むが、それをせずにまずは企業に利益を上げさせ（あるいは資本家に利潤を分配し）、その後になって初めてその利益の再分配をすればネガティブなリアクションは少なくすることができるかも知れない。私に言わせると生産決定への介入を回避する社会民主主義の立場はこうした恐れから始まっている。先に論じた趣旨から言えば、私もまたこの感覚は共有できる。が、そうすると国家という厄介な別種のものを許容してしまうこととなり、実際上はそれに容易にアクセスできる者の権力を強めることになる[4]。韓国の朴政権退陣の際に問題となり、現在の日本の安倍政権で問題となっているのはこのことである。

　したがって、「経済政策論」を考える際に抜かしてはならない重要論点には、それぞれの政策がどのような政府の権力＝裁量権をもたらしてしまうのか、それを制限するにはどうすればよいか、といった問題がある。ハイエクやフリードマンに始まる「新自由主義」の真面目な問題関心である。たとえば、公共工事で景気浮揚という場合にも、現実にどの公共工事を優先し何を優先し

ないか、どの企業に発注するかしないのかといった裁量はなんだかんだ言っても一部の権力者に委ねられることになる。現在争われている労働時間規制についても業種、職種ごとの判断がどうしても政策策定者によって行われることとなってしまう。これは再分配政策でも同じで、家族構成や子供の年齢、進学の有無などさまざまな基準のどれを優先するかを政府が決めることとなり、言ってしまえば、その権限があるからこそ政治家は特定勢力と結びついて利益を享受することができるのである。このため「大きな政府」を嫌うメンタリティーにはちゃんとした根拠があり、よってそれを最大限に回避する政策が模索されなければならない。そして、その意味では、たとえ「政府介入」ではあっても、権力者の裁量権には結びつかない「政府政策」としての最低賃金政策（最低賃金の引上げ）が望まれるのではないかと強く考えるようになった。

　この政策が望ましいと思われるのには様々な理由がある。「最低ライン」の引上げなので賃金格差の是正につながること、低賃金労働者の無制限な長時間労働をなくすには短時間でも生活できる環境の整備（時間単価の引上げ）が根本的に必要なこと、それによって労働時間規制への政府介入の必要性が減少すること、そして、そもそも、これは「再分配（2次分配）」ではなく1次分配上の問題なので、各企業に政府が強制するのは自分が雇った労働者にはそれ相応の賃金を払いなさいという強制であるということがある。各企業の利益からの分配を強制するのは他企業の労働者にではなく、その企業が雇った労働者に対してなのだから、各企業も納得しやすいのではないだろうか。もちろん、こうした強制は国家によるものではなく、労働組合を通じた非政府的なものであればなおよい。

　実際、私はいつも思うことであるが、マルクス経済学の主要問題は労使関係にあるにもかかわらず、学者の関心は「政府」にのみ向きすぎている。上述の社会民主主義と同様、「生産」への介入を拒否する近代経済学はいよいよそうであって、「大きな政府」か「小さな政府」かのみをいつも論じている。が、政府以前に1次の分配が焦点となっているのであって、このことはマルクス主義の古典が繰り返し論じていたことである。たとえば、エンゲルスは『住宅問題について』で、政府の「住宅政策」は無意味だと喝破した。労働搾取による貧民の大量発生がある限り、特定地域の居住環境を改善しても、貧民は他に移って新たな貧民窟を形成するにすぎないとエンゲルスは説き、問題の根源は搾取＝1次分配に

あると主張した。「政府介入」によって事後的に問題を解決しようとしてもそれは本質的な解決とはならないこと、問題の糊塗に終わること、よって「生産」の場での問題の解決を主張したのである。我々マルクス派の解決策は「大きな政府」ではない。

長期法則の認識が政策評価の前提であること —— 資本主義を永遠のものと見ないと何が見えてくるか

最後に問題としたいのは長期法則との関係である。たとえば、最近の労働政策で問題となっていることのひとつに年功序列的な日本型賃金体系からアメリカ型のフラットな賃金体系への転換があるが、後者の痛みを回避するために前者への回帰を求める意見がある。が、それは歴史の法則的な理解としてありうるのかどうか、その理解に依存して評価は異なってくる。つまり、政策の良し悪しを判断する「政策の科学」の前に「法則の科学」としての経済学の判断がなければならない。この賃金体系問題について言えば、日本型経営とアメリカ型経営のどちらが将来に持続可能なシステムと言えるのか、あるいは同じことであるが、ゼロ成長化した日本経済でも一般的な年功序列賃金が可能かどうかという問題である。私の場合は、碓井・大西編（2001, 2007, 2014）で一貫して主張しているように、ゼロ成長下では一般的な年功序列賃金が持続不可能との判断である。各企業の職位＝賃金はピラミッド構造をしているが、高度成長期には学卒で最低の賃金ラインから入った誰もが上位の職位＝賃金に上がることができた。それは、各企業も高成長したためにそのピラミッド自体もこの過程で大きくなり、よって20歳前後で入社した者たち全員が、30年後の50歳頃にはそれ相応の高い職位＝高賃金を得られたからであった。ただ、高成長が終わるとこれは不可能となる。したがって、高成長が終わった今、古い日本型経営とその賃金体系を復活することは不可能である。日本的経営に回帰できるかどうかはその良し悪しではなく、歴史の長期法則をどう見るかで判断されなければならないのである。

もちろん、この私の判断には異論もあろう。が、ここでの問題は日本的経営の将来における存在可能性の判断それ自身ではなく、長期に何がしかの歴史法則があるのであれば、その法則と無関係に経済政策を考えられないということである。ここで合意いただきたいの

はこの一点である。そして、この論点のために「成長率変動の歴史法則」についても少し展開しておきたい。巷には依然として、日本経済に成長率アップの奇策があるという意見が存在するが、そうは言っても先進国全般の成長率が途上国全般の成長率より低いことは否定できないからである❖5)。つまり、多少の突発的な成長率の上昇があったとしても、やはり長期平均的には成長率が低下するものと見なければならない。そして、もしそうすると、こうした成長率の低下は上記のような賃金体系だけではなく、様々な構造的な変化を要することになる。たとえば、工業団地の造成を中心とした地域政策はもはや完全に過去のものとなり、マクロ・レベルでの投資財部門の比率は低下せざるを得ず、また地価上昇を想定した金融システムも終えなければならない。これらはすべてマクロの政策形成にとって極めて重要な問題であるから、我々は「政策論」の前にまずもってこの法則の可否をこそ研究し、確定しなければならない。繰り返すが、これが「法則の科学」としての経済学の役割なのである。

実際、以上のような雇用制度変化の問題や成長率に関する問題以上に、政府の規模に関する問題はその法則性が経済政策論に鋭く直接に関わってきた。たとえば、自由貿易は推進されるべきかどうか、民営化や規制緩和にどう対処すべきかといった問題であり、私は多くのマルクス派研究者とは違って、これらを不可避な歴史法則と捉えてきた。実のところ、何がマルクス派の経済政策論かを論ずる本稿でこの自説への同意は必要なく、必要なのはただこの見解に依存して経済政策論の在り方は全く変わってくること、言い換えれば、この判断のための研究こそがより根本的な「経済政策論」であるということである。

が、こうした最低限の合意を得るためにも、（資本主義成立後における）政府規模の長期歴史的縮小に関する私の説明も少しは行っておきたい。私の場合は、初期資本主義では強硬的で急速な資本蓄積が必要となるため、経済への強力な国家介入が先発資本主義諸国では原始的蓄積として行われ、その後も日本やドイツでは戦前期の統制経済として、途上国では開発独裁として、毛沢東期の中国や旧ソ連では「国家資本主義」として実行されたという話が基本であるが、それに加えて最近考えている私立大学と国立大学との関係、私鉄とJR（国鉄）との関係および「民間外交」と政府外交との関係についてここでは論じておきたい。

その最初の私立と国立の大学経営の問題であるが、

両方を経験して感じる最大の問題は，国からの潤沢な資金提供があってもうまくいかない国立の問題は政府の過剰なコントロールにあるというものである。良心的に受け取れば，私学より良い国立の教員/学生比は国家がその責任で良質の教育を保障しようというものである。が，慶應の経済学部と商学部の学生総数の1/9しかない京都大学経済学部の学生数は「良質」というより，実際は過小で，多くの教員はより多くの学生を集めたいと考えている。が，政府による学生数の制限でそれは適わず，さらには授業料収入も不足するから財政は苦しくなる。これは制度の問題であって，国立の教員たちの問題ではないと強く感じることとなった。国立ではこれ以外にも「忖度」による教育内容のバイアス，奇怪な学部編成などといった問題も「国立」であるがために生じている。これは要するに国有セクターと民間セクターの経営効率の問題である※6)。

　第二の事例としての私鉄と国鉄（JR）の違いも私は東京に来て強く感じたものである。東京の都心が形成された当初には，まずは山手線と東海道，東北本線，中央線といった国鉄の幹線が整備されている。そして，その後に私鉄は品川，五反田，目黒，渋谷，新宿，高田馬場，池袋といった旧国鉄の駅から支線のような形で敷設された。この時点ではどちらが「主」でどちらが「従」であるかははっきりしていた。が，その後，山手線内を縦横に走る地下鉄と私鉄が相互乗り入れ可能に直結されると，なんと今や都心の各地点へのアクセスは私鉄の方が便利となるに至っている。国鉄はその後JRとなって東京上野ラインや湘南新宿ラインのような都心貫通型の運行を開始し，別種の強みを発揮しようとしているが，軌道の幅の違いによって地下鉄との相互乗り入れはできない。こうした特殊的な問題もあるが，鉄道敷設の当初におけるディスアドバンテイジが後には逆にアドバンテイジに変化するという事例のひとつと理解したい。歴史の発展は有利と不利とを逆転させる。

　第三の事例としての民間外交と政府外交という問題については，過去に民間の国際交流が限られていた時代と現代は違うということを述べたい。現代においては，どの国とも経済，文化，学術，スポーツなどなどの深い交流が広がっており，それこそが「国際交流」の中心を担うに至っている。たとえば，政治的な日中関係がいかに悪くとも，財界の日中交流は無関係に進んでいる。あるいは，北方領土のようなものでも，「領土」としての変更がなくとも現実に日本人が住むなり経済交流を深めるなりしていけば，それはそれで「国境」の意味を

低めることは可能である。ので，これはもはや「外交」というものさえ，「政府的」なものから「民間的」なものに重点が移りうることを示しているのではないだろうか。

欧米港台のrevoltから学ぶ「自由化のコントロール」

　私は，こうした論点以外からも様々な角度から国家の縮小は歴史の法則だと主張してきた。たとえば，最近でも大西（2015c, 2017a, 2017b）といったものがある。が，ただ，それが法則だと言っているだけでは不十分なことも当然認識している。つまり，たとえそれが長期の法則であっても，どのようなスピードでそれを進めるのか，あるいはどのように形で進めるのかは重要な問題であって，もっと言うと，労働者への一方的な負担転嫁でそれを進めるのかどうかといった問題がそれこそ「経済政策論」で詳細に検討されなければならない。実際，現実世界の政治的紆余曲折とはそのような模索の過程であったともいえる。

　たとえば，この間，世界で問題となった自由貿易などの経済統合を例にとると，イギリスのEU離脱投票も，トランプを当選させたアメリカの大統領選挙も，ついでに言うと，当選こそしなかったがフランス大統領選挙におけるメランションやルペンの健闘も，どれもが自由貿易や移民流入による不利益への労働者階級の強い反発を示したものであった。EUはノーベル平和賞を受賞し，自由貿易主義は第二次大戦前のブロック化が戦争を招いたことの反省の上に立っている。そのような意味でも，また前述のように歴史の基本的な傾向であるという意味でも※7)これらは歴史の法則に則った進歩と捉えられるべきものであるが，それでもそれが耐え難い不利益をもたらすのだとイギリスやアメリカ，フランスの労働者階級が強く反発をしたのである。特に，イギリスやアメリカの金融資本家階級（エスタブリッシュメント）はEUとの強い経済関係や自由貿易主義によって逆に大きな利益を得ているのであれば，その反発は根深くなる。ので，問題はたとえそれが「歴史的に正しい方向」であったとしても，それをうまく進めるためにはその過程で生じる様々な諸利害を調整し，一方的に特定の階級だけが不利益を受けるようなことは避けなければならない。私は，実はこの意味で，こうした各種の配慮とバランスのとり方こそが狭い意味での「経済政策論」ではないかと考えている。

　この問題の一般性を示すために，経済統合をめぐる

[特集論文]民主的改革論の「失敗」とマルクス派の経済政策論

	イギリス	アメリカ	フランス	台湾	香港	日本
分離派	民衆	民衆	民衆	民衆	民衆	民衆
経済統合派	財界＋周辺地域	財界＋理念左翼	財界	財界＋金門島	財界＋農民	財界＋沖縄

労働者側の反発がイギリス，アメリカ，フランスだけのものではないことを香港や台湾の例によっても示しておきたい。私は2014年秋の香港の「雨傘革命」を実際に2度訪問調査し，その背景には大陸中国との経済統合よる物価・地価の高騰に加え，現地高校生が現地の大学に入れなくなるといった不利益があるとの調査結果を論文にした（大西，2015a）。また，台湾の「ひまわり運動」については現地調査というほどのことはできていないが，大陸中国との投資協定が中小企業に不利益となるということが運動の背景にあったと報じられている。逆に言うと，それでも大陸との統合強化を目指す志向性が絶えないのは，それが香港や台湾の財界の利益となっているからである。ついでに言うと，我々日本の国でも中国に対する「国民感情」は悪いが，日中経済協会役員でもある榊原定征経団連会長を先頭に財界は日中関係の改善に一生懸命である。私は日中友好協会の副理事長もしているので，その姿を身近に見てきた。つまり，香港，台湾，日本でも労働者階級の側の利益と資本家階級の基本的利益が「経済統合」をめぐって対立し，その不利益が一般的に労働者階級の側に押し付けられようとしているのである。これらの関係は上掲の表に整理してある。

それでは，この歴史の基本法則をうまく進めるためには実際にはどのような配慮が求められるのだろうか。それは不利益を受ける社会集団への十分な補償措置や転換のスピード調整とともに，実際上は特定項目の自由化は先送りするというようなタイプのものにならざるを得ないと私は考えている。たとえば，EU諸国は旧東欧地域からの過剰な移民（あるは旧東欧地域を経由したトルコや中東からの移民）の問題が2000年代における対ロ包囲外交優先，政治優先の無理な東方拡大から始まったのだとの反省をしなければならない。ASEANでも東方拡大前のEUでも，地域統合は本来類似の発展段階に達した諸国でのみ可能となる，そのような事情を無視した強行が過剰な移民という問題を引き起こしたのである。また，TPPで計画されていたのは，農業を含む「聖域なし」の自由化であり，かつまた多国籍企業に絶大な権力を与えるISDS条項があるなど「無制限」に近い自由化であった。これがために諸国における民衆

の強い反発を食らったのであるが，逆に言うと，そうした内容を持たない「自由化」は基本的にはよく配慮されたものと評価できる。TPPに代わってアジアの主要な自由貿易の枠組みとして浮上しているRCEP（東アジア地域包括的経済連携）は基本的にはそういう特徴を持っており，それがゆえにその推進役の中国が世界の貿易秩序の担い手として登場できているのである。

保護貿易主義のトランプが大統領に当選した後，中国の習近平主席がダボス会議で保護貿易主義を牽制するのを見た『Newsweek』誌は「中国が唯一のグローバル・パワー」，「トランプの保護主義でアメリカが縮む今，グローバル・エリートが頼れる大国は他にない」と評した。配慮ある「自由貿易主義」だけが未来に向かう唯一の道となっているのである[8]。

＊

宇野弘蔵氏の『経済政策論』を挙げるまでもなく，マルクス経済学の「経済政策論」は近代経済学のそれとはまったく別種の問題関心で構成されてきた。私についても，京都大学の学生時代に受講した大野英二先生の経済政策論には，財政政策，金融政策，貿易政策，社会政策……といった分類はまったくなく，なんと19世紀ドイツの経済政策の歴史しか教われなかった。が，それに学生たちは皆満足をしていて，何がしか深い思想を学んだ気になったものである。私はこれらを総じて，やはり「法則の科学」として歴史的階級的な視点から経済政策を客観的に論ずるのがマルクス経済学の経済政策論であると考えるようになった。一時，「民主的改革論」として別種の方向を目指したことがあったにしても，である。

歴史の客観的法則の認識，その上での時代認識なしに望ましい経済政策など論じられるはずもない。ので，その認識を急がねばならないが，マルクス経済学界内でもそれ自体（特に前者の認識自体）に大きな見解の差が存在するので，検討しなければならない歴史事実や理論は膨大に存在する。それこそが我々の「経済政策論」なのである。こうした問題意識を持たない近代経済学に対し，我々が優位性を持っているのはこのためである。

注

1) 置塩・野澤編(1982)，川口清史氏による補論がそれである。マルクス自身もパリ・コンミューンの経験を詳細に分析するなど，こうした問題への深い関心を示しているが，同時に旧支配階級の反乱を「散発的」なものと表現するなど軽視している節もある。『フランスにおける反乱』第一草稿(『全集』第17巻，517ページ)参照。

2) これは大西(1983)として発表した。

3) 古くは廣西(1967)に始まり，有井(1991)，小栗(2005)，中野(2009)などがある。

4) ここで最初から政府の経済活動への介入を否定的に表現するのは，政策主体としての政府がそもそも独自の利益を持ち，その権限の拡大が社会全体の利益と異なるとの認識を持っているからである。そして，政府の権力者は多くの場合，民間の有力者・有力階級と結びついている。「大きな政府」論者は，こうした現実の政府の問題を過小評価し，政府はあたかも中立的な存在であるかのように主張する。マルクス派はそうした立場に立たな

い。

5) この問題は私の研究グループが開発するマルクス派最適成長論の最重要な結論である。この結論を最初に導いたのは山下・大西(2002)である。

6) ここでは大学の「研究所機能」については一応度外視し，「教育機関」としての機能のみに関して論じている。なお，本文では述べなかった「小さなこと」ではあるが，国立の校舎の立派さと掃除の不十分さとの対比も気になっている。私学では校舎の建設と掃除などのメンテのコストは効率的に配分されているが，国立では校舎は概算要求，掃除は運営費からの支出となって，後者のアンバランスな不足が目に見える。これもまた，政府規制の失敗の一例である。

7) こう考えるのには市場的な社会的分業の発展が歴史の必然であるとの認識がある。大西(2015b)第2章参照。

8) この点は，大西(2017c)でも論じた。

参考文献

- 有井行夫(1991)『株式会社の正当性と所有理論』青木書店
- 碓井敏正・大西広編(2001)『ポスト戦後体制の政治経済学』大月書店
- 碓井敏正・大西広編(2007)『格差社会から成熟社会へ』大月書店
- 碓井敏正・大西広編(2014)『成長国家から成熟社会へ』花伝社
- 大西広(1983)「マクロ計量モデルにおける供給曲線の内生化」『経済論叢』第131巻第3号
- 大西広(2015a)「香港は「雨傘革命」で「財界天国」を辞められるか」『季刊中国』第120号
- 大西広(2015b)『マルクス経済学(第二版)』慶應義塾大学出版会
- 大西広(2015c)「ケインズ主義と新自由主義へのマルクス主義的批判とは何か」『唯物論と現代』第54号
- 大西広(2017a)「「成熟社会論」に関する諸論点」社会主義理論学会編『マルクスと21世紀社会』本の泉社
- 大西広(2017b)「「国家から社会へ」，理想は「無政府」」『現代の理論』解題4号
- 大西広(2017c)「トランプ登場が意味する米中の覇権交代――「パック

ス・シニカ」による「よりましな世界」へ――」『季論21』第37号
- 大西広・秦雄一(2017)「イギリス国民はEU離脱投票でどの程度迷いなく投票したか? ――年齢，階級，学歴属性から見た仮説的検証――」『三田学会雑誌』第109巻4号
- 置塩信雄(1980)『現代資本主義分析の課題』岩波書店
- 置塩信雄・野澤正徳編(1982)『日本経済の民主的改革と社会主義の展望』大月書店
- 小栗崇資(2005)「ライブドア vs. フジテレビ事件と日本の資本主義」『経済』2005年8月号
- 是永純弘(1979)「「政策科学」は可能か」『現代と思想』第36号
- 中野嘉彦(2009)『マルクスの株式会社論と未来社会』ナカニシヤ出版
- 廣西元信(1967)『資本論の誤訳』青友社
- 山下裕歩・大西広(2002)「マルクス理論の最適成長論的解釈――最適迂回生産システムとしての資本主義の数学モデル――」『政経研究』第78号

特集論文

反緊縮のマクロ経済政策理論

松尾 匡 | 立命館大学

I

はじめに
——欧米反緊縮派の財政マネーファイナンス論

現在隆盛している欧米反緊縮左派は，新自由主義の緊縮財政に反対して，社会保障や教育や医療などへの大幅な支出を主張している。もちろんその財源として，大企業や富裕層への増税，課税逃れの捕捉などがあげられている。しかしそれで十分だろうか。ただでさえ財政赤字が膨らんでいるときに，さらにそんな支出がまかなえる十分な巨額の増税をしたら，景気が悪化したり，企業が海外移転したりして雇用が脅かされるのではないか。そんなことが起こらない規模に抑えたら，結局財政赤字がますます膨らむのではないか。

これに対する欧米反緊縮左派の答えはこうである（松尾，2016a，2017）。財政危機論は新自由主義のプロパガンダだから，深刻視してはならない。①公的債務は中央銀行が買い取ればよい。そして②永久債に転換して消滅させてしまえばよい。財源がなければ，③中央銀行が政府に資金を貸せばよい。そして多くの場合，こうした④中央銀行の緩和資金を利用した公共投資によって雇用の拡大をはかることが唱えられている。あるいは，⑤中央銀行の作った資金を一律に市民配当する。そのために⑥中央銀行の独立性を改め，民主的統制下におくことが主張されている。

これには以下のような例がある（松尾，2016a，2017）。英労働党ジェレミー・コービン党首④，スペインのポデモスとそのブレーン③④⑤⑥，ギリシャ急進左派連合①③，欧州左翼党④⑥，独左翼党オスカー・ラフォンテーヌ③④⑥，仏左翼大統領候補ジャン・リュック・メランション①②④⑥，ヤニス・バルファキス元ギリシャ財務相らのDiEM25④⑤，米大統領候補バニー・サンダース（利上げ反対と大幅公共投資増），カナダ自由党（大幅公共投資増）。

すなわち，中央銀行の作った資金で財政をマネー

ファイナンスすることに対するタブー視がなくなっているのである。そんなことをしたらハイパーインフレになる等といった言い古された批判に対しては，彼らは，今はデフレ傾向なのでそんなことにはならない，むしろ少々インフレになる方が望ましいと言っている。そして，経済停滞からの脱却と雇用の拡大を志向する。

この傾向は，左翼側だけではなく，新自由主義エスタブリッシュメントと一線を画す極右ポピュリストにも共通して見られる主張になっている。米トランプ大統領，仏国民戦線ルペン党首，ハンガリーのオルバン首相などがそれである。こうした主張が，新自由主義と経済停滞に苦しんだ大衆の心を摑んでおり，左翼側が言わなければ極右が勢力を伸ばす構図になっている。

そして同じことが，安倍自民党の国政選挙の圧倒的五連勝を説明する基本原因になっていることは言うまでもない。

それゆえ，このような経済政策を支える理論を把握することが重要になる。

II

ケインズ経済学の現代的復権

まずここでは，現代の比較的主流派経済学に近い世界で，ケインズ経済学の現代的復権の中から，いわゆるリフレ政策論が生じ，それが財政のマネーファイナンス論として発展してきている理論的背景を見る。

すなわち，小野善康（1992）が，主流派の完全予見モデルの枠組みで，流動性のわなのデフレ均衡が存在し得ることを示し，1990年代末には二階堂副包が，後述する流動性のわなの正しい定式化を明示した（Nikaido, 1998）。ほぼ時を同じくして，1990年代末のクルーグマン（Krugman, 1998a, b）を嚆矢とし，日本経済を流動性のわなにあるとして，インフレ目標を掲げて公衆の将来予想を変える政策が唱えられるようになった。

この流れの中で，ニュー・ケインジアンのモデルが，マイケル・ウッドフォード，ジョルディ・ガリ，サイモン・レンルイスなどの手で，現実の経済政策に役に立つように発展してきた。貨幣に対する積極的需要や失業が明示的に組み込まれ(Blanchard and Galí, 2010)，金利の非負制約やフォワード・ガイダンスも組み込まれていき(Eggertsson and Woodford, 2003)，流動性のわなの下の不況対策としての，非伝統的な金融政策や財政政策の効果が検討できるようになっていった。その現在のところの到達点と思われるのがGalí(2017)である。これは，中央銀行による財政ファイナンスの効果をシミュレーションしたものである。

クルーグマンは，ながらく米共和党の財政緊縮志向を厳しく批判してきた財政拡大派として知られているが，日本経済に対する処方箋としては，当初の金融緩和に比重をおいた議論から，時期を下るにつれて財政政策の併用を強調するようになっている[*1]。同じく米共和党政権やIMFの財政緊縮政策をながらく厳しく批判してきたスティグリッツは，すでに2003年に日本に対して，「構造改革」を批判して，デフレ脱却のために政府紙幣を発行することを助言する(財務省, 2003)一方で，3％のインフレ目標の導入を提唱している(スティグリッツ, 2002)[*2]。

以下では，こうした現代的なケインズ理論の復権とその政策的含意の理論的本質を把握するための私見を披露したい。

2-a 同次系問題[*3]

今，貨幣以外のすべての諸商品(債券や外貨や労働力も含む)がn種類あるものとしよう。貨幣をn+1番目の商品とする。

各商品の需要や供給は，いろいろな諸商品の価格の関数となる。

経済学徒の中には，あらゆる経済主体が貨幣錯視なく振る舞ったならば，あらゆる価格(賃金なども含む)が一律に二倍になっても三倍になっても，それは貨幣単位の読み替えにすぎないので，需要や供給に何の影響もないとする見方があろう。この場合，需要や供給の実物量は，相対価格の関数となる。

すなわち，第i財の価格をp_iとすると，第i財の需要から供給を引いた超過需要を表す関数は，$f_i(p_1/p_n, p_2/p_n, ..., p_{n-1}/p_n)$と表される。ここで，分母にくる価格はどの商品の価格であれ任意なのだが，一般性を失うことなくp_nとしている。

すると，諸商品の市場均衡条件は，

$$f_1(p_1/p_n, p_2/p_n, ..., p_{n-1}/p_n) = 0$$
$$f_2(p_1/p_n, p_2/p_n, ..., p_{n-1}/p_n) = 0$$
$$\cdots\cdots$$
$$f_n(p_1/p_n, p_2/p_n, ..., p_{n-1}/p_n) = 0$$
$$f_{n+1}(p_1/p_n, p_2/p_n, ..., p_{n-1}/p_n) = 0 \qquad (1)$$

となる。ところで，貨幣以外の諸商品の需要とは貨幣の供給のことで，貨幣以外の諸商品の供給とは貨幣の需要のことだから，貨幣も含む諸商品の超過需要の総和は零となる。すなわち下記の通り，ワルラス法則が成り立つ。

$$\sum_{i=1}^{n+1} p_i f_i(p_1/p_n, p_2/p_n, ..., p_{n-1}/p_n) \equiv 0 \qquad (2)$$

すると，方程式群(1)のうち，任意の一本は独立ではない。他のn本が成り立てば，残りの一本はワルラス法則より自動的に成り立つ。よって，連立方程式体系(1)は，独立な式がn本，変数がp_1/p_n, p_2/p_n, ..., p_{n-1}/p_nのn−1個となり，式の数と変数の数が合わず，解けない。すなわち，全市場完全均衡の一般均衡がそもそも存在し得ないことになる。これは，20世紀中頃に盛んに議論された「同次系」と呼ばれる問題である。

2-b 単純な新古典派体系

単純な新古典派体系は，この問題をどのように解決しているのだろうか。それは，積極的な貨幣保有動機を考慮しないことで，貨幣市場が無条件に均衡するとみなすことによる。すなわち，$f_{n+1} \equiv 0$とすることにより，ワルラス法則は次のように書き換えられる。

$$\sum_{i=1}^{n} p_i f_i(p_1/p_n, p_2/p_n, ..., p_{n-1}/p_n) \equiv 0 \qquad (3)$$

これは，貨幣以外の諸商品の超過需要の総和が零ということで，広義のセイ法則を意味する。このもとで，貨幣以外の諸商品の市場均衡条件は，

$$f_1(p_1/p_n, p_2/p_n, ..., p_{n-1}/p_n) = 0$$
$$f_2(p_1/p_n, p_2/p_n, ..., p_{n-1}/p_n) = 0$$
$$\cdots\cdots$$
$$f_n(p_1/p_n, p_2/p_n, ..., p_{n-1}/p_n) = 0 \qquad (4)$$

となる。広義のセイ法則から，このうち任意の1本が独立ではなくなり，独立な式はn−1本，変数の数はn−1個となり，式の数と変数の数が一致して，連立方程式が解ける。よってこの場合，労働の完全雇用を含

[特集論文]反緊縮のマクロ経済政策理論

む，全市場完全均衡の一般均衡が存在できる。

このときの貨幣市場の無条件均衡式は，貨幣数量方程式となり，絶対価格水準を決める。すなわち，貨幣以外の諸商品の均衡条件式で実物変数が決まり，貨幣数量方程式で物価水準が決まる「古典派の二分法」である。

2-c | ピグー効果 vs アメリカケインジアン

もう少し発展した新古典派体系では，次のように考える。人々の需要，供給の決定には，期首の資産保有が影響を与える。たとえ債権債務の影響が集計では相殺されて消えたとしても，貨幣供給の影響は民間主体を集計しても消えない。すると，貨幣供給は名目値で所与だから，物価水準が変化するとその実質的な購買力が変化して，諸商品の需要，供給の決定に影響する。

$n-1$個の相対価格が決まれば，任意の一つの商品の絶対価格が決まるだけで他のすべての商品の絶対価格が決まるので，一般性を失うことなく，絶対価格水準をp_nで代表させよう。名目貨幣供給Mを所与とすると，実質貨幣供給M/p_nが人々の決定に影響を与え，諸商品の市場均衡条件は次のように表される。

$$f_1(p_1/p_n, p_2/p_n, ..., p_{n-1}/p_n, M/p_n) = 0$$
$$f_2(p_1/p_n, p_2/p_n, ..., p_{n-1}/p_n, M/p_n) = 0$$
$$......$$
$$f_n(p_1/p_n, p_2/p_n, ..., p_{n-1}/p_n, M/p_n) = 0$$
$$f_{n+1}(p_1/p_n, p_2/p_n, ..., p_{n-1}/p_n, M/p_n) = 0$$
$$(5)$$

ワルラス法則が成り立つので，このうち任意の一本は独立ではない。かくして独立な式はn本，変数は，$p_1/p_n, p_2/p_n, ..., p_{n-1}/p_n, p_n$の$n$個ある。式の数と変数の数が一致して，労働の完全雇用を含む全市場完全均衡の一般均衡が存在できる。

この場合，不完全雇用になっても，その結果貨幣賃金率が下がって絶対価格水準が下がれば，実質貨幣供給が増える。つまり，人々が持っていた貨幣で買えるものが増えるので，消費需要が増えて，それに合わせて生産が増えて雇用が増え，失業が解消されて完全雇用が実現する。いわゆる「ピグー効果」である。

それに対して戦後のアメリカケインジアンは，貨幣賃金率の下方硬直性など，なんらかの絶対価格水準を一定とみなした。例えば第n商品を労働力として，p_nを一定とすれば，体系（5）のM/p_nは変数ではなく定数

になるので，独立な式はn本，変数は，$p_1/p_n, p_2/p_n, ..., p_{n-1}/p_n$の$n-1$個となり，式が一本余る。そこで，$n$本目の式である労働市場均衡式が破れ，労働市場で失業を残したまま，残りの$n-1$本の式で連立方程式が成り立つ不完全雇用一般均衡が存在し得る。

2-d | 流動性のわな

戦後長い間，これが新古典派とケインジアンの対立点であると理解されてきた。しかし90年代の日本で，戦後先進国で初めて，本格的なデフレ不況が経験されるに及び，この認識が問い直されることになった。不完全雇用下で貨幣賃金率が継続的に下落し，それゆえ絶対価格水準が継続的に下落したのだが，それによって雇用が回復することはなく，かえって不況が悪化したのである。

そこで改めてケインズを読み直すと，彼の『一般理論』のどこにも，貨幣賃金率が硬直的だから失業が発生するとは書いていない。貨幣賃金率が下がるとかえって事態が悪化するので，貨幣賃金率が硬直的な方が世の中安定していいと書いてある[4]。

他方で改めて認識されたことは，ケインズが不完全雇用の根本原因とみなしたのは，「流動性選好」だということである。特に，流動性選好が絶対的なものになったとき，いわゆる「流動性のわな」のときに顕著だとされる。

流動性のわなとは，利子率が下限に達して動かなくなった事態と理解されてきたが，それは正確ではない。利子率が下限に達しても，ピグー効果があれば物価の下落で完全雇用は実現できる。流動性のわなとは，「実質貨幣需要の実質資産効果が１」，すなわち，貨幣供給の増大が，すべて同量の貨幣需要の増大で保有されてしまい，実物経済に何も影響を与えない事態のことを指す[5]。この場合，ピグー効果はなくなる。物価が下がって浮いた貨幣は，貨幣のまま持たれてしまい，財の支出にも債権需要にもまわらないのである。

このとき，（5）の$n+1$本目の式である貨幣市場均衡式では，需要，供給ともにM/p_nが入って相殺されて消えてなくなり，他の式にはM/p_nが影響しなくなる。すなわち，連立方程式体系は方程式群（1）になる。よって，独立な式の数がn本，変数の数が$n-1$個となり，式が１本余る。つまり全商品が完全均衡する一般均衡は存在し得ない。そこで労働市場均衡式が破れ，貨幣市場を含む他の商品市場で一般均衡が成り立つ不完全雇用均衡が存在し得ることになる[6]。

2-e｜将来物価と比較した現在物価の変動

　では現代的な新古典派はこのような説明で納得するだろうか。いや，その体系はこのような事態をもクリアするようにできている。経済主体が需要，供給を決めるときに考慮に入れるのは，現在の諸価格だけではない。将来にわたる諸価格の予想から，将来にわたる各商品の需要や供給の計画を立てるだろう。それが現在の需要や供給にも影響する。だとすると，将来の諸価格と現在の諸価格の比が超過需要関数に入ってくる。話を簡単にするために，将来価格を将来の第 n 財価格で代表させ，それを p_n^e とすると，諸商品の市場均衡は次のように表せる。

$$f_1(p_1/p_n, p_2/p_n, ..., p_{n-1}/p_n, p_n^e/p_n) = 0$$
$$f_2(p_1/p_n, p_2/p_n, ..., p_{n-1}/p_n, p_n^e/p_n) = 0$$
$$......$$
$$f_n(p_1/p_n, p_2/p_n, ..., p_{n-1}/p_n, p_n^e/p_n) = 0$$
$$f_{n+1}(p_1/p_n, p_2/p_n, ..., p_{n-1}/p_n, p_n^e/p_n) = 0 \quad (6)$$

ワルラス法則が成り立つので，このうち任意の一本は独立ではない。すなわち，独立な式は n 本ある。他方，将来価格の予想が将来における一般均衡を予見するなどして所与ならば p_n^e は定数となり，変数は，p_1/p_n, p_2/p_n, ..., p_{n-1}/p_n, p_n の n 個ある。式の数と変数の数が一致して，労働の完全雇用を含む全市場完全均衡の一般均衡が存在できる。

　この場合，失業が発生して貨幣賃金率が下がり，したがって一般物価が下がるならば，将来の物価が変わらないならば，将来に向けて物価が上昇していく予想が抱かれる。すると，実質利子率が低下することになるので，設備投資や住宅投資の需要や耐久消費財需要が興ってきて，それに合わせて生産が増えて，雇用が増えて，やがて完全雇用が実現されることになる。

2-f｜デフレ予想の自己成就 ── 現代的なケインズ派

　これに対して現代的なケインズ派の理論の基本構造は，本人たちが自覚しているかどうかはともかく，私見では次のようになっている。

　将来の諸価格の予想が，さしあたり，現在の諸価格から形成されるとしよう。例えば，将来の物価の予想が，過去からの物価の変化を延長して形成されるものとする。すなわち，これまで $\delta-1$ の率で物価が変化してきたので，今後もその率で変化するだろうと考えるとすると，

$$p_n^e = \delta p_n$$

となる。すると，（6）の体系は次のようになる。

$$f_1(p_1/p_n, p_2/p_n, ..., p_{n-1}/p_n, \delta) = 0$$
$$f_2(p_1/p_n, p_2/p_n, ..., p_{n-1}/p_n, \delta) = 0$$
$$......$$
$$f_n(p_1/p_n, p_2/p_n, ..., p_{n-1}/p_n, \delta) = 0$$
$$f_{n+1}(p_1/p_n, p_2/p_n, ..., p_{n-1}/p_n, \delta) = 0 \quad (7)$$

ワルラス法則より，独立な式の数は n 本である。δ は予想によって与えられているので，変数の数は $n-1$ 個である。よって，完全均衡の一般均衡は存在せず，式が一本破れる。そこで労働市場均衡式が破れ，貨幣市場を含む他の商品市場で一般均衡が成り立つ不完全雇用均衡が存在し得ることになる。

　すなわち，第 n 商品が労働力ならば，失業があるので p_n は下落し，$\delta<1$ となる。過去そうなっていたとしよう。そこで形成された δ を受けて，今期，（7）の第 n 式を除く，

$$f_1(p_1/p_n, p_2/p_n, ..., p_{n-1}/p_n, \delta) = 0$$
$$f_2(p_1/p_n, p_2/p_n, ..., p_{n-1}/p_n, \delta) = 0$$
$$......$$
$$f_{n-1}(p_1/p_n, p_2/p_n, ..., p_{n-1}/p_n, \delta) = 0$$
$$f_{n+1}(p_1/p_n, p_2/p_n, ..., p_{n-1}/p_n, \delta) = 0 \quad (7)'$$

の内の任意の $n-1$ 本からなる体系にしたがって一般均衡が決まる。

　それを労働力の超過需要関数 $f_n(p_1/p_n, p_2/p_n, ..., p_{n-1}/p_n, \delta)$ に入れたら，やはり負，すなわち不完全雇用で失業が発生することはあり得る。すると p_n が下落する。それが $\delta-1$ の絶対値の率で下落したとしよう。そうなると，予想どおりのデフレが実現したことになる。

　すなわち，（7）' のうちのワルラス法則による任意の $n-1$ 本の式と，p_n の変化が第 n 商品の超過需要に応じて決まる式，

$$\delta = \alpha[f_n(p_1/p_n, p_2/p_n, ..., p_{n-1}/p_n, \delta)], \quad \alpha'>0 \quad (8)$$

の n 本の式で，p_1/p_n, p_2/p_n, ..., p_{n-1}/p_n, δ の n 個の変数が決まる連立方程式体系になる。すると，この解が実現して，$\delta<1$ ならば，延々と失業が解消されずに定常的なデフレ均衡が持続することになる。すなわち，デフレを予想すると，実質利子率が高くなる。そのため，設備投資や住宅投資の需要や耐久消費財需要

が低迷し，それに合わせて生産も低迷して雇用が少ないままになるので，失業が発生する。すると貨幣賃金率が下落し，予想通りのデフレになり，当初の予想が強化される。かくしてこの因果が繰り返され，デフレ不況が持続する。

上記の議論は非常に一般的な前提でできており，個々の経済主体の合理的選択や完全予見・合理的期待などを仮定するかどうかにかかわりなく成り立つ。市場の完全性のいかんとも，技術の性質のいかんとも関係なく成り立つ。すなわち，新古典派モデルにならって，遠い将来まで完全予見して最適計算して計画する神のごとき合理的個人と滑らかに可変的な凸錐技術を前提とし，諸価格がスムーズに運動する摩擦なきクリアな市場を前提しても，なお不完全雇用が発生し持続することが示されたのである。議論の本質は，流動性のわなのために方程式体系が「同次系」になることにある。

III
ケインズ理論の現代的復権としてのリフレ政策

ここから導き出される政策的処方箋は，流動性選好を弱め，デフレ予想をインフレ予想に転換することである。このタイプの現代的なケインズ政策の主張が，日本において「再インフレ」の意味を持つ「リフレ政策」と呼ばれるようになったゆえんはそこにある。

クルーグマンが提唱し，その後のリフレ論の定番の主張になった，インフレ目標コミットメント付きの金融緩和は，その手段のひとつである。これは，賃金に比べて物価を上げて直接利潤を増やすのが目的なのではない。賃金・価格比のような相対価格はさしあたり不変のもとで，労働力も外貨も含め，すべての商品の絶対価格（だから賃金も）が一律に上がることを狙っているのである。

また，マネタリーベースをいくら増やしても，日銀当座預金に積み増されていくだけで，一向に貸出に回らず，マネーストックは増えないという批判もよく見られるが，これこそ流動性のわなの典型的な現象であって，リフレ論はまさにこのような事態をふまえて生み出された議論なのである。マネーストックなり貸出なりを増やすのが直接の目的ではない。すぐさま物価を上げようということも目的ではない。人々の頭の中のインフレ予想を引き上げることが目的なのである。

コミットメント付き金融緩和が将来のインフレを公衆に

信用させる理路のひとつは次のようなものである。流動性のわなが生じる原因のひとつとしてケインズが挙げているのは，利子率があまり低くなると，やがて利子率が戻って債券価格が下落することを恐れ，投機的動機による貨幣需要が高まることである[7]。言い換えれば，資金の貸し手が，長期の貸付中に利子率が上がることを恐れて，資金を貸付に回さず貨幣のまま持ってしまうことと同じである。したがって，低利子率が長期に渡って持続することが保証されたならば，この意味での流動性選好は弱まり，もっと長期の利子率も低下して，設備投資や住宅投資や耐久消費財の需要が興ってくることが期待できる。これがいわゆる「時間軸効果」である。

これは，単独でどの程度効果的なものかははなはだ不確実であるが，ともかく，すでにケインズが『一般理論』の中で述べていることである。

「……投機的動機を取り扱うに当たっては，投機的動機を満たすために利用できる貨幣供給量の変化による利子率の変化……と，主として流動性関数そのものに影響する期待の変化による利子率の変化とを区別することが重要である。公開市場操作は，事実，この二つの経路の双方を通って利子率に影響するであろう。なぜなら，公開市場操作は貨幣量を変化させるばかりでなく，中央銀行または政府の将来の政策に関する期待の変化を引き起こすこともあるからである。」[8]

「……世論に対して試験的な性質のものであるとか，容易に変更される可能性をもつとかという感じを与える貨幣政策は，長期利子率を大幅に引き下げる目的に失敗するであろう。なぜなら，M2（投機的動機に基づく貨幣需要のこと——松尾）は，一定の水準以下へのr（利子率のこと——松尾）の引き下げに対してはほとんど無制限に増加する傾向をもつからである。他方，同じ政策でも，もしそれが合理的であり，実行可能であり，公共の利益にかない，強い確信に根ざし，つぶれそうにない当局によって推進されるという理由で世論に訴えるなら，おそらく容易に成功するであろう。」[9]

rを一定水準以下に下げるとM2が無限に増加するとは，すなわち流動性のわなを意味する。ケインズは，一時的な金融緩和政策では流動性のわなは脱却できないが，貨幣当局が政策姿勢を通じて，将来の政策に対する公衆の予想を変化させるならば，流動性のわ

なを脱却することはできると言うのである。

以上の議論からわかるように，リフレ政策のキーポイントは，インフレ予想を高めて現在財と将来財の交換割合である実質利子率を政策的に下げることにある。そうすると，拙著松尾（2010）に挙げた以下の政策（松尾，2013，2016も）は，いずれも本質的にはリフレ政策である。

1. インフレ目標コミットメント付きの金融緩和で，将来物価の上昇予想を人々に抱かせる。
2. あらかじめ公約したインフレ率の上限に達するまで，中央銀行の作った資金で政府支出する。一律の給付もその一例である。
3. 当面数年の消費税税率を低くし，将来的にそれを段階的に引き上げるスケジュールを約束する。
4. 最低賃金の将来的な上昇スケジュールを約束する。
5. 円相場の減価目標を示す。
6. 資産課税で実質的にマイナス金利にする。現金は新札に切り替えて交換手数料を取る。

すなわち，リフレ政策というのは，金融緩和を手段として使うかどうかということとは元来本質的には関係がないのである。むしろ，1は，他の方法に比べて予想を動かす経路がはっきりしない。

2の方法をとれば，増税にもよらず借金にもよらず政府支出できるなら，それにこしたことはないので，政府は公約したインフレ上限ぎりぎりまでこの方法で政府支出し続けるであろうことが，当然公衆に予見される。それゆえ確実に人々の頭中にインフレ上限と同じインフレ予想が抱かれる。すなわち，財市場に対する直接の需要増で生産と雇用が増大する効果に加えて，実質利子率の低下で設備投資や住宅投資や耐久消費財の需要が興ってくる。

3や4は，相対価格が内生的に決まるもとでは，何かひとつの商品の価格を外生的に上昇させれば絶対価格水準全体を上昇させることになることから導かれる方法である。それが公衆に予想されたならば，実質利子率が低下する。

ただし，1以外の方策が，デフレ不況の根本原因である流動性選好を，一層高めてしまう副作用をもたらさないようにするためには，金融緩和の併用が必要であることは間違いない。例えば，2は，中央銀行の新造する資金によらずに市中から借り入れるだけであれば，流動性不足の方向へ圧力をかける。3や4は，金融

緩和がなければ，実質貨幣供給を減らす（言い換えれば，同じ事業をするために必要な資金の金額を増やす）副作用がある。中央銀行が政府の掲げるインフレ目標を共有せず，もっと低い現状追認的な目標を持っていたならば，齟齬がおこる危険がある。

現実に採用された非伝統的金融緩和政策は，財政支出を抑制しながら景気を拡大できる策であるかのように先進各国の政策当局にとらえられたきらいがあるが，本来は，政府，中央銀行が足並みを揃えて，上記に示す可能なかぎり多くの手段を使う姿勢を示すことが，公衆のインフレ予想を確定し，実質利子率を低下させるためには重要である。

IV
FTPLのアプローチで何が言えて何が言えないか

それゆえ，近年，非伝統的金融緩和政策が所望の効果を示していないことを受けて，やにわに金融派から財政派に転向する論者が目立ち物議をかもしているが，中央銀行のマネーファイナンスによって財政出動する政策は，もともとからリフレ政策の武器庫の中に入っていたものである。

特にこの文脈の中で，世上シムズ理論として知られるFTPL（物価水準の財政理論）[10]は，物価水準を決定するのが財政収支であるとして，貨幣供給こそが物価水準を決定するとする貨幣数量説と対立的に持ち出されているが，この認識は誤っている。貨幣数量説が非伝統的金融緩和策を支持し，FTPLがマネーファイナンス財政出動を支持するという振り分け方も間違っているし，そもそも貨幣数量も財政収支も，それ自体が物価を決めるわけではない。物価水準を決めているのは，直接にはあくまで財の全般的需給関係である。

FTPLがよって立つ一本の式は，政府・中央銀行を合わせた統合政府部門の予算制約式を，現在から将来まで，時間で割り引いて集計したものにすぎない。予算制約式だから，所有する商品をドブに捨てない限り必ず成り立つし，これにしたがって諸価格が決まる式ではもとよりない。

単純化のため国債の償還期間を1期とする。また，読者のわかりやすさのため，「現在」と「将来」の二期だけがあるとする。現在の実質財政余剰を T_0 とする。単純化のために政府支出は民間主体に対する給付だけとすると，これは，民間主体にとっては実質純税支払い

を意味する。期首の民間保有の国債残高を$\bar{B}$，現在の貨幣残高の増分をΔM_0，民間への国債供給をB^S，現在の物価をp_0とすると，現在の統合政府部門の予算制約は，次のようになる。

$$\bar{B} \equiv B^S + p_0 T_0 + \Delta M_0 \tag{9}$$

これは，右辺の，国債を発行して，財政余剰を得て，貨幣を発行して得た資金が，左辺の国債残高の償還に当てられることを意味する。添え字の1で「将来」を表し，名目利子率をiとすると，将来の統合政府部門の予算制約は，同様に次のようになる。なおここで，式展開の単純化のために債務残高が将来期末にゼロになることを仮定しているが，これは本質的ではない。

$$(1+i)B^S \equiv p_1 T_1 + \Delta M_1 \tag{10}$$

(10)の両辺を$1+i$で割り，(9)のB^Sに代入して，両辺をp_0で割ったら次のようになる。

$$\frac{\bar{B}}{p_0} = \left(T_0 + \frac{p_1}{(1+i)p_0} T_1 \right) + \left\{ \frac{\Delta M_0}{p_0} + \frac{p_1}{(1+i)p_0} \frac{\Delta M_1}{p_1} \right\} \tag{11}$$

(11)式は，「政府のソルベンシー条件」と呼ばれる式である。右辺第1大括弧(・)が実質利子率で割り引いた財政余剰の現在価値の総和，右辺第2大括弧{・}が実質利子率で割り引いた実質貨幣残高の変化の現在価値の総和である。左辺は民間部門が期首保有している国債総額を現在物価で割ったものである。これは，現在ある国の債務が，現在から将来にわたる財政余剰と貨幣発行によっていずれ返済されることを表している。

FTPL が言っているのは，このソルベンシー条件式を使って，恒久的な財政余剰の下落が起こったならば，すなわち(11)の右辺第1大括弧(・)が減少したならば，左辺は下がらなければならないので，分母の現在物価が上がるとするものである。ここから，恒久的な減税や財政支出の増大によって，物価を上昇させることができると論じられる。

一言注意しておきたいが，ここで言われているのは，あくまで現在物価が上がるということである。リフレ政策が追求したのは，将来物価が現在物価と比べて上がることによって，実質利子率が下落することであって，現在物価の上昇ではない。だからこのことをもって，世上よく言われるように，金融緩和政策だけに偏ったリフレ政策がうまくいかないことに対置する形で，財政政策による物価上昇の有効性を示したものと理解するのは的

をはずしている。

それから，(11)式は統合政府という一経済主体の予算制約式でしかなく，市場についてのいかなる条件も含まれていない。いかに統合政府とは言え，物価は操作変数ではない（物価を操作できるならば，問題はそもそも存在しない）。そうである以上，この式を満たすように物価が動く必然性は，この式だけからは何も言えない。この式だけから言うならば，因果を逆に読み，現在物価が上がると予算制約が緩くなるので財政余剰を減らす，つまり，財政規律を緩めてもいいという，通常とは逆の行動を正当化することさえできる。

では，恒久的な財政余剰の下落によって，市場にどのような影響が出るのだろうか。実は，統合政府部門の予算制約の裏には，民間主体の予算制約がある。諸商品の需給が一致するかぎり，この両者は同じものになることは，すでに指摘されているとおり[*11]であるが，市場への影響を考えるときには，諸商品の需給が一致しない時における両者のずれを考察しなければならない。これは，主流派経済学の発想にはないのか，愚見の及ぶ限り，これまで十分に検討されていない。以下では，両者の予算制約のずれが，市場不均衡を通じて諸価格を変動させるプロセスを明示的に考察できる私見を披露したい。

現在の民間主体の予算制約は次のようになる。

$$\bar{B} + \bar{M} + p_0 y_0 \equiv p_0 T_0 + p_0 C_0 + B^D + M_0^D \tag{12}$$

ここで，$\bar{M}$ は貨幣の期首残高，y_0 は現在の実質生産，C_0 は現在の実質消費，B^D は民間主体による国債需要，M_0^D は民間主体による貨幣需要である。単純化のため投資は捨象するが，C を投資も含む実質支出とみなしてもよい。

$M_0^S \equiv \bar{M} + \Delta M_0$ を現在の貨幣供給とする。すると，(12)式を変形すると，次の式が得られる。

$$\bar{B} \equiv B^S + p_0 T_0 + \Delta M_0 + p_0(C_0 - y_0) + (B^D - B^S) + (M_0^D - M_0^S) \tag{13}$$

ここに，先ほどと同様にして，将来の統合政府の予算制約式(10)を代入すると，次の式が得られる。

$$\frac{\bar{B}}{p_0} = \left(T_0 + \frac{p_1}{(1+i)p_0} T_1 \right) + \left\{ \frac{\Delta M_0}{p_0} + \frac{p_1}{(1+i)p_0} \frac{\Delta M_1}{p_1} \right\} + (C_0 - y_0) + \left(\frac{B^D}{p_0} - \frac{B^S}{p_0} \right) + \left(\frac{M_0^D}{p_0} - \frac{M_0^S}{p_0} \right) \tag{14}$$

あるいは，民間主体の現在の予算制約式(12)に，将来の予算制約式，

$$(1+i)B^D+M_0^D+p_1y_1 \equiv p_1T_1+p_1C_1+M_1^D \tag{15}$$

の両辺を$(1+i)$で割ったものを代入すれば，次の式が得られる。

$$\frac{\bar{B}}{p_0} = \left(T_0+\frac{p_1}{(1+i)p_0}T_1\right)+\left\{\frac{\Delta M_0}{p_0}+\frac{p_1}{(1+i)p_0}\frac{\Delta M_1}{p_1}\right\}$$
$$+\left[(C_0-y_0)+\frac{p_1}{(1+i)p_0}(C_1-y_1)\right]$$
$$+\left[\left(\frac{M_0^D}{p_0}-\frac{M_0^S}{p_0}\right)+\frac{p_1}{(1+i)p_0}\left(\frac{M_1^D}{p_1}-\frac{M_1^S}{p_1}\right)\right] \tag{16}$$

（14）式も（16）式も，最上段は，（11）式のソルベンジー条件と同じである。（14）式の場合はそれに，下段の諸商品の超過需要の和が加わっている。すなわち，下段第1項目は財の超過需要，第2項目は債券の超過需要，第3項目は貨幣の超過需要である。統合政府，民間主体双方の予算制約式がともに成り立っているならば，この3項の和は，ワルラス法則より必ず零になる。

（16）式の場合の下二段は，（14）式の債券の超過需要の部分が，将来の財と貨幣の超過需要の現在割引価値に分解したものである。やはり，統合政府，民間主体双方の予算制約式がともに将来まで成り立っているならば，この下二段の部分は零となる。

我々は，この（14）式または（16）式を使うことにより，FTPLに限らぬ，様々な経済政策論が述べていることを，統一的に示すことができる。

さて今，FTPLが検討しているように，ソルベンジー条件(11)式の右辺の第1大括弧（・）が減少し，等号が成立しなくなったとしよう。統合政府の予算制約式が満たされなくなったのだから，ワルラス法則は成り立たない。民間主体の予算制約は守られるので，（14）式（16）式は等号で成り立つ。だから，右辺第1大括弧（・）が減った分，（14）式の下段三項のどれかひとつ以上，（16）式の下二段四項のうちのどれかひとつ以上が増えることで，等号が実現されなければならない。

民間主体が現在と将来の予算制約を満たすかぎり，財政余剰すなわち純税払いの恒久的な下落は，現在または将来の消費を増やす余地をもたらす。もっぱら現在の消費が増大すれば，（14）式の下段第1項が正

となって等号が維持されることになる[12]。すると財の超過需要に応じて現在物価p_0が上昇する。かくして，市場均衡が実現した暁には，ソルベンジー条件(11)式の左辺が減少することで，等号が復活することになる。FTPLが言っているのはこういうことであり，結局，ごく普通のケインジアン的過程が背後に前提されていたことになる。

しかし，もっぱら将来の消費が増大することになるかもしれない。その場合には，（14）式の下段第2項が正となって等号が維持されることになる。すると債券の超過需要に応じて名目利子率が下落する。あるいは，（16）式の下二段四項のうちの第2項が将来における消費需要増から正になって等号が維持される。すると，将来の財市場での需要超過に応じて，将来物価がそれまでの予想より上昇することが予見される。かくして，市場均衡が実現した暁には，将来の財政余剰や貨幣残高の変化が正ならば，ソルベンジー条件(11)式の右辺が上昇して元に戻ることで，等号が復活することになる。

実際には，現在消費，将来消費ともに増加するであろう。当初将来消費だけが増大しても，上記の過程を経て実質利子率が低下するならば，それを受けて将来消費から現在消費への代替が起こり，現在物価が上昇するかもしれない。

あるいは，民間主体が，浮いた予算をすべて，現在も将来も貨幣を持つことに向けるという，流動性のわなの事態も考えられないわけではない。すると，（14）式の下段第3項，（16）式の下段後二項が正となって等号が維持されることになる。この場合には，物価も利子率も運動せず，ソルベンジー条件(11)式が不等号のまま持続するということもあり得ることになる。このように，統合政府部門の予算制約だけを前提した抽象的レベルの議論では，FTPLが通常述べること以外の事態も起こり得る。財政政策だけでデフレ脱却できるとは，この道具立てだけからは言い切れない。

さて，金融政策に関しては次のように説明できよう。財政政策から独立した一時的な金融緩和は，（14）式の上段の右辺第2大括弧｛・｝の中で，現在の項を増やして，将来の項を減らし，ソルベンジー条件式(11)は不変にとどめるものである。これは統合政府部門が民間主体との間で貨幣と国債を交換しようとするものだから，さしあたり下段において，第2項がプラスに第3項がマイナスに動く。これは通常利子率を押し下げ，その結果実物経済に影響を与える。もっとも，流動性選

[特集論文]反緊縮のマクロ経済政策理論

好が強いと，民間主体による貨幣需要と債券供給が増えて両項ともゼロに近づき，実物経済への影響は少なくなる。

他方で，インフレ目標付きの非伝統的金融緩和政策は，ソルベンジー条件式の右辺第2大括弧{・}全体を大きくするものだから，統合政府部門全体で，将来にわたる予算制約式が等号で維持されるならば，右辺第1大括弧(・)の財政余剰が減らされなければならない。さもなくば，（16）の下段後半の現在および将来の貨幣の超過需要がマイナスに維持されることで，民間主体の予算制約式が維持されることになる❖13)。（ひょっとしたらこれが日本経済の現状を表しているのかもしれないという気もする。）

しかしそもそも統合政府部門が民間主体から国債を買い取っているのだから，時間を通じて国債を償還するのに必要な財政余剰は少なくてすむようになっているはずである。それゆえソルベンジー条件式(11)の右辺第1大括弧(・)が減って，（11）の等号が維持されるのだと考えるのが合理的である。この場合，（16）の下段後半の現在および将来の貨幣の超過需要マイナスの裏には，前半の現在および将来の財の超過需要プラスが相殺的に対応することになる。かくしてはじめて，クルーグマンモデルのような，現在物価不変（（11）の左辺不変）のもとで将来物価の上昇が予見されることで実質利子率が下落して現在の財需要が増えるストーリーが描き得る。すなわち，インフレ目標付きの非伝統的金融緩和政策の理論は，もともとその裏に財政政策が含意されているものと見るのが整合的である❖14)。逆に言えば，財政を恒久的にマネーファイナンスして，ソルベンジー条件式(11)の右辺第2大括弧を増やして第1大括弧を減らしたとしても，産出が需要増に追いつき，物価上昇から実質貨幣供給が減ると（貨幣需要は実質値で決まることに注意せよ），（16）の下段は全項零になり得るので，これをやれば必ずハイパーインフレになるという議論は成り立たない。

V

銀行が貨幣を作るシステムから民意で貨幣を作るシステムへ

さて，欧米反緊縮派のマネーファイナンス論を支える経済理論には，主流派経済学とは違う流れのものもある。多くの欧米反緊縮派の論客は，現実の貨幣制度を，市中銀行が私益のために信用創造で通貨を創出する

システムとみなし，それに対置する形で，民意を代表する政府が公益のために，財政収支の均衡とはかかわりなく，通貨を創出して使うシステムを提唱している。

それゆえ，財政のマネーファイナンス論は，信用創造の廃止論がセットとしてついていることが多い。前述のポデモスの経済ブレーンたち（ナバロ他，2013）も，欧州中央銀行による政府財政ファイナンスを唱える一方で，準備預金制度の廃止，すなわち信用創造の廃止を目指している。また，元英金融サービス機構長官のアデア・ターナーがこうした議論を展開していることは，著書『債務，さもなくば悪魔』（ターナー，2016b）で知られているとおりである。持論として有名なヘリコプターマネー論は同書の終盤になって展開されているだけで，紙幅の大半は信用創造への批判に費やされている。日本におけるヘリコプターマネー論の代表的論者である井上智洋の著書『ヘリコプターマネー』（井上，2016）でも，やはり信用創造廃止論が展開されている。

現実の貨幣供給を，市中銀行の私益による仕業と見るのは，銀行学派的な内生的貨幣供給論の見方である。市中銀行の言いなりにマネタリーベースを出し入れしているのが中央銀行の「独立」の悪しき実態だというのが彼らの見立てだから，現実認識としては典型的な内生論である。他方，こちら側の積極的な主張としての，政府支出のための貨幣発行論は，貨幣国定説的な外生的貨幣供給論の見方である。両者は日本では水と油のようにみなされがちだが，むしろこれが整合的と考えられているようである。

その理論的背景には，MMT（モダン・マネタリー・セオリー）と呼ばれる，北米中心に発展してきた一派の所論があるようである（岡本，2014）。MMTによれば，およそ貨幣とはすべて債務である。市中銀行が預金を設定して貸付をすることで供給する貨幣の本質が債務であることは誰でもわかるが，中央銀行券や中央銀行が出した預金もそうだと言う。これらは基本的に政府紙幣と変わらないという認識のはずだから，政府紙幣も債務だということになる。企業が負債で財や労働力を入手するときに預金を作ったのが貨幣となるように，政府も財や労働力を買うときに，まず政府短期証券を発行して預金を作る。それが貨幣となるのである。

納税とは，民間部門が納税の義務で統合政府部門に対して負っている債務を，統合政府部門の民間部門に対する債務である貨幣で相殺する行為である。これが貨幣の需要を生んでその価値を支えているとされている。

乱暴な単純化をすれば，この考えによれば金融政策をしているのは中央銀行ではない。市中銀行か政府である。中央銀行の目から見れば，内生的貨幣供給論かもしれないが，市中銀行と政府の機能に着目すれば，外生的貨幣供給論ということになる。よって矛盾はない。

このような考え方をすれば，銀行部門の貨幣供給を止めてしまえば，政府だけが貨幣供給主体となる。そうすると，財市場の需給のコントロールは政府支出と租税で貨幣を出し入れすればできることになるし，それ以外にない。この場合，筆者の理解では，インフレをうまく調整するように財政政策をコントロールしさえすればよく，そこに財政規律という別の基準を持ち込むのは有害無益ということになる。

筆者はまだ不勉強でこの理論を十分に把握していないのだが，この理論は事態の本質のある側面は正確にとらえていると思う。我々の立場から言えば，財政支出は完全雇用を実現し，人々の様々な部面での生活を保障し，拡充させるためにある。そしてその財政支出による総需要が総供給を超過してインフレが悪化することのないよう，総需要を抑えるために租税というものはある。財政収支の均衡をつけることが目的なのではない。インフレのコントロールができるかぎり，財政支出自体の財源が貨幣の創出でも問題はない。

上述したように，FTPL の依拠するソルベンジー条件アプローチでも，結局は同じことが示された。また，井上智洋(2016)は，巻末においてニュー・ケインジアンのモデルを提示して，外生的に創出されて人々に給付される貨幣の増加率をコントロールすることで，雇用ギャップを解消し，インフレをコントロールできることを示した。同書の議論は，彼のこれまでの多くのニュー・ケインジアンモデルの分析に基づいている。出自の異なるさまざまな潮流が同じ結論に至る中で，この経済政策論が形成されているのだと言えよう。

なお，MMT など非主流出自の政策論は，一般にニュー・ケインジアンのようなインフレ目標を掲げることは好まないようである。万一雇用がまだ十分でないときにインフレ目標に達してしまったら，もう景気拡大策がとれない問題があるからである。しかし，筆者は，人々のインフレ予想が亢進していくと，実質利子率低下で総需要が拡大し，実際にインフレが亢進する可能性があるので，そうはならないと確信させる歯止めとしてインフレ目標は必要なものだと考えている。前述のとおり，それは不況対策としての実質利子率低下効果を持つという点でも重要である。目標インフレ率が実際には十分な率ではないことが，実現したあとでわかったときには，民意を問うことで変更できるようにすればよい。

VI

コービノミクスvs市民配当の総合を

ところで，欧州反緊縮左派内での経済政策論には，大別して三種類の類型があるように思われる。

「コービノミクス」：コービンの提唱する政策に典型的に見られるもので，中央銀行が作った資金を，政策銀行を通じて，公共的意義のある支出に融資するものである。

「市民配当」：中央銀行が作った資金を，直接公衆に給付するものである。狭義の「ヘリコプターマネー」。

「債務帳消し」：中央銀行が国債を買って，永久債に転換して，永遠に返さなくていいものにしてしまうものである。

コービノミクス側には，リチャード・マーフィー(コービンのブレーン)，フレデリック・ボッカラ(社会党政権当時のフランス政府アドバイザー)，ラフォンテーヌ，バルファキスらがいる。欧州左翼党の経済政策もこちらに属する。(左翼というのは適切ではないかもしれないが，「戦略的量的緩和」[15]を提唱するリチャード・ヴェルナーらもここに分類される。)

市民配当側には，レンルイス，アナトール・カレツキー，エリク・ローナーガンら[16]がいる。(これも左翼というのは適切ではないかもしれないが，ターナーは当然こちらである。)

私見では，コービノミクス方式と市民配当方式とでは，独立性を超克したあとの中央銀行の望ましいガバナンスのあり方について，違いが出ると考えている。コービノミクスの場合は，何らかの事業に投資されるので，個々の事業の採否を判断しなければならない。それは人々のニーズに合わず失敗する可能性を持っている。したがって，その判断の責任が，政府与党の責任として明確になるよう，中央銀行は民主的に選ばれた政府のもとにおかれるのが望ましい。それに対して，市民配当方式は内容を判断する必要がなく，ただインフレの状況を睨んで規模を決めればいいので，議会のもとでその政党構成に比例した委員会が統治する方式にするのが望ましい。金融政策以外の政治問題で連立与党が形成されていても，それとは関係なく，インフレや景気への選好の民意にしたがった判断ができるからである。

市民配当派のレンルイスからは，当初コービノミクスに対して次のような批判がなされていた(Wren-Lewis, 2015)。コービノミクス方式では，政府側の判断で公共投資が行われる。量的緩和は金利が最低を打ってもデフレが治らないひどい不況のときの方策で，それを脱したならばやめるべきものである。しかし，政府にとってのその投資プロジェクトの必要性がなお引き続いたならば，ひどい不況期をもはや脱しているのに中央銀行の緩和マネーを出し続ける誘因が出てしまう。

その後，コービン党首のもとの労働党の経済諮問委員会には，マーフィは含まれず，レンルイスは加わった。結果として2017年総選挙での経済政策(英国労働党, 2017a, 2017b)は，マーフィ色は薄まり，「人民の量的緩和」という言葉は使われなくなった。しかし，2500億ポンドに上るインフラ投資は借り入れによるとされ，イングランド銀行の量的緩和が続くことを前提したスキームになっている。国債の直接引き受けは避けて国債市場を経由する形式をとるだけで，実態としてはもとの「人民の量的緩和」のアイデアが維持されていると思われる。

しかし筆者は，もともとのレンルイスの批判は的を射ていたと考えている。総選挙のマニフェスト付属資料を検討すると，ストック建設は緩和マネーで，フローの経常支出は増税でという振り分けをしている[17]。この振り分け方に意味があるか疑問である。

しかもこれは，日本の量的緩和下の財政投融資同様，将来の返済を前提として，民間にも融資が行われるスキームである。しかし，あえて無から作った資金で政策融資をすることは，リスクが高くても公的必要性のある案件にも融資できることが目的のはずである。すると，無から作った資金だから不良債権が生じた時の実質的損害がないにしても，それが発生することを織り込むことになり，返済したケースとしなかったケースとの間に不公平が生じることにつながる。

そもそも，返済を前提したスキームでは，マネタリーベースの恒久増は前提されない。そうすると，返済を前提する以上，もし投資主体が政府ならば，将来の増税に備えて公衆の支出が抑制されるおそれがある。これはターナーも指摘している[18]。

たしかに，経常支出に増税で財源をつけることは納得できる。今後も継続する支出なので，インフレが進んでから撤退できないからである。インフレが進んでも支出規模を減らさないためには，税で対応する以外ない。

インフレの状況を見て臨機応変に増減できる市民配当派の緩和マネー支出と，社会にとって必要なもののために緩和マネーを使うコービノミクスの利点を組み合わせる方法はないだろうか。筆者の提案は，次のとおりである。

・福祉・医療・教育・子育て支援などの社会サービスへの経常的支出を増額し，そのためのインフラ建設(保育所など)を増やす。
・財源は，富裕層・大企業からの課税強化によって手当てする。上記政策の財源として必要な課税をすれば，景気過熱時でも設備投資などの支出が減って，インフレを冷やすには十分であろう。
・インフレ目標よりインフレ率が低い間は，増税分と総計同額の，設備投資補助金(雇用補助金)や一律の市民配当給付金を出して民間セクターに戻す。
・その財源は国債の日銀直接引き受けによる。
・インフレ率が上昇するにつれて，漸次，民間に戻す補助金・給付金を縮小する。
・インフレが目標値以上になったら，補助金・給付金をゼロにする。
・インフレ抑制のために売りオペされた国債の償還や，日銀保有国債中の借り換えしない分の償還には，当初の増税分のうち，インフラ建設に対応した分でまかなう(もう建設は終わっているので)。

すなわち，不況下では事実上，緩和マネーで社会的支出をまかなうコービノミクス方式になるのだが，直接には緩和マネーは市民配当方式同様の給付になるので，インフレの状況に合わせて調整が容易になる。

さらに，日銀保有国債の一部を永久債に転換するのもいいだろう。ターナーは，日銀保有国債の一割をさしあたりそうすべきだと提言している(ターナー2016a)。一割ぐらいならば，これは本来決して市中に出ることなく，日銀の金庫で借り換え続けられる国債の一部なので，永久債にしたからと言って害も益もないのだが，公衆が日銀保有国債のすべてを返済しなければならないかのように誤解している中では，その認識を変えて支出を促す効果がある。筆者は，永久債よりは，政府が政府紙幣ないし硬貨で，この分の国債を買い取る方がいいと思う。日銀のバランスシートの数値が悪化したからといって本来，何の問題もないのだが，気にする人もいる中では，今後金利が上がっても決して価値が下がらない分，帳簿上は美しいからである。

注

❖1) 有名なKrugman（2015）には和訳と解説（松尾，2016b）がある。

❖2) 黒木玄による紹介と解説がある。黒木（2002）。

❖3) 以下，2-a〜2-c項は，越智（1989）に基づく。

❖4) 『一般理論』（ケインズ，1983），第19章。

❖5) Nikaido（1998）。この解釈はそれ以前に，河野（1994）でも打ち出されていた。

❖6) なお私見では，内生的貨幣供給論をとったときにも，体系（1）が成り立つ。

❖7) ケインズ（1983），原文202ページ。

❖8) ケインズ（1983），原文198ページ。

❖9) ケインズ（1983），203ページ。

❖10) シムズ自身の議論はSims（1994, 2016）。わかりやすい説明は，木村（2002），小西（2016），みずほ総合研究所（2017）。

❖11) 木村（2002）。

❖12) もちろん，もっと現実に即して言えば，「現在の投資需要」の拡大でもよい。直接統合政府部門による政府支出の増大でもよい。

❖13) あるいは，金融緩和の将来にわたる持続が信用されず，いつかそっくり巻き戻されると予想されるかもしれない。その場合は，前の段落の事態と同じになる。

❖14) 小林（2002）は，利子操作政策について，ソルベンジー条件式から同じ結論を得ている。

❖15) Ryan-Collins et al.（2013）.

❖16) 「ひとびとの経済政策研究会」ブログで翻訳を発表している。原文へのリンクもこれを参照のこと。朴勝俊訳，E.ロナーガン＆S.ジョーダン「ひとびとの貨幣配当」https://economicpolicy.jp/2016/12/14/786/

❖17) 理由は英労働党（2017b）に書いてある。

❖18) Reichlin et al.（2013）でのTurnerの発言。

参考文献

・井上智洋（2016）『ヘリコプターマネー』日本経済新聞出版社。

・英国労働党（2017a），英国労働党2017年マニフェスト付属資料「英国の未来の資金調達」，朴勝俊・松尾匡訳，ひとびとの経済政策研究会 https://economicpolicy. jp/2017/07/30/911/

・英国労働党（2017b），英国労働党2017年マニフェスト「労働党の財政信認ルール」，maeda訳，『道草』http://econdays.net/?p=9175

・岡本英夫（2014）「福祉国家と機能的財政：ラーナーとレイの議論の考察を通じて」『東京経大学会誌 経済学』（283），215-254.

・越智泰樹（1989）「ケインズ理論と不安定性」，『高知大学学術研究報告 社会科学編』第38巻。

・小野善康（1992）『貨幣経済の動学理論——ケインズの復権』東京大学出版会。

・河野良太（1994）『ケインズ経済学研究』ミネルヴァ書房。

・木村武（2002）「物価の変動メカニズムに関する2つの見方——Monetary ViewとFiscal View」，『日本銀行調査月報』2002年7月号。

・黒木玄（2002）「スティグリッツによる日本経済再生の処方箋」http://www.math.tohoku.ac.jp/%7Ekuroki/Readings/stiglitz.html

・ケインズ，ジョン・メイナード（1983）『雇用，利子および貨幣の一般理論』，塩野谷祐一訳『ケインズ全集』第7巻，東洋経済新報社。

・小西秀樹（2016）「デフレの政治経済学」，『政治経済学で読み解く政府の行動——アベノミクスの理論分析』木鐸社，第2章。

・小林慶一郎（2002）「インフレ政策の財政的帰結」，『RIETI Discussion Paper Series 02-J-005』独立行政法人経済産業研究所。

・財務省（2003）「関税・外国為替等審議会 外国為替等分科会最近の国際金融の動向に関する専門部会（第4回）議事録」，財務省国際局国際課 http://warp.ndl.go.jp/info:ndljp/pid/1022127/www.mof.go.jp/singikai/kanzegaita/giziroku/gaic150416.htm

・スティグリッツ，ジョセフ（2002）「日本経済再生の処方せん——ノーベル賞経済学賞スティグリッツ氏に聞く」，『日本経済新聞』2002年5月9日朝刊「経済教室」。

・ターナー，アデア（2016a）「経済教室：日銀の財政資金供給不可避」，『日本経済新聞』2016年6月7日。

・ターナー，アデア（2016b）『債務，さもなくば悪魔——ヘリコプターマネーは世界を救うか?』，高遠裕子訳，日経BP社。

・ナバロ，ビセンス／ロペス，ホアン・トーレス／エスピノザ，アルベルト・ガルソン（2013）『もうひとつの道はある』，吾郷健二・海老原弘子・廣田裕子訳，柘植書房新社。

・松尾匡（2010）『不況は人災です!——みんなで元気になる経済学・入門』筑摩書房。

・松尾匡（2013）「流動性選好説に立つ左派政策としてのリフレ政策」『経済科学通信』No. 133.

・松尾匡（2016a）『この経済政策が民主主義を救う——安倍政権に勝てる対案』大月書店。

・松尾匡（2016b）「ポール・クルーグマン「日本の問題を再考する」（Rethinking Japan）解説」，ひとびとの経済政策研究会エコノミック・ポリシー・レポート004.

・松尾匡（2017）「欧州反緊縮左派の中央銀行利用論——コービノミクス・市民配当・債務帳消し」，『景気とサイクル』第64号。

・みずほ総合研究所（2017）「財政政策でインフレは実現するか」，『みずほインサイト 日本経済』2017年2月3日。

・Blanchard, O. J. and Galí, J.（2010）,"Labor Markets and Monetary Policy: A New Keynesian Model with Unemployment," *American Economic Journal: Macroeconomics*, 2（2）, 1-30.

・Eggertsson, G. B. and Woodford, M.（2003）,"The Zero Bound on Interest Rates and Optimal Monetary Policy," *Brookings Papers on Economic Activity*, 2003（1）, 139-211.

・Galí, J.（2015）, *Monetary Policy, Inflation and the Business Cycle: An Introduction to the New Keynesian Framework*, Princeton, NJ: Princeton University Press.

・Galí, J.（2017）,"The Effects of a Money-Financed Fiscal Stimulus," mimeo, CREI, August.

・Krugman, P. R.（1998a）,"Japan's Trap," http://web.mit.edu/krugman/www/japtrap.html.

・Krugman, P. R.（1998b）,"It's Baaack: Japan's Slump and the Return of the Liquidity Trap," *Brookings Papers on Economic Activity*, 1998（2）, 137-187.

・Krugman, P. R.（2015）,"Rethinking Japan," *New York Times*, Oct. 20. 朴俊勝訳（2016）https://economicpolicy.jp/wp-content/uploads/2016/11/translation-003.pdf

・Nikaido, H.（1998）,"Keynes' Liquidity Trap in Retrospect," *Japanese*

Economic Review, 49(1), 77-84.

- Reichlin, L., Turner, A., Woodford, M.(2013),"Helicopter Money as a Policy Option," VOX CEPR's Policy Portal, 20 May.
- Ryan-Collins, J., Greenham, T., Bernardo, G., and Werner, R.,(2013), "Strategic Quantitative Easing," New Economics Foundation. http://new economics.org/2013/07/strategic-quantitative-easing/
- Sims, C. A.(1994),"A Simple Model for Study of the Determination of the Price Level and the Interaction of Monetary and Fiscal Policy," *Economic Theory*, 4(3), 381-399.

- Sims, C. A.(2016),"Fiscal Policy, Monetary Policy and Central Bank Independence," In *Economic Policy Symposium Proceedings*, Jackson Hole Economic Policy Symposium Federal Reserve Bank of Kansas City August 25-27, 2016,313-325.
- Woodford, M.(2003), *Interest and Prices: Foundations of a Theory of Monetary Policy*, Princeton, NJ: Princeton University Press.
- Wren-Lewis, S.(2015),"People's QE and Corbyn's QE," 個人ブログ "mainly macro," 16 August.

特集論文

原発災害の復興政策と政治経済学

除本理史 | 大阪市立大学

はじめに

東日本大震災の発生から7年がたとうとしている。政府は復興期間を10年間としており、現在この終盤に入りつつある。

この7年間で実施されてきた復興政策の到達点はどうか。本稿では、原発災害を対象として、政治経済学の視点からこの問題を検討したい。福島原発事故は、広範囲に深刻な環境汚染をもたらすとともに、甚大な社会経済的被害を引き起こした。この事故は、地震・津波という自然災害が作用しているものの、政府の規制権限不行使や電力会社の対策不備が引き起こした人災であり、私企業による公害事件としての性格をもつ。したがって、災害復興政策の研究とともに、1960年代以降に発展してきた公害・環境問題の政治経済学にも学ぶ必要がある。以下ではまず、これらの研究蓄積に基づいて、原発災害の復興政策を検証するための視点を明らかにするところからはじめたい。

I 復興政策の経済学的研究と原発災害

1 | 「人間の復興」と「尊厳ある生の保障」

大規模な災害は、人びとの生命や健康を損ない、あるいは生存基盤を破壊するなど、人権を脅かす事態を広範に引き起こす。災害復興政策は、自己責任や市場メカニズムにゆだねられない部分が大きく、人権回復という視点を抜きに語ることはできない。以下では、災害対策のなかでも事前的（発災前の）対策ではなく、事後的な復興政策に焦点をあて、若干の先行研究を取り上げる[※1]。

復興政策を論じた経済学者のなかで、現在もよく言及されるのは、関東大震災に直面して「人間の復興」を論じた福田徳三である。福田は生存権を重視する社会改良主義の立場から、ハード面の復旧などではなく、人びとの生業や暮らしを回復し、生産的な経済活動を再開することが復興の目的であると説いた（福田[2012]）。

「人間の復興」という理念は、その後の復興政策研究にも引き継がれている。阪神・淡路大震災や東日本大震災に際してこの理念を掲げたものとして、兵庫県震災復興研究センター編[1996]、岡田・自治体問題研究所編[2013]などが挙げられる。この2つはいずれも、経済学者を含む学際的グループによる研究・提言であり、生存権・生活権を保障し、被災者の生活再建を主軸にすえる復興のあり方を論じている。

最近注目された永松伸吾の減災政策論も、この延長線上に位置づけられるであろう。永松は、これまでの防災対策は高頻度・小規模災害に対して成果をあげてきたが、低頻度・大規模災害への対応が残されているとして、そこでの政策目標は「被害の最小化」ではなく「尊厳ある生の保障」におかれるべきだと論じている。この政策目標の転換は、単に費用と便益のバランスを考慮するというだけでなく、困っている人を選別して救う「弱者救済」から、すべての人が平穏な日常生活を侵されないことを重視する「安全保障」へのシフトという、より積極的な意味を含んでいる（永松[2008]）[※2]。

2 | 福島原発事故と復興政策

災害の経験が積み重なるとともに、復興政策研究も進展してきた。原発事故についてはどうか。

2011年の福島原発事故以前には、国内でこれほど大規模な原子力事故が起きたことはなかったため、原発災害からの復興に関する研究蓄積はきわめて乏しい。今回のように、広範な地域で住民の大規模な避難が継続する事態が起きて初めて、被災地の復興という課題が浮上してきたのである（山川[2013]）。海外の事例ではチェルノブイリ事故と比較されることがあるが、被災者

の生活再建などの政策的対応については，土地所有をはじめとして政治経済制度が異なっているため，単純な比較は難しい。ではどのような先行研究が手がかりとなるのか。

政府は，自然災害においては家屋など私有財産の補償（いわゆる「個人補償」）を行うべきではなく，自己責任が原則だという立場にたつ（山崎[2001]107頁，同[2013]231頁）。他方，福島原発事故は地震と津波が引き金になっているものの人災であり，また「国策民営」とはいえ私企業による公害事件という面がある。そのため，災害救助法などによる被災者全般への支援施策とあわせて，原発事故被害者の生活再建においては東京電力（以下，東電）の賠償が大きな位置をしめてきた。したがって，水俣病など先行する公害事件における賠償や被害回復措置との比較が有効である。賠償やその他の被害回復措置が被害実態に照らして適切か，あるいはそれらの費用負担が責任論からみて妥当なのか，といった諸点が検証されなくてはならない（除本[2007, 2013]）[3]。

そのため本稿では，原発災害からの復興政策として，除染やインフラ復旧などとともに，被災者に対する賠償，支援施策も視野に入れて総合的に検討する。次節では，1960年代以降に積み重ねられてきた公害・環境問題の政治経済学的研究に学びつつ，本稿を貫く基本的な視点について述べる。

II
被害の包括的把握と賠償・支援施策の課題

1 原発事故被害の包括的把握

福島原発事故による被害は，きわめて広い範囲に及び大規模である。この被害実態をどう捉えるべきか。戦後日本の公害研究では，都留重人，宮本憲一らによって，実物レベル（素材面）の被害と貨幣タームの被害（金銭換算された被害）を区別しつつ，両者の関連を明らかにするという「政治経済学的方法」がとられてきた[4]。本稿もこの方法を土台とする。

福島原発事故による被害の中心的な内容は，「地域での元の生活を根底からまるごと奪われた」ことである。法的には，これは「包括的生活利益としての平穏生活権」（包括的平穏生活権）の侵害と表現される（淡路[2015]）。こうした被害は，被害を個別の項目に分解して市場価格で評価する方式では捉えきれない。

原発事故による被害には，金銭換算できるものもあるが，それ以前に，実物レベル（素材面）で各種の被害が生じているという点がまず重要である（図1のA）。今回の事故では，大量の放射性物質が大気や海に放出され，土壌を汚染した。その結果，食品の汚染を含む被ばくへの不安が，多くの人びとに広がった。事故収束にあたる労働者の被ばくも懸念され，2015年10月には福島第一原発で作業に従事したことのある元労働者が白血病で労災認定を受けたことも明らかになった。

汚染や被ばくの影響は，貨幣タームの被害（金銭換算された被害）としてもあらわれる（図1のB）。ここでは次の3点に着目すべきである。

第1に，農林水産物など，価格を有する財・サービスの被害がある。損害額の算定方法の問題[5]はあるものの，これは貨幣評価が比較的容易な被害である（図1のB-①）。

第2に，生命・健康，環境，コミュニティなど，通常は市場価格をもたないものも被害を受ける。しかし，これも貨幣評価が不可能というわけではない。たとえば生命・健康被害であれば，慰謝料の賠償請求額などとして貨幣評価することが可能である（図1のB-②）。

第3に，Aの被害が起きたことによって支出された事後的対策の費用（賠償・補償，被害修復・緩和に要する費用，対策実施のための行政費用など）として，貨幣タームの被害を捉えることもできる（図1のB-③）。

なお，B-③には除染やインフラ復旧の費用が含まれるが，IV節で述べるようにそれらが被害回復にとってどれほど有効かが問題となる。この図では，被害回復に有効な部分のみを計上すべきであろう。

以上のようにAの貨幣評価が可能であるが，AはBに完全に置き換えることはできず，一部はBのレベルでは捕捉されずに残る。それは，事後的に取り返しがつかない被害（不可逆的かつ代替不能な絶対的損失）があるからである。いったん放出された放射性物質は，どれほど費用をかけたとしても，完全に取り除くことは不可能である。生命・健康被害も絶対的損失であるが，治療費や慰謝料として金銭換算されることがある。しかし，生命・健康被害はそれによって完全に回復するわけではない。したがって，Bの捕捉範囲はAのすべてには及ばないと考えるべきである。

図1のCとDは，Bのうち賠償・補償にかかわる部分である。Cは，被害者から加害者への請求額だが，関連する法律などの制度上の制約から，Bのすべてが請求されるとは限らない。また，書類や手続が煩雑であるため，被害者が請求をあきらめてしまうということも

ありうる。Bの大きさを知るには，被害実態の調査研究が必要であるため，それが進まないうちは，Cが被害額として認識されることがある。

最終的に，Cはその全額が賠償・補償されるわけではなく，訴訟などを通じて支払いが一部に限定されることが多い（図1のD）。訴訟の結果として補償・救済制度がつくられ，原告以外にも適用されれば，DはCより大きくなるとも考えられるが（その場合でもBより大きくなることはない），ここでは一定の制度・対策を前提とし，Cに対する支払額としてDを考えている。

被害全体のなかで加害者が負担していない部分を，図1では「支払われざる被害」(unpaid damage)と表記した。

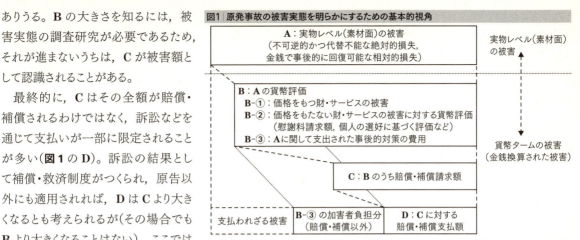

図1 | 原発事故の被害実態を明らかにするための基本的視角

被害者サイドからしばしばスローガンとして掲げられる「完全救済」「完全賠償」とは，理論的にいえば，この「支払われざる被害」をできるだけ小さくすることだといってもよい。

2 | 賠償制度と被害実態からの乖離

では福島原発事故の場合，図1におけるAとDの乖離がどのように生じているのか。具体的な制度に即して検討しよう。

原発事故の損害賠償は，「原子力損害の賠償に関する法律」にしたがって行われる。東電が賠償すべき損害の範囲については，同法に基づき，文部科学省に置かれる原子力損害賠償紛争審査会（以下，原賠審）が指針を出すことができる。2011年8月5日に中間指針がまとめられ，2013年12月までに第1次～第4次追補が策定されている。

原賠審の指針（追補を含む）は，東電が賠償すべき最低限の損害を示すガイドラインであり，明記されなかった損害がただちに賠償の範囲外になるわけではない。しかし，現実にはそれが賠償の中身を大きく規定している。

中間指針が策定されて以降，東電は自らが作成した請求書式による賠償を進めてきた。被害者が直接，東電に賠償請求をする方式を直接請求と呼んでいる。この請求方式では，加害者たる東電自身が，被害者の賠償請求を「査定」する。したがって，東電が認めた賠償額しか払われないが，支払いは早いので，他の手段（和解を仲介する原子力損害賠償紛争解決センターへの申し立てや訴訟の提起）と比べれば，直接請求は利用されることがもっとも多い請求方法ではある。

直接請求方式の最大の問題は，賠償の指針や基準が被害の実情を十分反映していないために，賠償から漏れてしまっている被害が少なくないことである。避難者に対する賠償では，国の避難指示等の有無によって，その内容に大きな格差がある。すなわち，避難指示等があった区域では，避難費用，慰謝料，収入の減少などの賠償がそれなりに行われている。他方，避難指示等がなかった場合，賠償はまったくなされないか，きわめて不十分である。

政府は積算線量年間20mSvを避難指示の目安としている。これが避難指示区域（旧警戒区域，旧計画的避難区域）の「線引き」を決める基準であり，その内・外で大きな賠償格差を生んでいる。しかし，それに達しない地域でも，健康影響がゼロといえないのであれば，被害を避けるために予防的行動として避難をすることには，一定の範囲で「社会的合理性」が認められるべきである（吉村[2015]）。

賠償の格差は住民の分断をもたらした。避難者への慰謝料においては，福島第一原発20km圏などの避難指示区域，その外側の30km圏の地域（旧緊急時避難準備区域），さらに中通りやいわき市を含む自主的避難等対象区域など，何段階にも賠償の格差が設けられている。住居や家財についても，賠償の有無が避難指示区域の内・外ではっきりと分かれている。こうした地

域間の賠償格差は，被害の実態とあわないため納得を得られず，住民の間に深刻な分断を生み出してきたのである。

政府の指示を受けて避難した人たち（避難指示区域内の住民）への賠償も，比較的手厚いとはいえ，問題がないわけではない。地域のコミュニティが崩壊したことなどによる「ふるさとの喪失」は重大な被害だが，慰謝料の対象外となっている（除本[2013, 2015, 2016]）。

さらに政府は，慰謝料や営業損害などの継続的な賠償の支払いをおおむね終了していく方針を打ち出している。IV節で述べる避難指示の解除にともない，帰還困難区域等を除き2018年3月で慰謝料が打ち切られる。しかし，いったん壊れた地域社会の回復は非常に困難であり，避難指示が解除されても，ただちに被害がなくなるわけではない。

3│被害者による異議申し立て

被害実態と賠償とのこうした乖離が生じる背景には，当事者である被害者に対して，賠償の指針や基準の策定に参加するプロセスが保障されていないことがある。原賠審では，東電関係者がしばしば出席し発言しているのに対し，被害者の意見表明や参加の機会がほとんど設けられてこなかった。被害者からみると，賠償の内容や金額が一方的に提示され，押し付けられているようにも感じられる。被害者が積極的に自らの被害を主張するには，世論への働きかけなどとともに，和解を仲介する原子力損害賠償紛争解決センターへの申し立てや，訴訟提起などの手段が必要となる。

2012年12月以降，避難指示区域内・外の人たちが全国20の地裁・支部で集団訴訟を提起し，原告数は1万2000人を超えている（**表1**）。被害者たちは訴訟

表1｜福島原発事故被害者の集団訴訟

地裁	訴訟数	原告(人)
札幌	1	256
仙台	1	93
山形	1	742
福島	9	7,826
前橋	1	137
さいたま	1	68
千葉	2	65
東京	5	1,535
横浜	1	174
新潟	1	807
名古屋	1	132
京都	1	175
大阪	1	240
神戸	1	92
岡山	1	103
広島	1	28
松山	1	25
福岡	1	41
計	31	12,539

注：福島地裁は2支部を含む。
出所：『毎日新聞』2016年3月6日付。

で，国や東電の責任を問うとともに，直接請求方式では補填されない被害の賠償を求めている。

4│被災者支援施策の動向

賠償以外の被災者支援施策としては，災害救助法に基づく仮設住宅の供与が大きな意味をもつ。仮設住宅には，プレハブなどの建設型と，民間住宅の借上げや公営住宅の一時使用許可による「みなし仮設」がある。2016年10月末時点の供与戸数は，建設型が7592戸，みなし仮設が2万214戸である。

とくに，避難指示区域外からの「自主避難者」にとっては，賠償や支援施策が貧弱であるため，仮設住宅が避難生活を続けるための基本的な条件になってきた。しかし，福島県は2015年6月，「自主避難者」への仮設住宅の供与を2017年3月までで打ち切ることを明らかにした。これによって避難生活が継続できなくなる人もあらわれている。

また，避難指示区域外にも支援施策を広げることをめざして，2012年6月，原発事故子ども・被災者支援法が議員立法により成立した。支援対象地域の設定や施策の内容は，同法に基づく基本方針に委ねられたが，政府はこれを「先送り」「骨抜き」にしてきた（日野[2014]）。法成立から1年以上が経ち，政府はやっと方針案を公表した。パブリックコメントも実施されたが，寄せられた声はほとんど反映されず，2013年10月，基本方針が閣議決定された。

パブリックコメントでは，事故前の市民の被ばく限度である年間1mSvを超える地域（福島県外も含まれる）を，支援対象地域とするよう求める声が多く寄せられた。しかし基本方針は，支援対象地域を福島県中通り・浜通りの33市町村（避難指示区域を除く）に限定した。

その後，基本方針が2015年8月に改定され，支援対象地域は当面維持されたものの，「空間放射線量等からは，避難指示区域以外の地域から新たに避難する状況にはなく，法の規定に従えば，支援対象地域は縮小又は撤廃されることが適当となると考えられる」との文言が盛り込まれた。

このように，仮設住宅をはじめとする賠償以外の被災者支援施策も，縮小・終了に向かっている。前述の集団訴訟は，賠償を求めるだけでなく，そうした政策動向に抗して，住民の「避難の権利」「被ばくを避ける権利」を拡大しようとするものでもある。集団訴訟の原告には避難指示区域外の住民も多い。たとえば約3800人の原告を抱える最大の訴訟（生業訴訟）で，原

告らは，政府が避難指示を出さなかった地域でも被害があり，放射線量を事故前の水準に戻す原状回復などの措置が必要だと訴えている。

III
賠償をめぐる責任と費用負担

1 | 東電の債務超過回避と国民への負担転嫁

次に，賠償に関する責任と費用負担の問題を検討したい。戦後日本の公害問題においては，訴訟などを通じて加害者の責任が明らかにされ，それを踏まえた補償・救済制度がつくられてきた。それによって被害者が声をあげることが容易になり，被害が顕在化してきたという経緯がある（宮本［2007］179-181頁）。したがって福島原発事故においても，被害を引き起こした関係主体の責任を明らかにし，それに基づいて賠償と費用負担の制度をつくるべきだが，現実には責任を曖昧にする仕組みがつくられている（除本［2013］6-11頁）。

第1に，東電の株主と債権者，そして国の責任が曖昧にされている。東電は，原発事故を起こしたことで，実質的に債務超過に陥り，法的整理が避けられないはずであった。にもかかわらず存続しているのは，2011年5月の関係閣僚会合で，東電の債務超過を回避することが確認され，同年8月に原子力損害賠償支援機構法（以下，支援機構法。2014年の改正で原子力損害賠償・廃炉等支援機構法に改称）がつくられたためである。

これにより，東電の株主と債権者は，法的整理にともなう減資と債権カットを免れた。東電は被害者に賠償を支払っているが，後述のとおり支援機構法に基づき，そのほぼ全額について資金交付を受けているため，実質的な負担はない。

一方，国は賠償責任を東電だけに負わせ，その背後に退いて追及の矛先をかわしている。国は賠償原資を調達しているが，それは国家賠償ではない。たしかに支援機構法第2条は「国は，これまで原子力政策を推進してきたことに伴う社会的な責任を負っている」としている。しかしこれは，規制権限を適切に行使しなかったことによる法的責任（国家賠償責任）を意味しない（高橋［2012］42頁）。国は「社会的責任」を踏まえて何をするのかといえば，東電の資金繰りを助けるにすぎない。

東電は形のうえでは賠償責任を負っているが，賠償の原資は国から出ており，その国の責任が曖昧になっている。支援機構法は，東電と国の責任逃れが，コイ

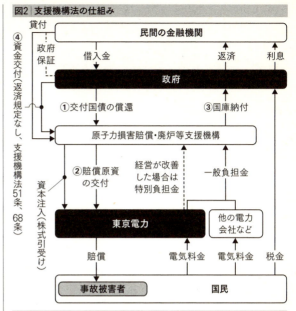

図2 ｜ 支援機構法の仕組み

出所：大島・除本［2014］6頁（原図を一部修正）。

ンの表と裏のように一体化した仕組みである。

第2に，賠償負担が国民にしわ寄せされている。支援機構法に基づく賠償原資の流れは次のとおりである。国は東電の支払う賠償の元手を調達し，原子力損害賠償・廃炉等支援機構（以下，支援機構）を通じて東電に交付する（図2の①②）。これにより，事故被害に対する賠償のほぼ全額が，支援機構から東電に交付されている。資金交付の額は，2017年11月までの累計で7兆5216億円にのぼる。

東電への交付金は貸付でないため，返済義務がないが，同社を含む原子力事業者の負担金により，いずれ国庫に納付されることが期待されている（図2の③）。そのため，支援機構法は原子力事業者による「相互扶助」だというのが建前である。

ただし，負担金の額は，原子力事業者の財務状況などに配慮して，年度ごとに定められることになっている。これまで支援機構に納付された負担金の総額は1兆1243億円余り（2011～16年度）であり，東電に交付された額をはるかに下回る。

しかも，このうち大部分（8343億円余り）をしめる一般負担金は，電気料金を通じて国民に負担を転嫁することができる。転嫁額は，家庭の電気料金でみると1世帯あたり年間587～1484円と試算されている（『朝日新聞』2017年2月27日付）。

2 | 負担転嫁システムの再構築

しかし，この負担転嫁システムは，電力自由化の進

展によってそのまま継続することが難しくなっている。2016年4月から電力の小売全面自由化が実施され，すべての消費者が電力会社や料金メニューを選べるようになった。自由化にともない新規参入した原発をもたない電力会社（いわゆる新電力）からも，消費者は電気を買うことができる。ところが新電力は，大手電力会社と異なり負担金を支払う必要がない。そのため，新電力のシェアが拡大すると賠償費用の転嫁が難しくなるのである。また，一般負担金を電気料金原価に算入することを可能にしてきた総括原価方式も，2020年をめどに撤廃される。そこで，2020年より前に負担転嫁の仕組みを再構築するという課題が浮上してきた（大島・除本[2017]）。

再構築をめざす第1の動きは，経済産業省が設置した有識者会議によって，賠償費用の一部（「過去分」と称される）を託送料金につけかえる方針が打ち出されたことである（総合資源エネルギー調査会基本政策分科会 電力システム改革貫徹のための政策小委員会[2017]）。

送配電事業においては2020年以降も地域独占が維持されるため，託送料金による「過去分」の回収は，事業者の経営努力を要しない。電力自由化が進んでも，賠償原資のうち，消費者に容易に転嫁できる部分を維持することが可能となる。また，電力自由化の一環として2020年4月以降，発送電分離が実施される。これによって，大手電力会社の送配電部門は分社化され，発電（原子力発電を含む）や小売から切り離される。消費者から小売事業者を介して送配電事業者へ支払われる託送料金に，賠償費用の一部をつけかえれば，それだけ原子力事業者の負担が減ることになる。つまり「過去分」の導入は，原子力事業者の負担を減らし，軽減分を別のやり方で消費者から容易に回収しうる仕組みをつくるということを意味する。

3│膨張する除染費用と国費投入の拡大

再構築をめざす第2の動きは，除染費用への国費投入の拡大である。除染費用は，放射性物質汚染対処特措法に基づいて，東電に求償されることになっている。つまり，除染費用も東電による賠償の一部を構成する。そこに国費を投入すれば，それだけ電力会社の負担金や東電の賠償負担が軽減され，国民に負担が転嫁される。

政府は2013年段階で，同法に基づく除染費用を2.5兆円，中間貯蔵施設の費用を1.1兆円と試算していた。このうち，中間貯蔵施設相当分1.1兆円について国が

支援機構に資金交付を行い（**図2**の④。事実上の国費投入），除染2.5兆円には支援機構が保有する東電株の売却益を充てるという案が当時の閣議決定で示された。

表2 福島原発事故対応費用	単位：兆円
廃炉・汚染水対策	8.0
賠償	7.9
除染	4.0
中間貯蔵施設	1.6
計	21.5

出所：第6回「東京電力改革・1F問題委員会」（2016年12月9日）の「参考資料」より作成。

しかしその後，費用の総額はしだいに膨れ上がり，最近の試算では除染が4.0兆円，中間貯蔵施設が1.6兆円とされる（**表2**）。これでも足りるかどうか定かではない。東電は株価をあげ売却益を確保するため，柏崎刈羽原発の再稼働を見据えるが，2016年10月の新潟県知事選で再稼働に慎重な米山隆一氏が当選し，困難さが増している。

そこで，増大する除染費用を東電賠償の枠外にくくりだす動きがあらわれた。たとえば森林の除染がある。国の方針では森林除染は住宅等の周辺に限定され，ほぼ手つかずである。しかし，事故で汚染された地域には里山も多く，住民からは除染を望む声が出されてきた。そのため「事実上の除染」として，実質的に全額国費でまかなわれる「ふくしま森林再生事業」が2013年度からスタートしている（早尻[2015]158-161頁）。

また帰還困難区域の除染についても，2016年12月の閣議で国費投入が決定された。帰還困難区域の除染を放射性物質汚染対処特措法に基づくこれまでの除染と区別し，「新たな除染カテゴリー」をつくりだすことで，国費投入の道をひらいたのである。2017年予算案には約300億円が計上された。しかし，なぜ帰還困難区域の除染だけを別扱いにするのか，十分な説明はなされていない。

税金であれ電気料金であれ，支払う側からみればどちらでも同じだと思われるかもしれない。しかしそこで見過ごされているのは国の責任である。

東電が担うべき賠償を国が肩代わりするのであれば，相応の根拠が必要であろう。支援機構法の枠組みでは，国の関与はあくまで東電への資金援助にすぎない，という建前であった。だが国費による賠償負担の肩代わりは，それを踏みこえている。2017年3月17日，避難者集団訴訟で前橋地裁が国の責任を認める判決を言い渡した[6]。帰還困難区域の除染費用をめぐっても，国の責任があらためて問われている。

IV

原発災害における復興の不均等性

1 避難指示の解除と住民帰還の現状

まず，政府の福島復興政策の流れを，避難指示解除の経緯を中心に振り返っておきたい。政府は2011年後半から，除染とインフラ復旧をてこに，住民をもとの地に戻そうとする帰還政策を本格化させた。住民の帰還は，避難地域に対する国の復興政策の中心的課題だといってよい。

帰還政策の第1段階は2011年9月末で，第一原発20〜30km圏の緊急時避難準備区域が解除された。同区域に全域が含まれた広野町，大半が含まれた川内村は，2012年3月に役場業務をもとの地で再開している。

第2段階は2011年12月以降であり，政府は「事故収束」を宣言するとともに，2012年4月から避難指示区域の見直しを開始した。2013年8月までに，避難指示区域は避難指示解除準備区域，居住制限区域，帰還困難区域の3区域にひととおり再編された。

政府は2013年12月の閣議決定で，帰還困難区域に対し，移住先で住居を確保するための賠償の追加などを打ち出した。これは帰還政策を部分的に転換したものと評される。これにともなって原賠審も同月，中間指針第4次追補を決定し，住居確保損害を新たに賠償項目に加えた。

このように政府の避難者対策は，帰還方針を部分的に転換し，帰還困難区域等に対する移住支援を盛り込むようになった。これは，帰還または移住によって，避難という状態を終了させていくことを意味する。こうして2013年末以降，帰還政策がしだいに避難終了政策という性格を強めてきたという側面もみておく必要がある。

帰還政策の第3段階は2014年4月以降で，田村市都路地区，川内村東部の20km圏，楢葉町などで避難指示が順次解除された。2017年3月31日と4月1日に，福島県内4町村，3万2000人への避難指示が解除されたことにより，残るはほぼ帰還困難区域のみとなり，避難指示の解除は一区切りを迎えている。

しかし，住民帰還の見通しはそれほど明るくない。2017年7〜8月時点で，避難指示が解除された地域の居住者数は，事故直前の住民登録者数（6万人強）の1割未満であり，また65歳以上が占める高齢化率は49％に達している（『毎日新聞』2017年9月9日付）。

さらに2017年4月以降も，帰還困難区域等の2万4000人には避難指示が継続される。避難指示解除地域と継続地域のコントラストが明確になりつつあり，後者については，長期的な復興過程で予想される帰還困難区域固有の諸課題に対して，政策的な検討が求められる。

2 「不均等な復興」とは何か

日本の災害復興政策においては，もともとハード面のインフラ復旧などの公共事業が大きな位置を占めており，政府の「個人補償」否定論によって，被災者個人に直接届く支援施策は遅れがちであった（岡田・自治体問題研究所編[2013]29-31頁）。この傾向は東日本大震災においても同様である。また福島では，インフラ復旧・整備に加えて，前節でもふれたように除染という土木事業が大規模に実施されてきた（Fujimoto[2017]）。

公共事業主導の復興政策は，さまざまなアンバランスをもたらす。復興需要が建設業に偏り，雇用の面でも関連分野に求人が集中する。除染やインフラ復旧・整備が進んでも，医療，教育，物流などの生活条件が震災前のようには回復しないために，帰還できない人が出てくる。また，公共事業が地域外から労働力を吸引することで，住民の構成が変化し，震災前のコミュニティが変容していく。小売業のように，地元住民を相手に商売をしていた事業主は，顧客が戻らずに事業を再開できない。

このように，復興政策の影響は地域・業種・個人等の間で不均等にあらわれている。こうしたアンバランスを，筆者は「不均等な復興」（あるいは復興の不均等性）と表現した（除本・渡辺編著[2015]，除本[2016]170-176頁）。さらに福島では，原発事故特有の事情が作用している。**図3**にしたがって説明しよう。

第1に，顕著な特徴として，原発事故を受けて設定された避難指示区域などの「線引き」により，地域間の不均等性がつくりだされている点が挙げられる。賠償の区域間格差は，その代表的な例である。

第2は，「線引き」による区域設定が，被害実態とずれていることである。区域の違いが必ずしも放射能汚染の実情に対応していないために，区域間の賠償格差と，放射能汚染の濃淡とが絡みあって，住民の間に分断をもたらしている。また，避難によって，ひとたび地域社会の機能が停止してしまうと，その影響（つまり被害）は長期にわたり継続する。したがって，放射能汚染の程度に応じて避難自治体を3区域に分割しても，

図3 原発災害における復興の不均等性と被害者の分断

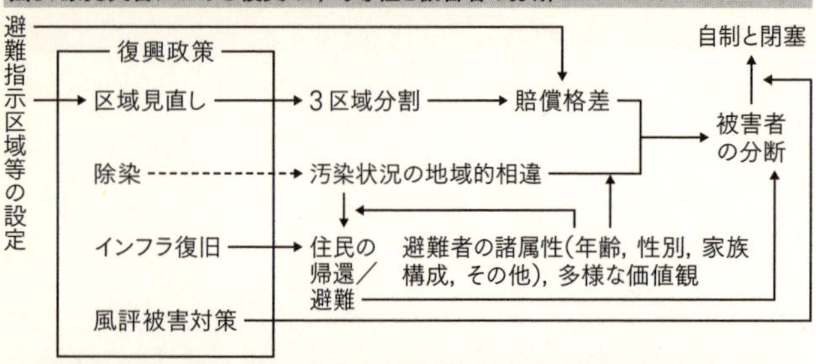

避難指示区域等の設定

復興政策 ─→ 3区域分割 ─→ 賠償格差 ─→ 自制と閉塞
区域見直し
                                        被害者の分断
除染 ‑‑‑‑‑‑→ 汚染状況の地域的相違
インフラ復旧 ─→ 住民の帰還/避難 ← 避難者の諸属性(年齢,性別,家族構成,その他),多様な価値観
風評被害対策

注:矢印は因果関係をあらわし,点線は結果が原因を必ずしも前提としないことを意味する(汚染状況の地域的相違は,主として原発事故後の放射性物質の降下によるもので,除染はそれを変化させる要因である)。当面の議論に必要と思われる内容を図示したにすぎず,重要だが省略されている事象もある。
出所:除本[2016]173頁(原図を一部修正)。

必ずしも被害実態を反映していることにはならない(これは下記第4の点に関連する)。

第3は,放射線被ばくによる健康影響は,将来あらわれるかもしれないリスクであり,その重みづけが,個人の属性(年齢,性別,家族構成など)や価値観,規範意識などによって異なることだ(平川[2017])。たとえば,年齢が低いほど放射線への感受性が高いことは,広島,長崎の被爆者調査でも明らかにされている。また,若い人は余命が長く,その間にさらに被ばくを重ねることになる。したがって,若い世代,子育て世代は,汚染に敏感にならざるをえない。同じ放射線量であっても,そのもとでの避難者の意識と行動は同一ではなく,個人の属性や価値観などにより多様化する。だが多様なリスク対処行動が必ずしも尊重されず,不安をうったえる声が抑圧される傾向がある。とくに女性と子どもへのしわ寄せが大きいことが懸念される(Ulrich[2017])。

第4に,インフラ(医療機関や学校などを含む)の復旧・整備が進んでも,避難者ごとの事情によりインフラへのニーズが異なる。筆者らが川内村など旧緊急時避難準備区域の調査から明らかにしてきたように,医療・福祉や教育をはじめとして,復旧・整備が進まないインフラへの依存度が大きい人は戻ることができない(除本・渡辺編著[2015])。そのため復興政策の影響は,不均等にあらわれる。他の住民が戻らなければ,コミュニティへの依存度が大きい人びとは,帰還して暮らしていくことが困難である。その結果,帰還を進める自治体では,原住地と避難先との間で住民の分断が起きてしまう。

第5に,図示しなかったが,除染をめぐる分断もある。たとえば,福島県内の除染土などを保管する中間貯蔵施設に関して,搬入される側の立地地域と,搬出する側の県内他地域との間で不協和音が生じている。また県内でも,立地地域は原発から「恩恵」を受けてきたと

いう見方があり,そのこともこの問題に影を落としている。

3 国の責任と復興政策

公共事業主導の復興政策は,以上のような不均等性をもたらしている。被害の原状回復を重視し,政策のあり方を再検討すべきであろう。では,そのために何が必要か。

福島復興再生特別措置法第1条や前述の支援機構法にみられるように,国は原子力政策に関する「社会的責任」は認めるが,規制権限の不行使による法的責任(国家賠償責任)は認めない。現状では,国が「社会的責任」に基づき公共事業を福島に手厚く配分することで,本節でみたようにむしろ復興の不均等性をもたらす結果を招いている。

この矛盾を打開するには,集団訴訟で問われている国の法的責任を踏まえて,復興政策の見直しへとつなげていくことが求められる。四日市公害訴訟の原告は9人であったが,加害企業の責任を明らかにすることを通じて,公害健康被害補償法の成立(1973年)を導き出し,10万人以上の大気汚染被害者の救済を実現した。公害・環境訴訟は,原告本人の救済にとどまらない政策形成機能をもつのである(淡路ほか編[2012])。原発事故被害者の集団訴訟も,この経験に学び,国と東電の責任を踏まえた復興政策の見直しをめざしている。

前述のように国は,自然災害において「個人補償」を行うべきではないという立場をとってきた。しかし国家賠償責任が認められる場合には,その原則はあてはまらない。国の責任が明らかになれば,被災者個人に対する補償的措置など,通常は困難な手段を政策の俎上にのせていく道がひらける。つまり,ハード面の公共事業中心の復興政策から,「人間の復興」への転換である。こうした政策の見直しは,国と東電の責任解明なしには大きく進まないであろう。

また,今回のような事故を二度と起こさないためにも,国と東電の責任をより詳細に検証することが不可欠である。これは従来の原子力政策を見直し,さらに現在進行する再稼働の是非を問うことにもつながる。そのうえで,東電刑事訴訟や被害者の集団訴訟が,大きな役割を果たすことは間違いない(添田[2017])。

おわりに

本稿では，災害復興政策の研究や公害・環境問題の政治経済学の蓄積に学びつつ，この約7年間に実施されてきた原発災害の復興政策（賠償を含む）を検証してきた。その結果，事故被害の賠償については，被害実態に照らして賠償の対象が狭いことや，賠償格差による住民の分断など，多くの問題が生じていることが明らかになった。また，復興期間10年の終了を目前にして，賠償以外の被災者支援施策も打ち切られつつあることが確認された。

また費用負担については，賠償原資の大半が国民負担に転嫁されており，国と東電の責任が曖昧になっていることが明らかにされた。電力自由化のもとで負担転嫁システムを再構築する動きも進んでいる。

原発事故被害者の集団訴訟で，原告らは国と東電の法的責任を追及している。この取り組みは，原告本人の救済を求めるだけでなく，ハード面の公共事業中心から「人間の復興」へと復興政策のあり方を転換していく意味ももつ。

震災7年の現実は，原発事故の被害から回復することの難しさを示している。たとえば福島県商工会連合会が2016年に実施したアンケート調査（筆者らも協力）でも，商工業者の受けた被害の継続性，広範性が浮き彫りになった。避難区域内では休業中の事業者が約5割に上り，営業を再開しても多くは利益が回復していない（高木・除本[2017]）。

政府が復興期間とする10年間では，原発事故被害は収束しない。支援施策や賠償を打ち切るのではなく，むしろいかなる措置を継続すべきか，被害実態に即して明らかにする必要がある。そのことが「人間の復興」に向けて政策を見直していく第一歩になるだろう。

注

❖1) 災害問題全般の政治経済学的研究については，宮入[1999]，岡田[2017]などを参照。

❖2) 永松[2008]の議論は，基本的に自然災害を念頭においていると考えられる。これに対して，福島原発事故は単なる自然災害ではなく人災であり，しかも特定の発電技術の選択に起因するもので，他の技術を選択することも可能だから，自然災害とは議論の前提が異なる。ただし永松の提起する政策目標自体は，原発災害においても参照すべき意義がある。

❖3) 佐藤嘉幸と田口卓臣は，福島原発事故について，公害とともに戦争との類似性を指摘している（佐藤・田口[2016]）。戦争との類似性は，原子力の軍事利用と平和利用との連続性や，被害の大規模性から論じられる。なお，筆者らも放射線被ばくによる被害の過小評価という共通性に着目して，福島原発事故と原爆被害などとの比較研究を行っている（藤川・除本編[2018]）。

❖4) 都留[1972]，宮本[2007]，寺西[1984]，除本[2007，2011]など。なお「素材面」とは，人類史において可変的な側面である「体制面」（人間社会の特定のあり方）と対照的に，歴史貫通的な物的・技術的側面を表す用語である。「使用価値的側面」といいかえてもよい。

❖5) たとえば原発事故で利用できなくなった住居の賠償額を，どう評価するかという問題がある。一般に物的損害の評価方法として，①交換価値アプローチ，②利用価値アプローチ，③原状回復費用アプローチ，などが考えられるが，この場合いずれを採用すべきかという問題である。中古自動車と比較した場合，住居は人びとの暮らしに不可欠な，土地に固着した不動産であるという特性から，事故当時の価格（上記①）ではなく，再取得の費用（②）を賠償するのが合理的である（窪田[2015]）。

❖6) 2017年10月10日に言い渡された集団訴訟の福島地裁判決も，国の責任を認めた。一方，同年9月22日の千葉地裁判決は国の責任を否定しており（ただし津波の予見可能性は認定），司法判断は分かれている。

文献

・淡路剛久[2015]「『包括的生活利益』の侵害と損害」淡路剛久・吉村良一・除本理史編『福島原発事故賠償の研究』日本評論社，11-27頁。

・淡路剛久・寺西俊一・吉村良一・大久保規子編[2012]『公害環境訴訟の新たな展開——権利救済から政策形成へ』日本評論社。

・大島堅一・除本理史[2014]「福島原発事故のコストを誰が負担するのか——再稼働の動きのもとで進行する責任の曖昧化と東電救済」『環境と公害』第44巻第1号，4-10頁。

・大島堅一・除本理史[2017]「原子力延命策と東電救済の新段階——賠償，除染費用の負担転嫁システム再構築を中心に」『環境と公害』第46巻第4号，34-39頁。

・岡田知弘[2017]「『災害の地域経済学』の構築に向けて——問題提起に代えて」『地域経済学研究』第33号，1-16頁。

・岡田知弘・自治体問題研究所編[2013]『震災復興と自治体——「人間の復興」へのみち』自治体研究社。

・窪田充見[2015]「原子力発電所の事故と居住目的の不動産に生じた損害——物的損害の損害額算定に関する一考察」淡路剛久・吉村良一・除本理史編『福島原発事故賠償の研究』日本評論社，140-156頁。

・佐藤嘉幸・田口卓臣[2016]『脱原発の哲学』人文書院。

・総合資源エネルギー調査会基本政策分科会 電力システム改革貫徹のための政策小委員会[2017]「電力システム改革貫徹のための政策小

委員会 中間とりまとめ」2月。

- 添田孝史[2017]『東電原発裁判——福島原発事故の責任を問う』岩波新書。
- 髙木竜輔・除本理史[2017]「原発事故被害の継続性——福島県内商工業者への質問紙調査から」『科学』第87巻第9号，801-803頁。
- 髙橋康文[2012]『解説 原子力損害賠償支援機構法——原子力損害賠償制度と政府の援助の枠組み』商事法務。
- 都留重人[1972]『公害の政治経済学』岩波書店。
- 寺西俊一[1984]「"社会的損失"問題と社会的費用論——（続）公害・環境問題研究への一視角」『一橋論叢』第91巻第5号，592-611頁。
- 永松伸吾[2008]『減災政策論入門——巨大災害リスクのガバナンスと市場経済』弘文堂。
- 早尻正宏[2015]「森林汚染からの林業復興」濱田武士・小山良太・早尻正宏『福島に農林漁業をとり戻す』みすず書房，127-214頁。
- 日野行介[2014]『福島原発事故 被災者支援政策の欺瞞』岩波新書。
- 兵庫県震災復興研究センター編[1996]『大震災と人間復興——生活再建への道程』青木書店。
- 平川秀幸[2017]「避難と不安の正当性——科学技術社会論からの考察」『法律時報』第89巻第8号，71-76頁。
- 福田徳三[2012]『復興経済の原理及若干問題(復刻版)』(山中茂樹・井上琢智編)関西学院大学出版会。
- 藤川賢・除本理史編[2018]『放射能汚染はなぜくりかえされるのか——地域の経験をつなぐ』東信堂(近刊)。
- 宮入興一[1999]「災害の政治経済学の展開と課題」『立命館経済学』第48巻第4号，59-81頁。
- 宮本憲一[2007]『環境経済学(新版)』岩波書店。
- 山川充夫[2013]『原災地復興の経済地理学』桜井書店。

- 山崎栄一[2001]「被災者支援の憲法政策——憲法政策論のための予備的作業」『六甲台論集 法学政治学篇』第48巻第1号，97-169頁。
- 山崎栄一[2013]『自然災害と被災者支援』日本評論社。
- 除本理史[2007]『環境被害の責任と費用負担』有斐閣。
- 除本理史[2011]「福島原発事故の被害補償をめぐる課題」『環境経済・政策研究』第4巻第2号，120-123頁。
- 除本理史[2013]『原発賠償を問う——曖昧な責任，翻弄される避難者』岩波ブックレット。
- 除本理史[2015]「避難者の『ふるさとの喪失』は償われているか」淡路剛久・吉村良一・除本理史編『福島原発事故賠償の研究』日本評論社，189-209頁。
- 除本理史[2016]『公害から福島を考える——地域の再生をめざして』岩波書店。
- 除本理史・渡辺淑彦編著[2015]『原発災害はなぜ不均等な復興をもたらすのか——福島事故から「人間の復興」，地域再生へ』ミネルヴァ書房。
- 吉村良一[2015]「『自主的避難者(区域外避難者)』と『滞在者』の損害」淡路剛久・吉村良一・除本理史編『福島原発事故賠償の研究』日本評論社，210-226頁。

- Fujimoto, N.[2017] "Decontamination-intensive Reconstruction Policy in Fukushima under Governmental Budget Constraint", in M. Yamakawa and D. Yamamoto, eds., *Unravelling the Fukushima Disaster*, Routledge, pp. 106-119.
- Ulrich, K.[2017] "Unequal Impact: Women's & Children's Human Rights Violations and the Fukushima Daiichi Nuclear Disaster", Greenpeace Japan.

論文

ケインズ的失業を伴うグレアム型貿易モデル
──国際価値・賃金率・雇用量の同時決定

佐藤秀夫 | 東北大学・名誉

はじめに

　　拙稿「グレアム型国際価値論再考」(佐藤, 2018a)において, リカード型の多数国多数財貿易モデルを提示した。ここでリカード型貿易モデルというのは, 資本を労働に還元した1要素モデルのことであり, 利潤と中間財の存在しないシンプルなモデルのことをいう。資本や中間財, したがってまた利潤の存在する現実世界と比べるとかなり抽象度の高いものだが, 現実世界への第1次アプローチとしては十分な有効性をもつと考える。

　　リカード型貿易モデルは2国2財ないし2国多数財で論じられることが多いが, 前掲拙稿ではM国N財という一般的設定の中で, 各国各財の生産技術, 各国の労働量, 各国の需要構造が与件として与えられるならば, 完全雇用を成立させるような国際価値(世界相対価格)と各国の相対賃金率が導出できることを示した。さらに, 3国4財の具体的な数値例を設けて, 与件が変化したときに国際価値と各国賃金率がどのように変化するかを示し, モデルから帰結する一般的傾向を明らかにした。

　　このモデルは, F. D. グレアム(1890-1949)の国際価値論(Graham, 1923, 1932, 1948)に着想を得て, それに修正を加えたものであることからグレアム型貿易モデルと呼ばれた。このモデルのキーワードは, 複数の国で生産され貿易される連結財である。この連結財は, それぞれの国際分業パターン(以下, 分業パターン)に対応して国際価値と相対賃金率とを決定すると同時に, 小幅な需要変化に対して価格変動を伴わない数量調整を可能ならしめる。需要の変化がただちに価格変化をもたらすJ. S.ミルの相互需要説とは異なるものだ。需要の変化が価格変化なき数量調整をもたらす局面をグレアム・ケース, 価格変化を伴う調整局面をミル・ケースと呼ぶこととすると, 多数国多数財モデルにおいては, 大部分が専一的にグレアム・ケース(連結型分業パターン)となり, グレアム・ケースとミル・ケースの併存(完全特化型を除くリンボー型分業パターン)が小部分を占め, グレアム・ケースが存在せず専一的にミル・ケースとなる状況, すなわち, 連結財が存在しない完全特化型分業パターンはきわめて少ないこと, とはいえ, グレアム型貿易モデルはミル・ケースや完全特化型をも取り扱うことができる包括的なモデルであること, こうしたことを前掲拙稿で示した。

　　ところで, そのモデルは完全雇用を前提としていた。本稿では, この仮定を緩めて不完全雇用を許容するモデルへ拡張する。現実世界では不完全雇用が常態となっている。この事実をモデルに反映させることは必要なことであろう。構成は以下のとおり。1節で, 完全雇用を前提とするグレアム型貿易モデルの概要を述べる。紙幅の制約もあり, 詳しい説明は前掲拙稿で行っているので, ここでは必要最小限のものにとどめる。2節で, 不完全雇用を許容するモデルを提示し, その特徴について述べる。また, 3国4財の数値例により実際に均衡解を導出する。最後にまとめを行う。

1

完全雇用版グレアム型貿易モデル

1.1 モデル設定と用語の定義

　　まず，モデル設定。①世界には多数の国・多数の財が存在する。ここでは，M国N財（MとNは3以上の整数かつM＜N）とする。②中間財と利潤は存在せず，財はすべて消費財からなる。③完全雇用と貿易均衡（国民所得＝国民支出）が成立している[*1]。④輸送費と貿易制限はない。⑤労働の国際移動はなく，各国とも国内賃金率は全部門で等しい。⑥各国の生産技術，利用可能な労働量，需要構造は所与とする。生産技術は固定された労働投入係数として与えられ，技術の判明する各国各部門の生産性格差は任意の2国のすべての部門で異なるものとする。「技術の判明する」というのは，各国のすべての技術が判明している必要はない，ということを含意する。たとえば，途上国の自動車産業や日本の原油採掘産業など，比較優位になりそうもない部門の労働投入係数は与えなくとも構わない。各国の需要構造は各財への支出係数として与えられ，各国とも支出係数の合計は1，つまり，所得はすべて支出される。

　　以上の条件が与えられたとき，成立する分業パターン，各国各財の生産量・消費量・輸出入量，財の世界相対価格，各国の相対賃金率が一義的に決定される，というのが完全雇用版グレアム型貿易モデルである。決定の論理あるいは均衡解の導出方法を説明する前に，いくつかの用語を定義しておく。

　　まず，均衡解だが，成立する分業パターンの特定，各国各財の均衡生産量，均衡国際価値，各国の均衡賃金率の全体を指す。均衡解が決まれば，消費量も輸出入量も容易に計算できる。

　　国際分業が成立すると，ある部門は生産活動を継続するが，他の部門は生産活動を停止する。前者を活動地点，後者を非活動地点と呼ぶ。成立する国際分業は合理的でなければならないが，合理的とは，「活動地点の生産費用＝財価格」かつ「非活動地点の生産費用＞財価格」である状態をいう。以下，分業パターンといえば常に合理的なそれを指す。

　　経済学モデルの目的は現実世界の理解に資することだから，国際分業の実態を観察して見よう。すると，通常の貿易モデルにはない光景が目に入る。日米独の自動車，日中韓のIT製品，いくつかの途上国の繊維製品など，この財を生産しない他の国に対しては比較優位財だが，相互のあいだでは比較劣位でも優位でもなく，いわば比較中位財とでもいうべきものが多数ある。複数の国で共通に生産されるこのような財をグレアムにならって連結財link commodities（Graham, 1948, p. 254, p. 332）と呼ぶ[*2]。連結財は，同じ連結財を生産するすべての国の相対賃金率を決定し，また，そのことによって，これら諸国で生産されるすべての財の相対価格を決定する。同じ財は同じ価格をもつので，連結財の相対労働生産性（労働投入係数の逆数）がそのまま相対賃金率となるし，相対賃金率に労働投入係数を乗じれば財の相対価格となるからだ。

　　諸国が同じ連結財をもつとき，直接的に連結されている，という。だが，諸国は間接的にも連結される。A，B，Cの3国があり，AB両国がある連結財を生産し，BC両国が別の連結財を生産しているとしよう。このとき，AC両国はB国を介して間接的に連結され，結局，3国すべてが連結されていることになる。以下，連結といえば間接的なそれを含む。

　　合理的な分業パターンは，連結型およびリンボー型という2つのタイプに分かれる。連結型というのは，1つ以上の連結財[*3]を通じてすべての国が連結されているタイプの分業パターンで，このとき，ある財をニュメレールとすると，すべての財価格とすべての国の賃金率とが労働投入係数のみで表現できる。分業パターンが異なれば財価格と賃金率も異なってくるが，ともかく，分業パターンさえ決まれば財価格と賃金率が判明する。

　　これに対して，リンボー型というのは1つ以上の箇所で連結が切断されている分業パターンで，このとき，分業パターンのみですべての財価格と賃金率が確定しているという状況にはない。連結の切断は，

理論的には 1 以上 M−1 の箇所で発生しうる。切断数が M−1 のとき，連結財が存在しない完全特化型分業となる。リカード型2国2財貿易モデルの教科書的説明（両国がそれぞれの比較優位財に完全特化する）がこれに外ならない。2国2財の教科書的説明では通常のケースが，多数国多数財では，逆に，極端なケースとなる。注意して欲しいのは，この極端なケースを除けば，リンボー型であっても連結財が存在し，連結された諸国間では上に述べた連結の原理が作動している，ということだ。

　以下で，均衡解導出の方法を3層構造で説明する。第1の層は M 国 N 財の一般的ケースでの説明，第2の層は多数国多数財の最小モデルである3国4財の記号表記による説明，第3の層は数値例による説明である。第1の層によって国の数と財の数がいかようであろうとも均衡解導出が可能であることが示される。だが，均衡解を導くための方程式体系を分かりやすく示すには，第2層が欠かせない[※4]。第3層は第2層の数値例による確認という意味をもつが，それだけにはとどまらない。与件と均衡解がどのような関係にあるのかは，数値例を与えてはじめて理解できる。また，後に示すように，同じ生産技術のもとでも分業パターンに応じて大きな賃金率格差が生じるのだが，数値例なしにこのことを認識するのは困難である。そもそも，数値例なしには分業パターンの特定すらできない。さらに，2国2財や2国多数財にはみられない多数国多数財の独自性を示すためにも，第3の層は不可欠である。ただし，紙幅の制約もあり，佐藤（2018a）で詳しく説明してあるので，完全雇用版の第3層による説明は分業パターンの特定に限定する。

1.2 連結型分業パターンの均衡解導出

　連結型分業パターンの均衡解導出の手順は以下の通り。まず，連結型の分業パターンを特定する。特定のために必要なのは各国の労働投入係数だけで，労働量配分や需要条件は一切関係しない。連結型では分業パターンに応じて相対賃金率と財価格が判明しているので，手間はかかるが作業自体は単純だ[※5]。連結型分業パターンは，すべての国・すべての部門の労働投入係数が与えられた場合，「$(M+N-2)!/\{(M-1)!(N-1)!\}$」通りあることが知られている[※6]。

　次に，それぞれの分業パターンについて，連立方程式を設定してそれを解く。先述したように，ニュメレール財を決めればそれぞれの分業パターンに応じて財価格と賃金率が決まる。賃金率が決まれば，完全雇用条件により各国所得が決まり，所得が決まれば，財価格と支出係数から各国消費量を計算できる。輸出入量はこの消費量と生産量の差として求められる。しかし，活動地点の生産量は分からないので，これが未知数となる。連結型では活動地点の数が $M+N-1$ であることが分かっている（McKenzie, 1954a, p. 175）ので，未知数の数は $M+N-1$。なぜ，$M+N-1$ か。すべての財が生産されるためには N の活動地点が必要で，このとき，諸国は1つも連結されていない。諸国をすべて連結するためには，活動地点を M−1 追加しなければならない。合わせて $M+N-1$[※7]。

　他方，独立な方程式の数も $M+N-1$ ある。内訳は，各国の完全雇用条件式が M 個，各財の需給一致式が N−1 個（式の数は N 個だが，うち1つがワルラス法則により独立ではない）。未知数と独立な方程式の数が一致するので，「$(M+N-2)!/\{(M-1)!(N-1)!\}$」通りの分業パターンごとに数学的な解セットが得られる。しかし，それらの解セットに1つでもゼロや負の生産量が含まれていれば，経済学的に意味のある解セットとはいえない。そこで，すべての生産量が正となる解セットを探す。このとき，2つの可能性がある。条件を充たす解セットが1つだけ存在する場合と，1つも存在しない場合とである。前者の場合，その解セットが均衡解となる。

　いま述べたことを3国4財モデルで確認しよう。A，B，C の3国，第1，第2，第3，第4の4財がある。i 国 j 財の労働投入係数を a_{ij}（>0），i 国 j 財の支出係数を b_{ij}（$1>b_{ij}>0$），i 国の利用可能な労働量を L_i（>0），j 財価格を p_j，i 国賃金率を w_i とする。各国各財の消費量は $(w_i L_i b_{ij})/p_j$ で表現できるから特に記号は設けない。ニュメレールは第1財とする。i 国 j 財の生産量を x_{ij} で表す。3国4財では6つある活動地点の生産量は未知数で，非活動地点のそれはゼロである。たとえば，A 国が第1財と第2財を，B 国が第2財と第3財を，C 国が第3財と第4財を生産する分業パターンでは，価格と

賃金率および方程式体系は以下のように表現される。3国4財では10通りの分業パターンがあり，他の分業パターンでは書き換えが必要だが，それは簡単なので例示としてはこれ1つで十分だろう。

価格と賃金率

$$p_1 = 1$$
$$p_2 = a_{A2}/a_{A1}$$
$$p_3 = (a_{B3}/a_{B2})p_2 = (a_{B3}/a_{B2})(a_{A2}/a_{A1})$$
$$p_4 = (a_{C4}/a_{C3})p_3 = (a_{C4}/a_{C3})(a_{B3}/a_{B2})(a_{A2}/a_{A1})$$
$$w_A = 1/a_{A1}$$
$$w_B = (a_{A2}/a_{B2})w_A = (a_{A2}/a_{B2})/a_{A1}$$
$$w_C = (a_{B3}/a_{C3})w_B = (a_{B3}/a_{C3})(a_{A2}/a_{B2})/a_{A1}$$

完全雇用条件

$$a_{A1}x_{A1} + a_{A2}x_{A2} = L_A$$
$$a_{B2}x_{B2} + a_{B3}x_{B3} = L_B$$
$$a_{C3}x_{C3} + a_{C4}x_{C4} = L_C$$

需給一致条件（独立なのは4つのうち3つ）

$$x_{A1}p_1 = w_A L_A b_{A1} + w_B L_B b_{B1} + w_C L_C b_{C1}$$
$$x_{A2}p_2 + x_{B2}p_2 = w_A L_A b_{A2} + w_B L_B b_{B2} + w_C L_C b_{C2}$$
$$x_{B3}p_3 + x_{C3}p_3 = w_A L_A b_{A3} + w_B L_B b_{B3} + w_C L_C b_{C3}$$
$$x_{C4}p_4 = w_A L_A b_{A4} + w_B L_B b_{B4} + w_C L_C b_{C4}$$

価格と賃金率が各国の労働投入係数だけで表現されているので，分業パターンさえ決まれば，生産技術条件だけで価格と賃金率が決まることを確認できる。直接の表示はないが，各国完全雇用条件式の両辺に各国賃金率を乗じた上で，左辺の賃金率を労働投入係数に置き換え，さらに，それを財価格に置き換え，右辺に各国支出係数の総和式 $b_{i1} + b_{i2} + b_{i3} + b_{i4}(=1)$ を乗じることで「国民所得（[各財生産量×各財価格]の合計）＝国民支出（各財への支出額の合計）」，すなわち貿易の均衡が成立していることも確認できる。この分業パターンについて解いた活動地点の生産量がすべて正ならば，この解セットが均衡解となるし，負ないしゼロの生産量が含まれていれば，他の分業パターンをあたらなければならない。

本項の最後に，連結型における需要条件の役割についてまとめておく。需要条件は分業パターンの決定において，したがって，賃金率と財価格の決定において重要な役割を演じる。だが，いったん分業パターンが決定されたあとでは，分業パターンが変わらない限り，賃金率と財価格の決定に何ら影響を与えない。賃金率と財価格が労働投入係数のみで表現されている，ということがこのことを示している。

1.3 リンボー型分業パターンの均衡解導出

もし，すべての生産量が正となるような連結型分業パターンが存在しなければ，連結の切断が発生していることを意味する。そのさいは，均衡解の探索をリンボー型分業パターンにまで広げなければならない。それは以下のようにして求められる。

まず，連結型と同じように，分業パターンを特定する。その数は切断数を l として

$$\sum_{l=1}^{M-1} \frac{(M+N-l-2)!}{(M-l-1)!(N-l-1)!l!}$$

通りあり，たいへん多い[8]。リンボー型でも合理的かどうかは生産技術条件のみで決まるが，連結型と違って，分業パターンに対応して財価格と賃金率がすべて決まる，という状況にはない。そのため，連結型とは異なる仕方で特定しなければならない。方法は2つある。

連結が l 箇所で切断されているケースで説明する。このとき，諸国は $l+1$ のグループに分けられているが，グループ内部の分業もグループ間の分業も合理的でなければならない。グループ内部では連結

が維持されているので，合理的かどうかは容易に確かめられる。だが，相対賃金率が確定していないグループ間分業が合理的かどうかを判断するには条件がある。それは各グループ間の相対賃金率が相互にある特定範囲内になければならない，ということだ。より正確に言うと，$l+1$ のグループから2つを取り出すすべての組み合わせでそうなる必要がある。つまり，賃金率に関して $_{l+1}C_2$ の制約条件が課され，それらをすべて充たす賃金率が存在可能であれば，この分業パターンは合理的と判定される（後出1.4参照）。逆に，制約条件が相互に矛盾を来す場合，合理的ではないと判定される。賃金率の範囲特定を伴うこの方法を，説明の便宜上，判定法1と呼ぶ。

もう1つは，特定された連結型分業パターンを利用する方法だ。すべての財が生産され，かつ，どの国も少なくとも1財は生産するという状態を保ったままで，ある連結型分業パターンの活動地点を1つ減らせば切断が1つ発生し，切断1つのリンボー型分業パターンが派生する。こうして得られた分業パターンについて同じ作業を行うと，今度は切断2つの分業パターンが派生する。同じ作業を切断数 $M-1$ まで続けると，すべてのリンボー型分業パターンを特定できる。これを判定法2と呼んでおく（後出1.4で具体例を示す）。

合理的分業パターンの特定を終えたら，次に，パターンごとに方程式を設定しそれを解く。連結が l 箇所で切断されているとき，$l+1$ のグループ間の相対賃金率と異なるグループで生産される財の相対価格は不明である。すべてを確定するためには，ニュメレール財を生産しないグループ内の任意の1国の賃金率を未知数として追加しなければならない，つまり l の賃金率が未知数となる[9]。他方，リンボー型では活動地点の数が連結型に比べて l だけ減って $M+N-1-l$ となる(McKenzie, 1954a: 直観的理解のためには上述の判定法2参照)。未知数合計は $M+N-1$ なので，やはり数学的な解は得られる。

最後に，$\displaystyle\sum_{l=1}^{M-1}\frac{(M+N-l-2)!}{(M-l-1)!(N-l-1)!l!}$ 通りの解セットの中から，次の2つの条件を充たすものを選び出せば，それが均衡解となる。条件の1つはすべての解が正であること。いま1つは，分業パターンを判定法1で特定した場合は，得られた賃金率があるべき範囲内に収まっていること，判定法2で特定した場合は，それらの解が競争性テストに合格すること。競争性テストとは非活動地点の生産費用と財価格とを比較して非活動地点が競争的でないかどうかをチェックすることだ。すべての解が正であっても，1つでも競争的な非活動地点があればその解セットは失格となる。もちろん，賃金率の範囲を検証することと，競争性テストとは同値である。いずれにせよ，2つの条件を充たす解セットがただ1つ存在し，これが均衡解となる[10]。

A国が第1財と第2財を，B国が第3財と第4財を，C国が第4財を生産するリンボー型分業パターンを例として，価格と賃金率，完全雇用条件および需給一致条件を書き出すと以下のようになる。リンボー型では賃金率の一部が未知数となるのでそれを $x_i(i=A, B, C)$ で表すこととし，ここではB国賃金率を未知数とする。

価格と賃金率

$$p_1 = 1$$
$$p_2 = a_{A2}/a_{A1}$$
$$p_3 = a_{B3}x_B$$
$$p_4 = a_{B4}x_B$$
$$w_A = 1/a_{A1}$$
$$w_B = x_B$$
$$w_C = (a_{B4}/a_{C4})x_B$$

完全雇用条件

$$a_{A1}x_{A1}+a_{A2}x_{A2} = L_A$$
$$a_{B3}x_{B3}+a_{B4}x_{B4} = L_B$$

[論文]ケインズ的失業を伴うグレアム型貿易モデル

$$a_{C4}x_{C4} = L_C$$

需給一致条件(独立なのは4つのうち3つ)

$$x_{A1}p_1 = w_A L_A b_{A1} + x_B L_B b_{B1} + (a_{B4}/a_{C4})x_B L_C b_{C1}$$

$$x_{A2}p_2 = w_A L_A b_{A2} + x_B L_B b_{B2} + (a_{B4}/a_{C4})x_B L_C b_{C2}$$

$$x_{B3}p_3 = w_A L_A b_{A3} + x_B L_B b_{B3} + (a_{B4}/a_{C4})x_B L_C b_{C3}$$

$$x_{B4}p_4 + x_{C4}p_4 = w_A L_A b_{A4} + x_B L_B b_{B4} + (a_{B4}/a_{C4})x_B L_C b_{C4}$$

得られた解が2つの条件を充たせばこれらが均衡解となり,そうでなければ他の分業パターンを計算しなければならない。

リンボー型における需要条件の役割についても述べておく。分業パターン決定に重要な役割を演じるのは連結型と同じだが,さらに,部分的に(完全特化型では全面的に),賃金率と財価格の決定に関与する。たとえば,上の方程式を x_B について解くと,

$$x_B = \{(L_A/a_{A1})(b_{A3}+b_{A4})\}/\{(a_{B4}/a_{C4})L_C(b_{C1}+b_{C2})+L_B(b_{B1}+b_{B2})\}$$

となる[11]。この式から分かることは,①すべての国の支出係数がBC両国賃金率の決定にかかわっていること(上の式に,たとえば b_{A1}, b_{A2} などはでてこないが,これらの変化は b_{A3}, b_{A4} の変化につながる可能性が高いことに注意),②A国がBC両国の生産する財(第3・4財)への支出係数を増やせばBC両国の賃金率が上昇すること(逆は逆),③逆に,BC両国がA国の生産する財(第1・2財)への支出係数を増やせば両国の賃金率が低下すること(逆は逆)を理解できる。その理由も分かる。この分業パターンは,A国が第1・2財に,BC両国が込みで第3・4財に特化している状況と考えられる。第1・2財グループと第3・4財グループ間では数量調整が利かないので,完全雇用と貿易均衡を維持しつつ支出係数の変化を吸収するには,国民所得および財価格,したがって賃金率が変化するしかない[12]。

1.4 | 3国4財の数値例による分業パターンの特定

ここで3国4財の具体的な数値例を与えよう。まず,労働投入係数。A国のそれを全部門で1,B国は第1財から順に5,4,3,2,同じくC国は60,25,30,7とする。A国の労働投入係数がすべて1になるように財の単位を取り,B国との関係でA国の比較優位度が高い順に財の番号を振っているだけなので,一般性は失われていない。C国のそれは適当に与えてある。3国4財なので,合理的な分業パターンは連結型で10通り,切断1つのリンボー型で12通り,切断2つのリンボー型(つまり完全特化型)で3通りあり,それらを書き出すと以下のようになる[13]。アルファベットと数字の組み合わせは分業のパターンを示し,たとえばA123はA国が第1・2・3財を生産することを意味する。次の括弧でA国→C国の順に賃金率を示した。第1財をニュメレールとするのでA国賃金率は常に1である。w_B はB国賃金率を意味する。切断2つの型ではC国賃金率は2重の制約を受ける。財価格は省いたが,各国賃金率に活動地点の労働投入係数を乗じれば得られる。

連結型
4+1+1型(1国が4財,他が1財ずつを生産する型)
① (A1234・B4・C4) (1・1/2・1/7)
② (A1・B1234・C4) (1・1/5・2/35)
③ (A1・B1・C1234) (1・1/5・1/60)
3+2+1型(1国が3財,他の1国が2財,残りの1国が1財生産する型)
④ (A123・B34・C4) (1・1/3・2/21)
⑤ (A123・B3・C24) (1・1/3・1/25)
⑥ (A1・B123・C24) (1・1/5・4/125)
⑦ (A12・B234・C4) (1・1/4・1/14)

⑧（A13・B3・C234）（1・1/3・1/30）
⑨（A1・B13・C234）（1・1/5・1/50）
2＋2＋2型（いずれの国も2財ずつ生産する型）
⑩（A12・B23・C24）（1・1/4・1/25）
切断1つのリンボー型

⑪（A123・B4・C4）（1・1/3-1/2・$2w_B$/7）　⑫（A12・B34・C4）（1・1/4-1/3・$2w_B$/7）
⑬（A1・B234・C4）（1・1/5-1/4・$2w_B$/7）　⑭（A1・B23・C24）（1・1/5-1/4・$4w_B$/25）
⑮（A1・B3・C234）（1・1/5-1/3・w_B/10）　⑯（A12・B3・C24）（1・1/4-1/3・1/25）
⑰（A13・B3・C24）（1・1/3・1/30-1/25）　⑱（A1・B123・C4）（1・1/5・4/125-2/35）
⑲（A1・B1・C234）（1・1/5・1/60-1/50）　⑳（A123・B3・C4）（1・1/3・1/25-2/21）
㉑（A1・B13・C24）（1・1/5・1/50-4/125）　㉒（A12・B23・C4）（1・1/4・1/25-1/14）
切断2つのリンボー型（完全特化型）

㉓（A12・B3・C4）（1・1/4-1/3・1/25-1/7；w_B/10-$2w_B$/7）
㉔（A1・B23・C4）（1・1/5-1/4・1/60-1/7；$4w_B$/25-$2w_B$/7）
㉕（A1・B3・C24）（1・1/5-1/3・1/60-1/25；w_B/10-$4w_B$/25）

　このリストから，切断1つのリンボー型ではパターンごとに1つ（$_{1+1}C_2$）の，切断2つのそれでは3つ（$_{2+1}C_2$）の賃金率制約があることを確認できる。判定法2の具体例も示しておこう。①でA4を除外すると⑪が派生する。同様に，④からは⑪（B3を除外）と⑫（A3を除外）が派生する（以下，同じような操作によってすべてのリンボー型を導くことができる）。こうした派生関係から，世界生産フロンティア上で①と④が隣接し，その境界に⑪が位置する，という位置関係になっていると推察される。塩沢（2014）によれば，多数国多数財の世界生産フロンティアはファセットに覆われた凸多面体の形状をもつが，そのファセットの数は3国4財の例でいえば10であり，それぞれに連結型分業パターンに相当する。そして，そのファセットの継ぎ目にあたるのがリンボー型分業パターンに相当する。2国（あるいは多数国）2財の2次元図でいえば線分が連結型，頂点がリンボー型であり，2国3財の3次元図でいえば，面が連結型，稜線がリンボー型という関係にある[14]。隣接関係は，賃金率からも推察できる。たとえば，①と④から派生する⑪の賃金率に着目すると，それは①と④のあいだにある。隣接する分業パターン同士は，そのパターンが相互に類似するだけではなく，賃金率・財価格においても（また，後に見るように雇用量においても）類似する。

　分業パターンに関して，もう1つ注目すべきことがある。まったく同じ生産技術条件であっても，分業パターンに応じて賃金率の大きな相違が生じている（B国は1/2〜1/5，C国は1/7〜1/60）。各国賃金率にとって，生産技術もさることながら，どの分業パターンになるかがきわめて重要な意味をもつのである。それを決めるものが各国の相対労働量と需要条件とである。これらに具体的な数値を与え，すでに述べた方法に従って計算すれば均衡解が得られる。

2

不完全雇用を許容するグレアム型貿易モデル

2.1 モデルの構造と均衡解の導出

　これまでの議論は完全雇用を前提としたものだった。しかし，現実世界では不完全雇用が常態だ。そこで，不完全雇用を許容するものに拡張しよう。この拡張はもう1つの面からモデルを現実世界に近づけてくれる。多くの貿易モデルは完全雇用の下で生産要素（労働と資本）の部門間国内移動が自由に行われるという想定をおいている[15]。なめらかな生産フロンティア上で生産点が移動する新古典派の貿易モデルしかり。ドーンブッシュ・フィッシャー・サムエルソン・モデル（DFSモデル）しかり[16]。ヘクシャー・オリーン・サムエルソン・モデルでは，加えて資本労働比率がなめらかに変化する。完全雇用の下で生産要素が部門間を移動するためには時間を要するから，これらのモデルはすべて長期モデルと考えら

れる。

　需要の変化に対応して価格変化なき数量調整が機能するグレアム型貿易モデルでも，完全雇用を前提とする限り，生産要素の部門間国内移動が必要となる。このモデルも基本的には長期モデルと考えられるので，このことをモデルの欠陥と見なす必要はないが，数量調整が容易であるにこしたことはない。モデルが不完全雇用を許容するものであれば，生産要素の部門間国内移動がなくとも操業率と雇用率の増減だけである程度までの数量調整が可能となる。この意味で，グレアム型貿易モデルと不完全雇用とは相性がよいといえる。

　さて，不完全雇用を許容する場合には，3点にわたってモデルの構造を変えなければならない。まず，第1の変更点。支出係数で与えた需要条件から生産量を導出できるのは支出係数を物量に変換するルートあってのことだが，不完全雇用の下では支障が生じる。i国のj財需要量を$d_{ij}(>0)$，i国の国民所得を$Y_i(>0)$としよう。すると，支出係数と需要量のあいだには次のような関係が成立する。

$$d_{ij} = (b_{ij}Y_i)/p_j$$

　つまり，Y_iが確定しないと支出係数を物量に変換できない。Y_iを確定するためには賃金率と雇用量を確定しなければならないが，不完全雇用の下では雇用率（あるいは同じことだが失業率）が決まらないと雇用量が確定しない。各国雇用率をアドホックに与えることはできるが，それでは意味がない。そこで，需要条件については各国各財の需要量で与えることとする。需要が物量で与えられることに伴って，需給一致条件も物量で与えられる。

　第2の変更点。完全雇用条件はなくなるが，代わりに各国の労働量制約式が等号付き不等号で表示され，各国ともこの制約に服さなければならない。また，失業を許容するとしても，あまりに高い失業率は社会を不安定化させるので持続可能ではない。許容可能な失業率の上限を設け，失業率制約とする。

　第3の変更点。「国民所得＝国民支出」を表現する式を改めて設定する。この式は貿易収支の均衡を意味するので，以下では貿易均衡式と呼ぶこととする。想定自体は変わっていないのだが，先述したように，完全雇用ケースでは完全雇用条件式の中にこの想定が組み込まれていた。それがなくなったので必要となる[17]。

　以上の変更を前提として，M国N財で均衡解を求める手順は次の通り。最初に，完全雇用版と同じように，労働投入係数から合理的な分業パターンを特定する。次に，その分業パターンごとに活動地点の生産量と，リンボー型では一部の国の賃金率とを未知数（いずれであっても，その数はM＋N−1）として，物量表示の需給一致条件（Nのうち独立なのはN−1）と各国の貿易均衡式（M）から解を求める。続いて，連結型ではすべてが正である解セットを，リンボー型ではすべての解が正であり，かつ，賃金率があるべき範囲に収まっているか，もしくは，競争性テストに合格している解セットを選び出す。最後に，生産量と労働投入係数から各国雇用量を計算し，これらの雇用量が労働量・失業率制約式を充たしているかどうかを検査する。この検査に合格していれば均衡解となる。

　こうして得られる均衡解は1つに限定されるとは限らず，その場合は複数均衡となる。つまり，需要点が世界生産フロンティアの内側にある場合には，複数の分業パターン（したがって，複数の相対価格・賃金率）が成立可能となる。不完全雇用の下では，各国雇用量に変動余地があるので，条件を充たすような価格・賃金率と各国生産量の組み合わせが複数ありうるから，というのがその理由だ[18]。均衡解が1つに限定されることもあり，そのさいは，失業を伴いつつただ1つの国際価値と各国賃金率が決定される。詳しくは2.2で述べる。

　完全雇用版と同じように，A国第1・2財，B国第2・3財，C国第3・4財生産の分業パターンで諸条件を書き出しておく。価格と賃金率は完全雇用版と同じなので省略する。失業率の上限は各国共通に$\alpha(0<\alpha<1)$とする。

労働量・失業率制約

$$(1-\alpha)L_A \leqq a_{A1}x_{A1}+a_{A2}x_{A2} \leqq L_A$$

$$(1-\alpha)L_B \leqq a_{B2}x_{B2}+a_{B3}x_{B3} \leqq L_B$$

$$(1-\alpha)L_C \leqq a_{C3}x_{C3}+a_{C4}x_{C4} \leqq L_C$$

需給一致条件（独立なのは4つのうち3つ）

$$x_{A1}=d_{A1}+d_{B1}+d_{C1}$$

$$x_{A2}+x_{B2}=d_{A2}+d_{B2}+d_{C2}$$

$$x_{B3}+x_{C3}=d_{A3}+d_{B3}+d_{C3}$$

$$x_{C4}=d_{A4}+d_{B4}+d_{C4}$$

貿易均衡式

$$p_1x_{A1}+p_2x_{A2}=p_1d_{A1}+p_2d_{A2}+p_3d_{A3}+p_4d_{A4}$$

$$p_2x_{B2}+p_3x_{B3}=p_1d_{B1}+p_2d_{B2}+p_3d_{B3}+p_4d_{B4}$$

$$p_3x_{C3}+p_4x_{C4}=p_1d_{C1}+p_2d_{C2}+p_3d_{C3}+p_4d_{C4}$$

A国第1・2財，B国第3・4財，C国第4財生産のリンボー型では以下の通り。価格と賃金率はやはり完全雇用版と同じなので省略する。このリンボー型では貿易均衡式の $p_3(=a_{B3}x_B)$ と $p_4(=a_{B4}x_B)$ に未知数が含まれていることに注意されたい。

労働量・失業率制約

$$(1-\alpha)L_A \leqq a_{A1}x_{A1}+a_{A2}x_{A2} \leqq L_A$$

$$(1-\alpha)L_B \leqq a_{B3}x_{B3}+a_{B4}x_{B4} \leqq L_B$$

$$(1-\alpha)L_C \leqq a_{C4}x_{C4} \leqq L_C$$

需給一致条件（独立なのは4つのうち3つ）

$$x_{A1}=d_{A1}+d_{B1}+d_{C1}$$

$$x_{A2}=d_{A2}+d_{B2}+d_{C2}$$

$$x_{B3}=d_{A3}+d_{B3}+d_{C3}$$

$$x_{B4}+x_{C4}=d_{A4}+d_{B4}+d_{C4}$$

貿易均衡式

$$p_1x_{A1}+p_2x_{A2}=p_1d_{A1}+p_2d_{A2}+p_3d_{A3}+p_4d_{A4}$$

$$p_3x_{B3}+p_4x_{B4}=p_1d_{B1}+p_2d_{B2}+p_3d_{B3}+p_4d_{B4}$$

$$p_4x_{C4}=p_1d_{C1}+p_2d_{C2}+p_3d_{C3}+p_4d_{C4}$$

上の方程式群から分かるように，連結型にせよリンボー型にせよ，分業パターンごとに相対価格と賃金率が決まり，各国生産量も決まるので各国雇用量も決まる。分業パターンが変わらない範囲で需要量が変化したとき，連結型であれば財価格変化を伴わない数量調整（したがって雇用調整）がなされ，リンボー型では基本的に賃金率と財価格の変動を伴う，という点は完全雇用版と変わらない。しかし，大きな違いが2つある。1つは，リンボー型における需要量と賃金率の変化方向に関するもの。上のリンボー型の式を x_B について解くと，

$$x_B=\{d_{B1}+d_{C1}+(a_{A2}/a_{A1})(d_{B2}+d_{C2})\}/(a_{B3}d_{A3}+a_{B4}d_{A4})$$

となる。

上の式が意味することは，A国がBC両国の生産する第3・4財の需要量を増やすとBC両国の賃金率は低下し（逆は逆），BC両国がA国で生産する第1・2財に対する需要量を増やすとBC両国の賃金率が上昇する（逆は逆）ということだ。賃金率と需要量の関係が完全雇用版とは逆方向になる。理由は次のように考えられる。A国が第3・4財需要量を増やしたケースでいうと，これに反応してBC両国

の生産量が増加する。増産分はＡ国への輸出増となるが，Ａ国からの両国の輸入量は変わらない。財価格が変わらなければ，貿易の均衡が崩れて両国の貿易収支は黒字になる。貿易の均衡が維持されるためには，BC両国の生産する財価格，したがって両国の賃金率が低下しなければならない，と。

　もう1つ興味深いことがある。上の式には d_{A1}，d_{A2} および d_{B3}，d_{B4}，d_{C3}，d_{C4} が出てこない。これらは自国ないし自国と連結するグループ（BC両国は連結されているので同一グループに属する）の生産財に対する需要量であり，このような需要量の変化は賃金率・財価格に影響を与えないのである。これは，異なる2つの数量調整メカニズムによる。まず，d_{A1}，d_{A2} および d_{B3}，d_{B4}，d_{C4} など自国生産財の需要量変化への対応だが，これは自国内での生産量調節をすればそれでよく，貿易経路に何ら影響を与えない。したがって，賃金率・財価格は変化する必要がない。注意すべきは d_{C3} である。これは，B国のみで生産されている第3財のC国需要量だが，これが変化すれば，C国はB国からの財3財輸入量を変化させることになり，明らかに貿易経路に影響を与える。にもかかわらず，賃金率・財価格に影響を与えない理由はBC両国が連結されているからであって，自国内数量調整とは異なるメカニズムが働いている。これは連結型のもつ重要な特徴なので，あと(2.3)で詳しく述べることとし，ここでは指摘だけにしておく。

　いずれにしても，リンボー型においては，自国グループ以外の生産財に対する需要量の変化が賃金率・財価格の変化をもたらすということ，しかも，その方向は通常の貿易モデル（たとえば，J. S. ミルの相互需要説）とは正反対であるということは確認しておくべき重要な点である。

　完全雇用版と異なるもう1つの点は，均衡解が一義的とは限らず，複数均衡になりうる，ということだ。

2.2 複数均衡となる可能性について──2国3財での説明

　複数均衡となるかどうかは与件の与え方によって決まる。このことを2国3財（A・B国と第1・2・3財）ケースで説明する。ただし，ここでは労働量・失業率制約については考えないこととする。与件は労働投入係数と需要量のみとなる。記号表記はこれまでと同様とし，財の番号もA国で比較優位度の高い順に振る。そのため，$a_{B3}/a_{A3} < a_{B2}/a_{A2} < a_{B1}/a_{A1}$ が成立する。このとき，（A123・B3），（A12・B3），（A12・B23），（A1・B23），（A1・B123）の5つの分業パターンが合理的となる。これらのパターンごとに方程式を立ててそれらを解いた解セットが条件を充たせば，そのパターンが成立する。その条件とは，連結型では活動地点の生産量 x_{ij} がすべて正であること，リンボー型では，それに加えて相対賃金率がある特定範囲内にあること（あるいは，解セットが競争性テストに合格すること）だ。ニュメレールは第1財とする。以下，それぞれの成立条件を a_{ij} と d_{ij} の関係式として導く。＊印の後に示す3つの括弧は，分業パターン・財価格（第1・2・3財）・賃金率（A・B国）を意味する。方程式群は最初の3つが需給一致条件，あとの2つが貿易均衡式だ。まず，（A123・B3）の分業パターン成立の条件からみていく。

$*$（A123・B3），$(1 \cdot a_{A2}/a_{A1} \cdot a_{A3}/a_{A1})$，$(1/a_{A1} \cdot [a_{A3}/a_{A1}]/a_{B3})$

$x_{A1} = d_{A1} + d_{B1}$

$x_{A2} = d_{A2} + d_{B2}$

$x_{A3} + x_{B3} = d_{A3} + d_{B3}$

$x_{A1} + x_{A2}(a_{A2}/a_{A1}) + x_{A3}(a_{A3}/a_{A1}) = d_{A1} + d_{A2}(a_{A2}/a_{A1}) + d_{A3}(a_{A3}/a_{A1})$

$x_{B3}(a_{A3}/a_{A1}) = d_{B1} + d_{B2}(a_{A2}/a_{A1}) + d_{B3}(a_{A3}/a_{A1})$

生産量 x_{A1}，x_{A2}，x_{B3} が正であることは自明だが，x_{A3} は分からないのでそれを求めよう。3番目の式に5番目の式を代入して x_{B3} を消去すると，

$x_{A3} = d_{A3} + d_{B3} - x_{B3}$

$\quad\quad = d_{A3} + d_{B3} - \{d_{B1} + d_{B2}(a_{A2}/a_{A1}) + d_{B3}(a_{A3}/a_{A1})\}/(a_{A3}/a_{A1})$

$\quad\quad = d_{A3} - \{d_{B1} + d_{B2}(a_{A2}/a_{A1})\}/(a_{A3}/a_{A1})$

$$= d_{A3} - \{a_{A1}d_{B1} + d_{B2}a_{A2}\}/a_{A3}$$

これを整理すると，$x_{A3} > 0 \Leftrightarrow a_{A3}d_{A3} > a_{A1}d_{B1} + a_{A2}d_{B2}$ が得られる。後者の不等式が（A123・B3）成立の条件である。

次に，（A12・B3）を検討する。リンボー型なので，財価格と賃金率は確定していない。B国賃金率を w_B とすると，財価格，賃金率，方程式は以下のようになる。

$*$（A12・B3），$(1 \cdot a_{A2}/a_{A1} \cdot a_{B3}w_B)$，$(1/a_{A1} \cdot w_B)$

$$x_{A1} = d_{A1} + d_{B1}$$
$$x_{A2} = d_{A2} + d_{B2}$$
$$x_{B3} = d_{A3} + d_{B3}$$
$$x_{A1} + x_{A2}(a_{A2}/a_{A1}) = d_{A1} + d_{A2}(a_{A2}/a_{A1}) + d_{A3}a_{B3}w_B$$
$$x_{B3}a_{B3}w_B = d_{B1} + d_{B2}(a_{A2}/a_{A1}) + d_{B3}a_{B3}w_B$$

生産量がすべて正であることは自明だが，w_B の範囲を特定しなければならない。B国第2財の生産費が第2財価格 (a_{A2}/a_{A1}) を超えなければならず，A国第3財の生産費が第3財価格 $(a_{B3}w_B)$ を超えなければならないので，賃金率制約は以下のようになる。

$$a_{B2}w_B > a_{A2}/a_{A1} \text{ かつ } a_{A3}/a_{A1} > a_{B3}w_B$$

整理して，

$$a_{A3}/(a_{A1}a_{B3}) > w_B > a_{A2}/(a_{A1}a_{B2})$$

他方，上の4番目の式に1・2番目の式を代入して w_B を求めると，

$$d_{A1} + d_{B1} + (d_{A2} + d_{B2})(a_{A2}/a_{A1}) = d_{A1} + d_{A2}(a_{A2}/a_{A1}) + d_{A3}a_{B3}w_B$$
$$d_{B1} + d_{B2}(a_{A2}/a_{A1}) = d_{A3}a_{B3}w_B$$
$$w_B = \{d_{B1} + d_{B2}(a_{A2}/a_{A1})\}/(d_{A3}a_{B3})$$

これを賃金率制約式に代入すると，

$$a_{A3}/(a_{A1}a_{B3}) > \{d_{B1} + d_{B2}(a_{A2}/a_{A1})\}/(d_{A3}a_{B3}) > a_{A2}/(a_{A1}a_{B2})$$
$$a_{A3}/a_{B3} > (d_{B1}a_{A1} + d_{B2}a_{A2})/(d_{A3}a_{B3}) > a_{A2}/a_{B2}$$
$$a_{A3}d_{A3} > d_{B1}a_{A1} + d_{B2}a_{A2} > (a_{A2}/a_{B2})d_{A3}a_{B3}$$

（A12・B3）成立の条件が得られた。

以下，同じようにして，各パターンの成立条件を検討してまとめると下記のようになる[19]。不等式が2つある場合は双方を充たす必要がある。

（A123・B3）：$a_{A1}d_{B1} + a_{A2}d_{B2} < a_{A3}d_{A3}$

（A12・B3）：$(a_{A2}/a_{B2})a_{B3}d_{A3} < a_{A1}d_{B1} + a_{A2}d_{B2} < a_{A3}d_{A3}$

（A12・B23）：$(a_{A2}/a_{B2})a_{B3}d_{A3} < a_{A1}d_{B1} + a_{A2}d_{B2}$
　　　　　　　　$(a_{B2}/a_{A2})a_{A1}d_{B1} < a_{B2}d_{A2} + a_{B3}d_{A3}$

（A1・B23）：$(a_{B2}/a_{A2})a_{A1}d_{B1} < a_{B2}d_{A2} + a_{B3}d_{A3} < a_{B1}d_{B1}$

（A1・B123）：$a_{B2}d_{A2} + a_{B3}d_{A3} < a_{B1}d_{B1}$

6つある不等式のうち前の3式間および後の3式間の関係は明瞭だが，全6式間の関係はこのままではわからない。そこで，d_{A3} を比較のための参照基準としてまとめなおすと以下のようになる。

（A123・B3）：$(a_{A1}d_{B1}+a_{A2}d_{B2})/a_{A3}<d_{A3}$
（A12・B3）：$(a_{A1}d_{B1}+a_{A2}d_{B2})/a_{A3}<d_{A3}<a_{A1}a_{B2}d_{B1}/(a_{A2}a_{B3})+(a_{B2}/a_{B3})d_{B2}$
（A12・B23）：$a_{A1}a_{B2}d_{B1}/(a_{A2}a_{B3})-(a_{B2}/a_{B3})d_{A2}<d_{A3}<a_{A1}a_{B2}d_{B1}/(a_{A2}a_{B3})+(a_{B2}/a_{B3})d_{B2}$
（A1・B23）：$a_{A1}a_{B2}d_{B1}/(a_{A2}a_{B3})-(a_{B2}/a_{B3})d_{A2}<d_{A3}<(a_{B1}/a_{B3})d_{B1}-(a_{B2}/a_{B3})d_{A2}$
（A1・B123）：$d_{A3}<(a_{B1}/a_{B3})d_{B1}-(a_{B2}/a_{B3})d_{A2}$

ここで，$(a_{A1}d_{B1}+a_{A2}d_{B2})/a_{A3}$ を①，$a_{A1}a_{B2}d_{B1}/(a_{A2}a_{B3})+(a_{B2}/a_{B3})d_{B2}$ を②，$a_{A1}a_{B2}d_{B1}/(a_{A2}a_{B3})-(a_{B2}/a_{B3})d_{A2}$ を③，$(a_{B1}/a_{B3})d_{B1}-(a_{B2}/a_{B3})d_{A2}$ を④とすると，0＜①＜②であること，③＜④であること，③＜②であることは確実だが，①と④，①と③，②と④の大小関係は不確定であり，③と④とは負値をとることもありうる（$a_{B3}/a_{A3}<a_{B2}/a_{A2}<a_{B1}/a_{A1}$ を考慮することで確かめられる）。労働投入係数と需要量の取り方は自由だから，並び方はさまざまで，①＜③＜④＜②，③＜①＜②＜④，①＜③＜②＜④，③＜①＜④＜②，③＜④＜①＜② の5通りありうる。以下，③＜④＜①＜② を例として，諸変数と分業パターンの関係を図示する。

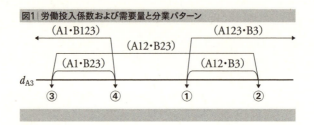

図1｜労働投入係数および需要量と分業パターン

　図1は，d_{A3} を表す数直線上に，想定した位置関係で①〜④を並べたものだ。①より左側は負値をとりうるが，ひとまず正値をとっているものとして説明する。この図は d_{A3} の値に応じた分業パターンの可能性を示している。②の右側では（A123・B3）のみであり，①と②のあいだでは（A123・B3）（A12・B3）（A12・B23）がありうる。④と①のあいだでは（A12・B23）しかありえず，③と④のあいだでは（A12・B23）（A1・B23）（A1・B123），③の左側では（A1・B123）だけがありうる。①の左側は負値をとる可能性はあるが，その場合，d_{A3} が負値をとることはないのでいくつかの可能性は除外される。配列が変わればまた別の結果が生じる。たとえば，①＜③＜④＜② の配列の③と④のあいだ，③＜①＜②＜④ の配列の①と②のあいだなどでは，5つの分業パターンすべてが成立可能となる。

　確認しておくべき重要なことは，不等式や図から明らかなように，リンボー型のみが成立可能というケースはありえない，ということだ。あるリンボー型が成立する可能性があるときは，それに隣接する連結型が必ず成立しうるという位置関係にある。ただし，これは労働量・失業率制約を考慮しない場合の話であって，この制約を考慮する場合には，リンボー型だけが成立可能という状況も排除されない。これについては後ほど説明する。

2.3｜完全雇用版と比較しての特徴

　不完全雇用版は，完全雇用版と対比していくつかの特徴をもっている。まず第1に，すでに述べてきたことだが，複数均衡となる可能性があること。第2に，需要量変動にさいしての数量調整のあり方が異なる。完全雇用版では，ある財の需要量変動が他財のそれの反対方向への変動を必ず伴い，それを通じて数量調整を行う。すでに各国の完全雇用が達成されているときにある財の需要量・生産量増加が発生すれば，他の財の需要量・生産量が減少しなければならないことは，説明するまでもない。不完全雇用版では，各国に増産・減産の余地があるので，各財の需要量は他財とは無関係に変動可能であり，数量調整も他財から独立して行われる。数量調整のこの違いから，不完全雇用版における数量調整の余地が完全雇用版に比べてより大きい，ということもいえるだろう。

　第3に，不完全雇用版においては，ただ1つ得られた均衡解候補が各国の労働量・失業率制約を充

たさない，したがって，そのままでは均衡解が存在しない，ということがあるかもしれない。そのさいは，当該国において著しい需要不足ないし過大需要が発生していることを意味し，需要量の調整が避けられない。2.1 に出てきた A 国の労働量・失業率制約式と貿易均衡式

$$(1-\alpha)L_A \leqq a_{A1}x_{A1}+a_{A2}x_{A2} \leqq L_A$$
$$p_1x_{A1}+p_2x_{A2} = p_1d_{A1}+p_2d_{A2}+p_3d_{A3}+p_4d_{A4}$$

を例として説明しよう。A 国 j 財部門の雇用量を E_{Aj} で表すこととすると，貿易均衡式左辺は，財価格を「労働投入係数×賃金率」に，また，生産量を「雇用量÷労働投入係数」に置き換えることで，$w_A(E_{A1}+E_{A2})$ と変形できる。右辺を見れば分かるように，これはこの国の総需要と等しい。

　このことを念頭において，まず，失業率制約を充たさないケースを考える。需要不足により現実の所得が完全雇用時の所得（潜在所得）に達しないとき，需給ギャップが生じているというが，このことをモデルに適用しよう。A 国の失業率を β とすると，$w_A L_A - w_A(E_{A1}+E_{A2}) = \beta w_A L_A$ という関係が成立する。この式の左辺第1項が潜在所得，第2項が A 国の総需要に規定された現実の所得，右辺が失業で失われた所得，需給ギャップである。次に，A 国の失業率制約式の両辺に賃金率を乗じて変形すると，$w_A L_A - w_A(E_{A1}+E_{A2}) \leqq \alpha w_A L_A$ が得られ，この右辺は，許容可能な需給ギャップの上限を示している。失業率制約式を充たさないということは，需給ギャップがこの限度を超えていること（$\beta w_A L_A > \alpha w_A L_A$），つまり，著しい需要不足が生じている，ということを意味する。

　逆に，労働量制約を充たさないケースはどうか。労働量制約式の両辺に賃金率を乗じて変形すると $w_A(E_{A1}+E_{A2}) \leqq w_A L_A$ となる。労働量制約を充たさないということは，$w_A(E_{A1}+E_{A2})$＝A 国の総需要 $> w_A L_A$ ということだから，潜在所得を上回る過大需要が発生していることを意味する。

　第4に，需要量と雇用量の関係について。完全雇用版では，その前提により需要と雇用量とは無関係だが，不完全雇用版では需要量と雇用量のあいだに密接な関係がある。失業が存在すれば，需要量の変化が生産量を変化させ雇用量の変化につながる，これはあたり前のことだが，このモデルではそのありようが独特である。需要から雇用への影響経路は大きく2つに分かれる[20]。1つは連結型の場合で，自国の需要量増減は自国の雇用量にのみ影響し外国の雇用量に影響しない。このことは，連結型の貿易均衡式から理解できる。財価格は一定だから，貿易均衡式の右辺は自国の需要量が変化しない限り変化せず，したがって，左辺も変化しない。左辺は「賃金率×雇用量」に変形できるが，分業パターン不変なので賃金率が変わらず，したがって雇用量も変化しない。しかし，自国の需要量が増えれば，自国生産財の場合はいうまでもなく，自国で生産しない財であっても自国の雇用量を（自国の雇用量のみを）増やすのである。

　「A 国第1・2財，B 国第2・3財，C 国第3・4財生産の分業パターン」を例にとろう。A 国の貿易均衡式の左辺を $w_A(E_{A1}+E_{A2})$ に変形し，右辺の財価格を前出 1.2 の労働投入係数に置き換え，両辺を w_A ないし $1/a_{A1}$（両者は等しい）で除した上で，d_{A4} で偏微分すると，

$$\partial(E_{A1}+E_{A2})/\partial d_{A4} = (a_{C4}/a_{C3})(a_{B3}/a_{B2})a_{A2}$$

が得られる。これは，A 国が第4財需要量を1単位増やしたときに A 国雇用量がどれだけ増えるかを示している。a_{C4}/a_{C3} は，C 国における第4財の第3財で測った機会費用であり，生産切替えによって第4財を1単位増産するさいの第3財の減産量を表す。同様に，a_{B3}/a_{B2} は B 国で第3財を1単位増産するさいの第2財の減産量であり，a_{A2} は第2財1単位生産するのに必要な A 国労働量である。つまり，上の式は次のことを示している。

　A 国で自らは生産しない第4財の需要量が1単位増えたとする。すると，C 国の第4財生産量が1単位増える。しかし，C 国の貿易均衡式を充たすためには C 国第3財の生産量が a_{C4}/a_{C3} 単位減らなければならない。第3財の需要量が減っているわけではないので，B 国が C 国減産分を増産してカバーする。ここでも貿易均衡条件に制約されて，B 国第2財生産量が $(a_{C4}/a_{C3})(a_{B3}/a_{B2})$ 単位減る。その

分をA国が増産するので，結局，$(a_{C4}/a_{C3})(a_{B3}/a_{B2})a_{A2}$のA国雇用増加が生まれる。連結構造に基づく数量調整機構をもつグレアム型貿易モデルならではの特徴である。なお，需要の増加量が同じであっても，分業パターンに応じて雇用の増加幅が異なることに注意したい（後出の表3参照）。雇用量に影響する機会費用の組合せが分業パターンに対応して異なるからである。

いま述べたことは，リンボー型の場合でも一部妥当する。自国を含む連結グループ内で生産する財の需要量のみが変化する場合，連結構造に基づく数量調整が機能するし，需要量変化の生じた諸国と連結されていない諸国との貿易経路には何らの変更も生じないからだ（後出表3の⑯のケース）。しかし，連結しない諸国でしか生産されない財で需要量変化が生じるケースでは，複雑になる。需要量の変化が賃金率・財価格を変化させ（2.1でBC両国賃金率と需要量の関係について述べたことを想起されたい），それが貿易均衡式を通じて各国生産量に複雑な影響を与えることになる。

2.4 | 不完全雇用ケースの3国4財数値例

上に述べたことを3国4財の数値例で確かめよう。労働投入係数は1.4で与えたものと同じ（第1財から順に，A国;1, 1, 1, 1：B国;5, 4, 3, 2：C国;60, 25, 30, 7）とし，需要量を表1のように与える。労働量・失業率制約は後で考える。

表1│各国の需要量

	需要量			
	第1財	第2財	第3財	第4財
A国	80	90	100	110
B国	40	60	70	110
C国	20	30	40	50
世界計	140	180	210	270

このとき，4つの連結型分業と3つのリンボー型分業が成立可能となり，それぞれの雇用量とBC両国の賃金率（A国賃金率は常に1）は表2のようになる（以下も含めて，雇用量の数字は丸めてある）。

表2│成立可能な分業パターンと各国雇用量・賃金率（その1）

分業パターン	④	⑤	⑦	⑩	⑫	⑯	㉒
A国雇用量	343	301	300	276	320	294	285
B国雇用量	730	602	830	733	777	630	770
C国雇用量	1295	2600	1470	2350	1377	2534	1890
B国賃金率	1/3	1/3	1/4	1/4	15/52	109/350	1/4
C国賃金率	2/21	1/25	1/14	1/25	15/182	1/25	4/77

分業パターンの丸囲み番号は1.4で示した分業パターンに対応しており，④〜⑩が連結型，⑫〜㉒がリンボー型である。リンボー型が単独で均衡解候補となることはなく，それに隣接する連結型を伴っている，ということを2.2で述べたが，この表2でいうと，⑫は④と⑦を，⑯は⑤と⑩を，㉒は⑦と⑩を伴うという関係にある。この位置関係は1.4で述べた連結型とリンボー型のあいだの派生関係に対応している。さらに，この表を仔細に見ると，リンボー型の雇用量，賃金率が両連結型のあいだに位置していることを読み取れるだろう。

これら7つの分業パターンが併存することはあり得ないので，この中のどれかに決まる。これを検討しなければならないが，その前に（事例の多いうちに），需要量が変化したときの雇用量と賃金率の変化をみておく。

表1の需要量を動かすと，当然のことながら各国雇用量は変動する。大きく動かせば，成立可能な分業パターンも異なってくる。ここでは，A国の第4財需要量が110から130に増え，他には変化がない

ものとしよう。第4財はA国では生産されず，BC両国のいずれかもしくは双方で生産される財である。このとき，成立可能な分業パターンは変わらず，雇用量と賃金率は表3のようになる。比較上の便宜から，表2と比べて数値が増えたものに上向き矢印，減ったものに下向き矢印をつけてある。

表3｜成立可能な分業パターンと各国雇用量・賃金率（その2）

分業パターン	④	⑤	⑦	⑩	⑫	⑯	㉒
A国雇用量	↑357	↑306	↑310	↑281	320	↑300	↑288
B国雇用量	730	602	830	733	↑803	630	↓757
C国雇用量	1295	2600	1470	2350	↑1423	2534	↑2030
B国賃金率	1/3	1/3	1/4	1/4	↓15/56	109/350	1/4
C国賃金率	2/21	1/25	1/14	1/25	↓15/196	1/25	↓1/21

4つの連結型と⑯のリンボー型では，A国の雇用量が増えた[21]だけで，それ以外には何の変化もない。具体的な表示はしないが，いずれの分業パターンにおいても，第4財を増産する国が他財の生産量を減らし，その減産分をA国がカバーするというかたちでA国雇用量増加がもたらされ，財価格・賃金率の変化を伴わない数量調整のみで事が済んでいる。これに対し⑫と㉒のリンボー型では，第4財を増産した国の賃金率（⑫ではBC両国，㉒ではC国），したがって当該国の生産する財価格（⑫では第3・4財，㉒では第4財）がいずれも低下し，この財価格変動を埋め合わせるようなかたちで輸出入量，したがって生産量が変動する。ただし，⑫ではA国がBC両国いずれとも連結されていないため，A国と両国のあいだは価格調整のみとなる（BC両国間では数量調整のみ）。需要量の変化とそれに対応する調整，そして，需要量変化が雇用量と賃金率に及ぼす影響とは前項で述べた通りになっている。

次に，どの分業パターンに決まるのかを検討しよう。これまで棚上げにしてきた労働量・失業率制約を導入する。まず，各国労働量をA国360，B国800，C国2800，失業率上限を25％と想定してみよう。すると，各国の雇用量は次の制約を充たさなければならない。

270≦A国雇用量≦360
600≦B国雇用量≦800
2100≦C国雇用量≦2800

これらの制約をすべて充たすものは⑤，⑩，⑯の3つだが，労働量配分をA国360，B国880，C国1600に設定し直すと，④，⑦，⑫の3つとなる。いずれか1つに絞り込まれるような労働量想定も可能で，たとえば，A国340，B国810，C国1600とすれば⑫の1つだけとなる。どれが残るかは与件の与え方次第だが，数多くの均衡解候補があっても労働量・失業率制約のフィルターを通すことによって均衡解の数は少数に絞り込まれることに注意したい。理由は次の通り。たとえば表3から任意の2つの分業パターンを選び出して相互比較すると分かるように，ある国の雇用量がより多い方のパターンで，他の1国あるいは2国の雇用量が別パターンより少なくなっている。世界生産量が同じなのだから，他の国の生産量が増えれば別の国の生産量が減るのは当然で，それが雇用量に反映されているにすぎない。だが，このことは，ある国の失業率が減少すれば他の国のそれが上昇する，ということを意味する。それゆえ，許容される失業率の幅を大きく取らない限り，均衡解の数は労働量・失業率制約によってかなり絞り込まれることになる。

労働量・失業率制約を考慮してなお複数の均衡解が残る場合，そのどれになるかをモデル内で決定することはできない。偶然性や経路依存性[22]などモデル外のさまざまな要因によって規定される。ただし，リンボー型の均衡解（リンボー解）については，需要量の変動に対応した生産量調節にさいして賃金率・財価格の変動をほとんど常に伴う，という点には留意する必要がある。特に，リンボー解が隣接する連結型の均衡解（連結解）に近いときは，需要量変動如何によってはリンボー解から連結解に移行することもあり得る。他方，連結解は需要量が変動しても賃金率・財価格の変動がないのでリンボー解

に移行する可能性はほとんどない。こうしたことを考えると，最終的に連結解に落ち着く蓋然性が高いといっていいだろう。

　世界需要量総計が異なれば，また，世界需要量総計が同じであっても国別内訳が異なれば，成立可能な分業パターンも変わる。場合によっては，複数均衡ではなく，ただ1つに決まることもある。たとえば需要量を第1財から順に，A国;50, 60, 100, 110，B国;30, 40, 50, 110，C国;60, 80, 60, 50と与えよう。世界需要量総計は表1と変わらないが，成立可能な分業パターンは⑤のただ1つしかない。雇用量はA国から順に241，452，5350。

　もし，これらの雇用量が各国の労働量制約を充たしていない場合，すでに述べたように，制約を充たさない当該国で過大需要が発生している。逆に，失業率制約を充たさないときには，著しい需要不足が生じている。いずれにしても，需要量の調整が避けられない。

むすびにかえて

　本稿の貿易モデルは，各国賃金率と財価格だけではなく，各国雇用量をも決定する。各国の生産技術，労働量，需要量が与えられれば，複数均衡の可能性があるとはいえ，また，その中のどれに決まるかまではいえないとしても，それぞれの均衡ごとに分業パターン，各国賃金率，財価格，各国生産量・雇用量が一義的に決定される。需要量の変動とともに各国雇用量も変動するが，分業パターンが変わらないケースでの変動経路は2様であった。連結する諸国内部で生産される財の需要量変動の場合には，財価格・賃金率は変化せず，需要量変動の発生した当該国の雇用量のみを変動させる。連結しない諸国でのみ生産される財の需要量変動の場合には，財価格・賃金率の変動を伴いつつ，諸国の連結状況に対応して各国雇用量に複雑な影響を与える。

　このような貿易モデルは，従来のそれと対比してどのような意義をもつだろうか。まず第1に，各国賃金率・財価格と各国雇用量とを同時決定するという新しいモデルを提示している。第2に，雇用量を決定するということは失業を扱えることを意味し，完全雇用を想定するモデルとは違って貿易と失業の関係を論じることができる。貿易と失業に関する従来の理論研究はかなりの成果を上げてきたといえるが，その多くは労働市場の特性に着目するものであった（Davidson and Matusz, 2004, 2010; 今, 2012, 2013参照）。本稿のモデルで発生する失業は，需要不足によってもたらされるという意味でケインズ的失業である。このモデルを前提とする限りでは，閉鎖体系のみならず開放体系においても，自国雇用量を増やすには自国需要を増やすべきであって外国の需要増を当てにすべきではない，また，新しい貿易経路が開かれたときにあるいは貿易自由化が進展したときに，自国雇用量が増えるかどうかは自国需要がどれだけ増えるかにかかっている，このような帰結が導かれる。

　もちろん，課題は残されている。さらに現実へと近づくためには，中間財と利潤を導入すべきであろうし（塩沢, 2014; Shiozawa et al. eds., 2017によって本格的研究が始まっている），現実世界ではかなりの割合を占める非貿易財を導入すべきであろう。また，需要を与件として扱うだけではなく，何らかの需要関数を想定することでモデルのさらなる拡張が可能となるかもしれない。

注

❖1）　貿易均衡の仮定は緩めることができる。注17参照。

❖2）　Graham（1923, 1932）でも国際価値が論じられているが，この用語が登場するのはこの著書が初めてで，使用頻度も高くはない。他に，common products（p. 69, p. 257）やcommon commodities

（pp. 253-4）などの用語もあるが，用語に込められた意味からすると link commodities がもっともぴったりする。

❖3）　通常，連結財は複数存在するが，すべての国がただ1つの連結財によって連結されるというケースも理論上は考えられる。こ

のときは，名和統一の基軸商品説（名和，1949）と類似するが，この連結財が基軸商品である必要はなく，また，先進国の輸出財になるとは限らない，という点で異なる。

❖4）　McKenzie（1954b）はグレアムのモデルを n 国 k 財の行列によって表示している。グレアム・モデルをその一部として含む多数国多数財貿易モデルにおける均衡解の存在とその一意性とを証明することがその目的だが，この行列体系から実際に均衡解を導出できるわけではない。均衡解の存在および一意性の証明と実際的な均衡解導出手法とはまったく別個のことがらである（佐藤，2018bの(4)参照）。

❖5）　塩沢由典「全域木に対応する国際価値」（2015年10月11日に同志社大学で行われた国際価値論研究会での報告原稿）によると，連結型の合理性判定のために検討すべき対象数は「$(M^{[N-1]})(N^{[M-1]})$」通りある。

❖6）　Shiozawa（2012）の50頁の記述を参照すると，本稿に言う切断数が l の場合の分業パターン数は「$(M+N-l-2)!/\{(M-l-1)!(N-l-1)!l!\}$」個ある。連結型は切断数がゼロなので，この式で l にゼロを代入すればよい。また，塩沢（2014，372頁）参照。なお，いくつかの労働投入係数が与えられない場合，それに対応するいくつかの分業パターンは除外される。

❖7）　活動地点がこれを超えるといずれかの諸国で多重連結となり，複数の相対賃金率が発生し「国内賃金率は全部門で等しい」という条件に抵触する。

❖8）　切断数が 1 から $M-1$ に至るすべてのリンボー型分業パターンを集計する。

❖9）　賃金率ではなく財価格を未知数とすることも可能だが，扱いやすさという観点から本稿では賃金率を未知数とする。

❖10）　注4で述べたように，McKenzie（1954b）は，ある特性を持つ多数国多数財貿易モデル（マッケンジーは，グレアムのモデルはその一部をなす，と主張したが，塩沢[2014，290頁]はこれに疑義を呈している）における均衡解の存在と一意性の証明を行った。塩沢（2014）は中間財と利潤の存在する多数国多数財貿易モデルを構築し，需要点が正則領域（生産可能集合の極大面をなすファセットの内部）にあるならば国際価値（財価格と賃金率）が一義的に決まることを示した。

❖11）　この式は分業パターンが変化しない限りで有効なので，以下の説明は分業パターン変化のないことが前提である。

❖12）　少し補足する。分業パターンを変えない範囲で b_{A3} が上昇し，その分だけ b_{A1} が減少するが，他は一切変化しないものとする。i 国 j 財の消費量を c_{ij} と表すこととすると，$c_{A1}(=w_A L_A b_{A1}/p_1)$ は減少し $c_{A2}(=w_A L_A b_{A2}/p_2)$ は変化しない。また，たとえば c_{B1} が $(w_B L_b b_{B1}/p_1)$ であることを考えると，c_{B1}，c_{B2}，c_{C1}，c_{C2} は w_B および w_C と同じ方向に動くことが分かる。A国が完全雇用を維持するためには，第1財の自国消費量減少分をBC両国の消費量（輸入量）増大によって補ってもらう必要がある。そのためには，BC両国の賃金率（したがって

所得と第3・4財価格）は上昇しなければならない。

❖13）　3国4財の場合，何の工夫もしないと，連結型の合理性判定のために432通りを検討する必要がある。いずれか2国間の比較優劣の序列を決めてしまえば，その数は112通りに減る。この中から10通りの連結型を特定し，次いで，判定法2によってリンボー型を特定し，最後に賃金率の範囲を計算した。なお，https://www.researchgate.net/profile/Hideo_Sato2 に合理的分業パターンを特定するプログラム（grahamprogram0, grahamprogram1）と均衡解を導くプログラム（grahamprogram2, grahamprogram3）をアップロードしてある。これらはダウンロードできるので興味ある読者は参照されたい。

❖14）　2次元図としては McKenzie（1954b）p. 151 の図，3次元図としては塩沢（2014）の47頁の図などを参照のこと。

❖15）　1940〜1980年代にマルクス経済学者によって活発に展開された日本の国際価値論研究は完全雇用を前提とするものではなかった。彼らの多くは，諸国間の個別諸部門の生産性格差を加重平均して得られる国民的生産性格差という概念を用いて，需要と労働量を無視したまま交易条件の決定を論じた。また，近代経済学者としては例外的に，リカード比較生産費説は国民的相互需要に依拠することなく交易条件を決定できると主張した Kojima（1951），小島（1997），根岸（1981）も，各国労働量に頓着しなかった。彼らの試みが成功していないことは Sato（2017）で述べたのでここでは繰り返さない。

❖16）　Dornbusch et al.（1977）。Dosi et al.（1990），Chapter 7 は，DFSモデルが完全雇用を前提としていることを批判しつつ，DFSモデルを不完全雇用ケースに拡張した。両国の国民所得，賃金率，雇用量，比較優劣を分かつ境界財の7つを未知数とし，相対賃金率と分業パターン決定の関係式，貿易収支均衡式，両国の国民所得決定式の4つを条件式とする。両国の最低賃金制度により賃金率の下限が，また，許容される失業率の上限があるとされてはいるが，かなり自由度の大きい体系で，雇用量も賃金率も決定されない。

❖17）　この仮定を緩めたケースについては，佐藤（2018b）の(6)参照。

❖18）　佐藤（2018b）の(1)で2国2財ケースによる例示を行っている。

❖19）　佐藤（2018b）の(2)では，すべてのパターンについて計算している。

❖20）　以下は，分業パターンが変わらないケースに限定する。複数均衡で分業パターンが変わる場合，どの方向へ変化するかも含めて事態はかなり複雑になる。

❖21）　需要の増加量が同じなのに雇用の増加幅が異なる理由については 2.3 参照。

❖22）　需要量の変動とともに均衡解となる分業パターンの組合せが変わることと，その中から決定される分業パターンが変わることとは別事である。複数均衡の組合せが変わっても，いったん成立したパターンは，その組合せの中に含まれている限り，変わらない可能性が高い（経路依存性）。

引用文献

- 小島清（1997）「リカードォの国際均衡メカニズム：国際貿易理論の『供給説』」『駿河台経済論集』，第7巻1号。
- 今喜史（2012）「国際貿易が失業率に与える影響に関する理論研究の

展望：賃金の硬直的な経済における貿易の自由化」『青山経濟論集』，第63巻第4号。
- 今喜史（2013）「サーチ・マッチング理論に基づく国際貿易と失業率の研

究の展望」『青山經濟論集』，第64巻第4号。

- 佐藤秀夫(2018a)「グレアム型国際価値論再考：多数国多数財貿易モデルの均衡」東北大学『研究年報経済学』第76巻第1号。
- 佐藤秀夫(2018b)「『ケインズ的失業を伴うグレアム型貿易モデル』の補論」Tohoku Economics Research Group Discussion Paper No. 378. http://www.econ.tohoku.ac.jp/e-dbase/dp/terg.html。
- 塩沢由典(2014)『リカード貿易問題の最終解決：国際価値論の復権』岩波書店。
- 名和統一(1949)『国際価値論研究』日本評論社。
- 根岸隆(1981)「労働価値説とリカード貿易論」(同『古典派経済学と近代経済学』岩波書店，第6章所収)。
- Davidson, C. and S. J. Matusz(2004), *International Trade and Labor Markets: Theory, Evidence, and Policy Implication*, W. E. Upjohn Institute for Employment Research.
- Davidson, C. and S. J. Matusz(2010), *International Trade with Equilibrium Employment*, Princeton University Press.
- Dornbusch, R., S. Fischer, and P. A. Samuelson(1977),"Comparative Advantage, Trade, and Payments in a Ricardian Model with a Continuum of Goods," *American Economic Review*, Vol. 67, No. 5.
- Dosi, G., K. Pavitt, and L. Soete(1990), *The Economics of Technical Change and International Trade*, BPCC Wheatons Ltd.
- Graham, F. D.(1923),"The Theory of International Values Re-examined," *Quarterly Journal of Economics*, Vol. 38, No. 1.

- Graham, F. D.(1932),"The Theory of International Values," *Quarterly Journal of Economics*, Vol. 46, No. 4.
- Graham, F. D.(1948), *The Theory of International Values*, Princeton University Press.
- Kojima, K.(1951),"Ricardo's Theory of International Balance of Payments Equilibrium," *Annals of the Hitotsubashi Academy*, Vol. 2, No. 1 (Reprinted in *Trade, Investment and Pacific Economic Integration: Selected Essays of Kiyoshi Kojima*, Bunshindo, 1996).
- McKenzie, L.(1954a),"Specialisation and Efficiency in World Production," *Review of Economic Studies*, Vol. 21, No. 3.
- McKenzie, L.(1954b),"On Equilibrium in Graham's Model of World Trade and Other Competitive Systems," *Econometrica*, Vol. 22, No. 2.
- Sato, H.(2017),"An Overview of Research into International Values in Japan," in Shiozawa et al. eds.(2017).
- Shiozawa, Y.(2012),"Subtropical Convex Geometry as the Ricardian Theory of International Trade," uploaded in Shiozawa's Contribution page in ResearchGate.
- Shiozawa, Y., T. Oka, and T. Tabuchi eds.(2017), *A New Construction of Ricardian Theory of International Values: Analytical and Historical Approach*, Springer.

（受理日2016年12月18日　採択日2017年9月17日）

論文

価値形態論における計算貨幣

江原 慶 | 大分大学

はじめに

　貨幣は歴史的に様々な姿をとってきた。近代の資本主義社会に絞ってみても，金や銀といった貴金属が支配的だった時代を経て，それらは次第に紙券へと置き換えられていく。今日においても，中央銀行の非伝統的金融政策が実施されたり，ビットコイン等の仮想通貨が登場したりする中，貨幣現象は何度目かの大きな変化の局面を迎えているように見える。

　本稿は，そのように歴史的に千変万化を遂げてきた資本主義の下での貨幣概念を，スクラップ・アンド・ビルドのモデルのうちに定義するのではなく，その歴史的変化自体を説明する基層的な理論のうちに把握することを目的とする。それを通じて，現代の貨幣現象の特徴が，歴史的に見てどこにあるのか，分析するための礎となることを目指す。

　貨幣現象が歴史的に多様であることが一因となって，貨幣についての考え方も非常に多様であるが，大きくは2つの潮流にまとめることができる。1つは，種々の商品の交換関係の中から貨幣が生まれたとする，商品貨幣説である。この最も単純なタイプは，物々交換が繰り返されていくうちに，誰もが欲しがる物が，その他全ての物に対する一般的な購買力を獲得したとする見解で，これは今の経済学の主流をなしていると言ってよい。

　それに対して，商品経済からは独立した権力や社会的慣習が，特定の物に強制通用力を付与し，それが貨幣となるというのが表券貨幣説である。これにも様々なバリエーションがあるが，例えばJ. M. ケインズの『貨幣論』(Keynes[1930])邦訳4頁では，表券貨幣説は「貨幣はとくに国家の創造物であるという学説」であるとされ，「今日全ての文明社会の貨幣は，議論の余地なく表券主義的である」と述べられている。

　この2つの議論は，貨幣は「商品」なのか「表券」なのかという，第一義的には素材に着目した対立構造を形成していた[*1]。それに対して近年では，貨幣がいかなる素材に担われようとも，その本質は様々に異なる物の価値を通約し，会計操作を可能にするところにあるとする，計算貨幣論に注目が集まってきている。このような考え方を示した代表的な論客としては，18世紀にA. スミスと対立した最後の重商主義者と言われる，J. ステュアートが挙げられる。計算貨幣論は，今日の貨幣論の2大潮流が形成される以前から主張されてきたのである。

　現代の計算貨幣論の多くは，先のケインズの示した表券貨幣説の立場を高く評価し，改めて計算貨幣規定を追究しようとするものである。そこでは，主流派の商品貨幣説が，貨幣素材に拘泥する誤った貨幣論として論難されており，そこにはマルクス経済学の貨幣論も含められている。そして，国家権力等による計算貨幣の設定が，商品やその価値の概念に先立ち，市場を創生するとされるのである[*2]。

　しかし，貨幣がなければ市場は成り立たないという現実認識と，市場の理論的展開に貨幣を所与とすべきという理論の方法とは，区別されるべきである。貨幣を市場の外部から与えられるものとする方法は，少なくとも経済学的な貨幣概念の説明にはならない。貨幣の理論的位置付けを考察するためには，方法上，まずは貨幣のない舞台設定を用意する必要がある。その限りで，商品の概念から出発する方法は，計算貨幣論の展開においても，なお重要な意義を有している。

　とはいえ，商品を起点とする貨幣論が，物々交換を通した貨幣生成論に止まる限り，貨幣の名目性を強調する計算貨幣論とは交わるところはない。しかしそもそもマルクス経済学の貨幣論は，そう単純な商品貨幣説ではない。K. マルクスの『資本論』(Marx[1962])第1巻第3章「価値形態または交換価値」で展開され，その後彫琢されてきたマルクス経済学の価値形態論は，最終的には商品の価値がどのように貨幣で表示されるかという，

価値の表現の問題を扱った箇所であり，単純商品貨幣説としての側面がないわけではないが，それしかないと言って切って捨ててしまえるほど簡単ではない。

そこで本稿では，貨幣概念の導出に関わる，このマルクス経済学の価値形態論を検討対象に据え，それと計算貨幣論の関係性を考察する。それにあたり，日本で独自に研究が積み重ねられてきた，宇野弘蔵の価値形態論と，その流れを汲む議論を中心に検討する。よく知られているように，宇野の価値形態論では，『資本論』とは異なり，商品所有者を導入することで商品の交換関係が独特の形で取り上げられているが，それゆえに，単なる物々交換のように受け取られがちなマルクス貨幣論の問題点が，集約的に示されているように思われるからである。その宇野の価値形態論を批判的に再構築することで，商品貨幣説の立場から，計算貨幣論との交点を探り出してみたい。

といっても，価値形態論に計算貨幣の概念は見られない。それは『資本論』の場合，第1巻第3章第1節「価値の尺度」が初出になる。まずはその部分の検討からはじめよう。

I
マルクスの計算貨幣論評

マルクス貨幣論は，ステュアートのそれをはじめとする当時までの計算貨幣論に対して，否定的だと解されてきた。『資本論』では，計算貨幣について「価格，または，商品の価値が観念的に転化されている金量は，今では金の度量標準の貨幣名または法律上有効な計算名で表現される。……貨幣は，ある物を価値として，したがって貨幣形態に固定することが必要なときには，いつでも計算貨幣として役立つ」(Marx[1962]: S. 115)と述べられている。したがって，『資本論』は計算貨幣の概念自体を拒否しているわけではない。それにもかかわらず，マルクスが計算貨幣論を排撃していると考えられてきたのは，専ら以下のテキストによってである。

「商品の価格または貨幣形態は，商品の価値形態一般と同様に，商品の，手につかめる実在的な物体形態からは区別された，したがって単に観念的なまたは心に描かれた形態である。鉄やリンネルや小麦などの価値は，目に見えないとはいえ，これらの物そのもののうちに実在する。この価値は，これらの

物の金との同等性によって，いわばただこれらの物の頭の中にあるだけの金との関係によって，心に描かれる。……商品の番人が誰でも知っているように，彼が自分の商品の価値に価格という形態または心に描かれた金形態を与えても，まだまだ彼はその商品を金に化したわけではないし，また，彼は，どれだけ多くの商品価値を金で評価するためにも，現実の金は一片も必要としないのである。それゆえ，その価値尺度機能においては，貨幣は，ただ心に描かれただけの，すなわち観念的な貨幣として役立つのである。この事情は，まったくばかげた理論が現れるきっかけになった。価値尺度機能のためには，ただ心に描かれただけの貨幣が役に立つとはいえ，価格は全く実在の貨幣材料によって定まるのである」(Marx[1962]: S. 110, 111)

このうち「まったくばかげた理論が現れるきっかけになった」という文にマルクスは脚注をつけ，自身の前著である『経済学批判』(Marx[1961])の「貨幣の度量単位に関する諸学説」の参照を求めている。そこでマルクスは「価格規定に際しては，単に表象された金か銀か，つまりただの計算貨幣としての金か銀が機能するだけだから，ポンド，シリング，ペンス，ターレル，フランなどの名称は，……観念の上での価値諸原子に名付けられたものである」(Marx[1961]: S. 60)という主張を「貨幣の観念的度量単位説」と呼び，ステュアートの『経済学原理』(Steuart[1995])こそそれを「完全に展開」しているものと評している(Marx[1961]: S. 62)。その上で，「ステュアートは，流通で価格の度量標準としてまた計算貨幣として現れる貨幣の現象だけにかかずらって」おり，「価値の尺度の価格の度量標準への転化を理解していないので，当然に，度量単位として役立つ一定量の金は，尺度として他の金量に関係しているのではなく，価値そのものに関係していると信じている」(Marx[1961]: S. 63)という否定的評価を下すのである。それゆえ，マルクス自身が唱えているとされる商品貨幣説は，価格の度量標準のみを観念的に説く計算貨幣論とは全く相容れぬものとして整理されてきた[3]。なお，マルクスの計算貨幣論批判は，このテキストの先にも続いており，そこでは価値の実体としての労働概念に対する理解の不十分さが糾弾されていくことになる。ただ，上に引用する限りにおいても，既に計算貨幣論が「まったくばかげた理論」として拒絶されていること自体は明らかである。計算貨幣論は，価値の実体が何かを捉え損ねて

いること以上の問題を抱えているとされているのである❖4)。

『資本論』と『経済学批判』を合わせて読むと、その拒絶の仕方は二重になっていることが分かる。一つは「価値尺度機能のためには、ただ心に描かれただけの貨幣が役に立つとはいえ、価格は全く実在の貨幣材料によって定まる」という文章を、計算貨幣論不採用の根拠とする読み方である。貨幣の実物がなくても価値尺度機能は万全に果たされるが、それだけで帳簿上の数字が貨幣の本質だということにはならない。「実在の貨幣材料」が何かを問わない計算貨幣論では、価格の表示単位は示せても、その量的な水準の根拠を示すことができなくなってしまう。「自分の商品の価値に価格という形態または心に描かれた金形態を与えても、まだまだ彼はその商品を金に化したわけではない」というところも、逆に言えば、「商品を金に化」すためには、「心に描かれた」だけの金ではなく、商品を流通させるための現物が必要になるという主張と読め、金が貨幣である限りにおいて、これは計算貨幣論批判になっている。要するに、貨幣が計算貨幣でいられるのは、価値尺度機能という貨幣の一側面においてでしかなく、後段の流通手段機能の側面が見落とされている、という批判が伏在していると見ることができるのである。これは、現物としての商品の中から、交換行為の媒介物となる貨幣が選び出されてくるという形で、貨幣の実物性を強調する、単純商品貨幣説の見地とも親和的である。

他方、『経済学批判』のステュアート評まで足を伸ばしてみると、ステュアート計算貨幣論は「価値の尺度の価格の度量標準への転化を理解していないので」誤っているとされている。これは、貨幣は現物が必要になる局面も多々あるにもかかわらず、計算貨幣論は価値尺度機能を一般化する弊を犯している、という如上の批判とはやや異なった角度から、価値尺度機能そのものに関する理解を問題にしている。マルクスが「転化」という用語に込める意味はしばしば多義的だが、ここでは大略以下のように解してよかろう。すなわち、ある貨幣名は貨幣商品の量を計測するときの標準であり、直接諸商品の価値を測っているわけではない。「価値の尺度では諸商品が価値として測られるのであるが、これに対して、価格の度量標準は、いろいろな金量をある一つの金量で測る」(Marx[1962]: S. 113)のであり、後者は前者を介してはじめて価値を測る単位になり得ていることが理解されないのが、計算貨幣論の問題だと論評されているように読める。しかしそうだとすると、貨幣が価値尺度機能を果たす限りは「観念的」でよい、という事情が間違った計算貨幣論の登場を許した、という『資本論』本文は、どう解せばよいのだろうか。価値尺度の観念性の認識は、価値尺度と価格の度量標準の区別を消失させるわけではない。もしそうだとすると、価値尺度機能において貨幣は観念的な存在でしかないとしたマルクス自身も、「価値の尺度の価格の度量標準への転化を理解」できないことになってしまう。これを計算貨幣論批判の根拠としてとれば、価値尺度の観念性はあくまで「ばかげた理論が現れる」文字通りの「きっかけ」ぐらいでしかなく、原因とまでは言えないことになろう❖5)。

この後者の読み方を重視すれば、価値尺度と価格の度量標準についてのマルクスの指摘に十分留意しつつ、価値尺度が観念的であることから、"ばかげていない計算貨幣論"を展開する試みも、展望されてよいとは考えられないだろうか。しかしそのためには、貨幣の諸機能を全体として見れば、結局は現物としての貨幣が必要となるという、前者の計算貨幣論批判の論拠を掘り崩す必要がある。残りの貨幣の機能といえば、流通手段と蓄蔵手段ということになるが、先の引用で問題にされていたのは、「価格は全く実在の貨幣材料によって定まる」ということであった。ある商品の価値が具体的にどれだけなのかは、その表示メディアである貨幣の素材によって決まるというのである。これは実質的に、価値の表現がいかになされるかを分析課題とする、価値形態論の問題である❖6)。実際、流通手段と蓄蔵手段について、実物性を払拭できたとしても、価格の決定は貨幣の担い手となる物体に依存するのであれば、結局マルクス貨幣論は素朴な物品貨幣論を脱することはできず、計算貨幣概念とも交わるところはないということになる。そこで以下では、マルクス経済学の商品貨幣説を支える屋台骨である、価値形態論の論理を問い直し、それが単純商品貨幣説とは一線を画する側面を併せ持つことを示すことで、商品貨幣と計算貨幣の関係を再考していくこととする❖7)。

II
価値形態の複線的拡大

1│間接交換を求める形態

ステュアートの計算貨幣論に既に典型的に見られるように、計算貨幣論は特定商品を貨幣とすることの不可

能性を強調する[8]。あらゆる現物の商品は貨幣として不十分で、だからこそ貨幣は数字とともにある名称として表記されるときが、最もその完全な姿であるとされるのである。このような計算貨幣論の問題提起を、2商品の等置関係が作る「簡単な価値形態」で受け止めるのは、かなり困難である。リンネルと上衣しか商品がない世界では、リンネルの価値を表示する媒体としては、上衣しか取りようがない。そのとき上衣は既に、リンネルとの価値関係において単なる商品ではなくなっているのであるが、しかしそれは未だ貨幣ではあり得ない。特定商品の量から離れて価値の表示がなされる論理次元を想定しようとすれば、最低3つの商品が必要である。そこでここでは、簡単な価値形態から拡大された価値形態のレベルに移行するところを起点にして、価値形態論を見直していくことにする。

$$
20\text{エレのリンネル} \begin{cases} = 1\text{着の上衣} \\ = 10\text{lbの茶} \\ = 40\text{lbのコーヒー} \\ = 1\text{qrの小麦} \\ = 2\text{ozの金} \\ = 1/2\text{tの鉄} \\ = \text{その他} \end{cases}
$$

『資本論』では、簡単な価値形態からここへの移行は、次のように説明されている。

「個別的な価値形態によっては、一商品Aの価値はただ一つの別種の商品で表現されるだけである。しかし、この第二の商品がどんな種類のものであるか、上衣や鉄や小麦などのどれであるかは、まったくどうでもよいのである。つまり、商品Aが他のどんな商品種類に対して価値関係に入るかにしたがって、同じ一つの商品のいろいろな単純な価値表現が生ずるのである。商品Aの可能な価値表現の数は、ただ商品Aとは違った商品種類の数によって制限されているだけである」(Marx[1962]: S. 76)

ここでは、等価形態に置かれる商品は「どれであるかは、まったくどうでもよい」という任意性を根拠に、簡単な価値形態が拡大されざるを得ないとされている。その場合には、実際『資本論』がそうなっているように、拡大された価値形態は即座に「全体的な価値形態」となる。相対的価値形態に置かれている商品以外のすべての商品は、等価形態に置かれることになるので、価値形態の「拡大」化は「全体」化と論理上同義である。

この点に、独自の舞台設定を持ち込んで異論を唱えたのが宇野弘蔵である。宇野は、等価形態に置かれる商品がそもそもどこからきたのか、という問いを立て、それは相対的価値形態の商品を所有する者が欲したからこそである、という解答を与えた。そして、リンネル商品所有者は上衣だけを欲しいと思っているわけではなく、様々な商品に対する欲望を抱くのであって、それゆえにこそ等価形態に置かれる商品は「拡大」されるのであると言う。この場合、拡大された価値形態での等価物の候補は、「ただ商品Aとは違った商品種類の数によって制限されている」のではなく、商品Aの所有者の抱く欲望の範囲と、手持ち商品の交換力を上限として、狭く限定されることになるわけである[9]。

この宇野のマルクス批判は、簡単な価値形態と拡大された価値形態の間をつなぐ論理を明確化させる意味を持っていた。マルクスによって拡大された価値形態が出現する根拠とされている、等価物の任意性はどこから来るのかは、上で引用した簡単な価値形態についての説明を締めくくる最後のパラグラフでは敷衍されていない。『資本論』の価値形態論は、どちらかと言えば各価値形態の独立した内容の解明に重点が置かれており、それらがシークエンスをなして発展していくものとしては描かれていない。それに対して、宇野のように商品所有者の欲望をエンジンとして価値形態論を再構築していくとすると、各形態間の移行プロセスが前面に押し出されることになる。マルクスの拡大された価値形態における様々な等価物が、完全にランダムに列挙されているだけであり、その限りで簡単な価値形態を並列につないだだけであったのに対して、宇野は等価物が選定されてくる根拠を示すことで、簡単な価値形態とは区別された、拡大された価値形態の独自性を説明しようとしたのである。

しかし、『資本論』の説明に不備があったにしても、等価物が全く任意的であることの意味は比較的はっきりしている。マルクスは、「商品価値の諸表現の無限の列のうちに、商品価値はそれが現れる使用価値の特殊な形態には無関係だということが示されている」(Marx[1962]: S. 77)と述べて、リンネルの価値が使用価値の特殊性からは切り離されていることが、等価物の完全任意性のうちには現れるとしている。宇野のように、等価物の種類を商品所有者の欲望の範囲内に限定すると、この点はむしろぼやける。宇野の拡大された価値形態は、マルクスがここで追究しようとした、使用価値から

独立的な価値の性格が，貨幣の出現以前の基層次元にいかに把捉されうるかという問題を，あまりに後景に退かせてしまっているのである。

そればかりでなく，宇野による簡単な価値形態の再構築の方向性に則った形での反論も出ている。宇野による商品所有者の欲望の導入は，リンネル所有者の"リンネルは不要だが，上衣が欲しい"というはっきりした意思がポイントであったのにもかかわらず，拡大された価値形態ではこの欲望の指向性が，数多の種類の使用価値に対する欠乏感のうちに拡散してしまっている。そこでは，初発の価値形態の動力としての欲望のあり方が不明確になっているのである。

そうだとすれば，拡大された価値形態は，むしろリンネル所有者の上衣への指向性はそのままに，上衣を手に入れるために必要な商品を手に入れる方向へ，価値形態が屈折していく結果と解すべきである。すなわち，上衣所有者が欲しがっている商品を先回りして確保し，それで以って上衣へと向かうという，間接交換を求める形態として，拡大された価値形態を説くわけである。上衣を入手するための手段として，第3の商品を求めるだけなので，その限りでは拡大された価値形態での等価形態に置かれる商品の使用価値は後景に退く。それゆえ，様々な上衣所有者の欲している様々な商品種，そしてさらにその先へと，無数の商品所有者からなる欲望の網の目を手繰っていき，そこに見出される無数の種類の商品が全て，等価形態に置かれる候補となるわけである。このようにして，マルクスの言う等価物の任意性は，間接交換の媒介物の任意性という，別の形で再構成される[10]。

それによって，簡単な価値形態から拡大された価値形態へ移行する契機を説明しようとした，宇野の方法はむしろより徹底されよう。それとともに，価値形態論は，商品所有者によって直接欲せられていないものが等価物になる可能性を，『資本論』とは異なる形ではあるが，再獲得することにもなる。この使用価値的制約の解除は，価値表現の方法としても新たな地平を拓く。次にその点を考察したい。

2｜複数種からなる等価物

間接交換を求める形態としての拡大された価値形態は，無限の列にはなるが，そのコアは3商品で例示することができる。例えば以下のように，リンネル所有者Aと上衣所有者Bと茶所有者Cが，それぞれ上衣と茶とリンネルを欲しているとしよう。

A：リンネル20エレ　→　1着の上衣
B：1着の上衣　→　10lbの茶
C：10lbの茶　→　リンネル20エレ

この場合に，全員が直接自分の欲する商品しか等価形態に置かない，と譲らなければ，三すくみの状態に陥る。誰か1人，例えばリンネル所有者Aが，上衣所有者Bに先回りして，茶を入手しようとすれば，膠着状態を脱することができる。すなわち，「リンネル20エレは10lbの茶に値する」という価値形態が掲げられることになる。これが，間接交換を求める形態の出現経路の基本形である[11]。

この経路を辿る中で，リンネル所有者Aは，様々な上衣所有者と茶所有者に出くわす。全ての上衣所有者と茶所有者は，リンネル所有者が指向性と定量性を伴って1着の上衣を欲しているのと同じように，各自一定量の茶やリンネルを欲している。そしてやはりリンネル所有者と同様に，等価形態に置いた商品の量に相当する価値を持つと思われるだけの量の上衣や茶を，めいめい相対的価値形態の位置に据える。その中には，手持ちの商品1種類だけで，欲する商品に値する相対的価値形態を構成することができない者もいるはずである。例えば「10lbの茶＝リンネル20エレ」という比率で交換を求めている主体の隣に，同じくリンネル20エレを欲するが，茶を5lbしか所有していない者がいたとして，彼はリンネルの入手を諦めて市場から退いていくのではなく，可能ならば残りの茶5lb分相当の価値を持ったその他の商品を同時に差し出し，粘り強く交換を求めていくと考えるべきである。こうして市場には，単種商品だけでなく，複数種の商品のセットが提供されてくることになる。

このような複数種の商品を同時に相対的価値形態に置く価値表現は，簡単な価値形態としてもなされうるが，そのときにはまさしく簡単化のために捨象される。しかし拡大された価値形態において，間接交換を求めて他者の価値表現をいわば自らの価値表現に次々に取り込んでいく論理プロセスを想定するなら，そうした複雑な価値表現を頭から無視するわけにはゆかない。実際，商品所有者の欲望が指向的であるとすれば，各商品所有者が等価形態に据える商品種はそれぞれ単一でなければならないが，それに対して相対的価値形態に供する商品は，手許にあって他人のための使用価値を持つ商品であれば，どんな種類のものでもよいはずである。とすれば，我々の舞台の登場人物として必要なのは，

リンネル／上衣／茶所有者の3人ではなく，リンネル／上衣／茶を欲している商品所有者の3人ということになる。そこで試しに，以下のような具体例で，間接交換がどのように行われうるか考察してみよう。

A：リンネル40エレ　→　2着の上衣
B：1着の上衣　→　10lbの茶
C′：（1着の上衣，10lbの茶）→　リンネル40エレ

このとき，もし商品所有者Aが上衣所有者である商品所有者Bの欲望の対象物を先取りし，「リンネル20エレは10lbの茶に値する」という交換を求め，それに商品所有者C′が応じてくれれば，リンネル／上衣／茶所有者の3人が執り行う三角取引と実質的に何も変わらなくなる。商品所有者C′が茶所有者として振る舞うことになるからである。このように，単種商品の三角取引にこのケースを落とし込むとすると，商品所有者AとC′は，上衣とリンネルをやり取りする取引と，茶とリンネルをやり取りする取引の2つを別々に行うことになる。しかしC′が，そうしたバラバラの取引に応じないなら，それら2つの取引を同時に行ってもよい。そのときには，商品所有者Aは「リンネル40エレは1着の上衣と10lbの茶に値する」と宣言することになる。こうすれば，C′との取引は1度で済む。複数種の商品を所有する者が登場しうる3種以上の商品交換関係においては，このように複数商品種を等価形態に据える価値形態が出てくる余地があるのである❖12)。

この「リンネル40エレは1着の上衣と10lbの茶に値する」という価値表現において，上衣1着は商品所有者Aの欲望の直接の対象物であり，上衣はBとの取引には用いられないため，等価物が厳密な意味で間接交換の媒介物になっているとは言えない。しかし3商品の世界では，このように複数種の商品のセットで以って価値表現がなされる場合を予め排除することはできない。

確かに「1着の上衣と10lbの茶」を実際に同時に入手するとなると，それぞれの商品を単体で取引する場合にはない障害が予想される。同時に運搬するにしても，使用価値の異なる商品が互いの使用価値を損傷しないよう留意する必要があるし，C′の上衣倉庫と茶倉庫から取り出して，Aの上衣倉庫と茶倉庫にそれぞれ運ぶことになれば，事実上これは「リンネル20エレ＝1着の上衣」と「リンネル20エレ＝10lbの茶」と表示される2つの取引を取りまとめたに過ぎないとも思われるかもしれない。商品を種ごとに分けてバラバラに取引する場合に比べて，交換の遂行も複雑化する。その限り

では，こうした商品セットが，一般的等価物につながるような，等価物の初源的なあり方には見えないであろう。

しかしこの商品セットによる価値表現が，単一種商品による価値表現と決定的に異なるのは，1着の上衣と10lbの茶が，それぞれリンネル20エレずつに対応している必要は必ずしもないという点である。仮に相場が変動し，「リンネル14エレ＝1着の上衣」「リンネル26エレ＝10lbの茶」だったとしても，両者を合成すれば同じ価値形態が得られる。商品セットの等価物は，単種商品を等価形態に置く場合よりも，価値の変動には耐性が強いと言ってよい。交換手段を一瞬で全て手放してしまうという極端な想定に立たない限り，こうした価値の安定性は，間接交換の媒介物の要件として欠かせない。商品所有者C′にしても，交換に供しているのは茶だけではないのであり，提示される価値関係に納得できる限り，茶と上衣とをまとめて取引するメリットはある。また，実際に商品セットを運搬し，交換の媒介物に用いようと思うとかなりハードルが高いが，現物の商品は倉庫に仕舞ったまま，その預かり証だけをやり取りするよう，工夫することはできる。もちろんその場合には，保管や保証といった追加的な措置が必要にはなるが，単一の商品種を交換手段とする場合でも，交換手段となる商品の使用価値的な保全や真贋の鑑定が必要となることを考慮すれば，商品セットの証券がどんな場合でも経済的には見合わないということはなかろう。

このように，拡大された価値形態には，間接交換を求める中で，等価物として単種商品が用いられる場合と，複数種の商品セットが用いられる場合の2パターンが考えられてよい。拡大された価値形態においては，商品所有者が欲望の連鎖網をたどって等価物に置く商品の種類を増やせば増やすほど，その等価物が他種の商品と合わせて交換に拠出されているケースは増える。それと並行する形で，等価物に据えられる商品セットも多様化し，使用価値とは相対的に独立な，価値のあり方が価値形態としてつかみ出される仕組みが多元的に豊富化されていく。拡大された価値形態は，こうした複線的な拡大経路を辿るのである。

ただし，等価形態に単種商品を置く場合についてはもちろん，商品セットを置く場合にも，この拡大された価値形態は無際限に拡散していくことにはならない。そこには，統一された等価形態をもつ「一般的価値形態」に向かう力も同時に働く。節を改め，この統一化とその実現の契機を探ることにしよう。

III

価値形態の統一と計算貨幣

1 「顛倒の論理」と「排除の論理」

拡大された価値形態の統一化を説明するロジックとして、『資本論』が二段構えの論理をとっていることは、従来より指摘されてきている。一つは、『資本論』が一般的価値形態を以下のように例示していることからも看取される。

「実際、ある人が彼のリンネルを他の多くの商品と交換し、したがってまたリンネルの価値を一連の他の商品で表現するならば、必然的に他の多くの商品所持者もまた彼らの商品をリンネルと交換しなければならず、したがってまた彼らのいろいろな商品の価値を同じ第三の商品で、すなわちリンネルで表現しなければならない。そこで、20エレのリンネル＝1着の上衣　または＝10ポンドの茶　または＝etc.という列を顛倒すれば、すなわち、事実上すでにこの列にふくまれている逆関係を言い表してみれば、次のような形態が与えられる」(Marx[1962]: S. 79)

このように述べて、マルクスは以下の例を「一般的価値形態」として掲げる。

```
1着の上衣        ＝ ⎫
10lbの茶         ＝ ⎪
40lbのコーヒー    ＝ ⎪
1qrの小麦        ＝ ⎬ 20エレのリンネル
2ozの金          ＝ ⎪
1/2tの鉄         ＝ ⎪
その他           ＝ ⎭
```

そしてこのような「一般的価値形態は、ただ商品世界の共同の仕事としてのみ成立する」(Marx[1962]: S. 80)として、拡大された価値形態において等価物だった全ての商品が構成する「商品世界」による一般的等価形態の成立動力が説かれる。これは「顛倒の論理」と呼ぶことができよう。

ただ『資本論』では、これにもう一つ別種のロジックが重ねられている。すなわち、一般的価値形態は「商品世界の価値を、商品世界から分離された一つの同じ商品種類、たとえばリンネルで表現し、こうして、全ての商品の価値を、その商品とリンネルとの同等性によって表す」(Marx[1962]: S. 80)のであり、そのときリンネルだけ

は自分以外の全ての商品の価値を表現する材料に徹する。同じことは、「ある商品が一般的等価形態にあるのは、ただ、それが他の全ての商品によって等価物として排除されるからであり、また排除されるかぎりでのことである」(Marx[1962]: S. 83)とも述べられる。この「排除の論理」は、「顛倒の論理」によっていわば形式的に一つに絞り込まれた一般的等価物を、他の商品がどのように支えるかを説明しているとも解せる[13]。

しかし、「顛倒の論理」と「排除の論理」は、同じ「一般的価値形態」をそれぞれ別々の側面から説明しているだけなのだろうか。もしここで言う「商品世界」というのが、一般的等価物となっている商品以外の他の商品による価値表現がなされる場、という意味である限り、この移行時に発動する「排除の論理」の生成する価値形態が、結果として「顛倒の論理」が導くものと一致すると想定することに格別問題はない。「商品世界」といっても、そこには文字通り全ての商品が住まうわけではなく、最初から一般的等価物となる商品は含まれていないのだから、「顛倒の論理」に伴う「共同の仕事」によって一般的等価物となった商品が「商品世界」から「排除」されているのは当然となる。しかし「商品世界」という言葉を、商品の二要因たる価値と使用価値とを有し、市場で売買されうる生産物各種、要するにここまで『資本論』で商品という範疇下に含まれていたもの全ての集合という意味でとると、「排除の論理」は「顛倒の論理」と道を違えてくる。この場合「商品世界から分離」された等価物は、もはや単なる商品ではない。少なくとも、それは単なる商品として以外の資格で一般的等価物になるのである。それに対して「顛倒の論理」は、あくまで相対的価値形態のうちに既に知られていた商品のうち一つを一般的等価形態に据える便法であり、そこではこのような意味で商品でない等価物は想定の範囲外である。「商品世界」の範囲によっては、「排除の論理」は『資本論』自身が「顛倒の論理」の下に例示した一般的価値形態を超える射程を発揮しうる。

ところでこの区別に従えば、宇野の価値形態論は、商品所有者の欲望を明示的に想定することで「共同の仕事」による「顛倒の論理」を退け、「個別商品の私事」(Marx[1962]: S. 80)による「排除の論理」を徹底させる試みであったと言える。等価形態に置かれる商品が、相対的価値形態に立つ商品の所有者の所望する使用価値を持つとするとき、その価値形態の両辺を入れ替えることはいかなる意味でも許容できなくなる。したがって一般的価値形態の成立は、拡大された価値形態におい

て複数化された等価物から，一般的等価物が「排除」される論理プロセスとして純化することが目指されたのである[14]。

「排除の論理」のみに即したこのアプローチは，「顛倒の論理」以上に，与えられた商品群の中から一般的等価物に相応しい商品を探し出す作業に終始することになった。その結果，現時点での研究は，個別商品所有者の行動のみで等価物の統一が達成されると見るのは無理を孕んでいる，という否定的結論に至ったように思える。等価物が統一されれば交換はスムーズになることは明白であり，誰もがそのような状態を望むが，それではどの商品を一般的等価物にするかという具体的な話になれば，全ての商品所有者が，自らの商品こそ一般的等価形態の地位たることを要求する。要するに，ここは総論賛成各論反対の世界なのである[15]。

このような否定的結論自体は，研究方法の失敗を直ちに意味するわけではない。商品経済的論理のみでどこまで解けるか，範囲を確定することで，どこにどう非商品経済的要因が働くか明らかにすることができる。この場合，一般的価値形態の成立には，やはり「商品世界の共同の仕事」を個別商品所有者に促すような，何らかの非商品経済的要因が要請されるわけである。「顛倒の論理」は，それだけではあまりに形式的だったとしても，そこで働く力学には改めて目が向けられなければならない。

こうした課題は，『資本論』第1巻の場合，続く第2章「交換過程」において遂行されていると見ることもできる。そこでは，一般的価値形態の性質自体は「商品の分析が明らかにした」とされつつ，「しかし，ただ社会的行為だけが，ある一定の商品を一般的等価物にすることができる」と述べられる（Marx[1962]: S. 101）。この「社会的行為」が，商品経済の発達のうちに積み重ねられる，個別の交換行為による「排除の論理」の歴史的実践だとすれば，交換過程論は価値形態論の論理展開を単に歴史叙述的になぞったものと理解されるに止まることになろう。しかし「社会的行為」の指す内容を，「顛倒の論理」に含まれる「商品世界の共同の仕事」に相応するものととれば，交換過程論には再評価の余地が生じてくる。その文脈では，そこで一般的等価物の例として出される「家畜」や「奴隷」，「土地」も，未発達な商品経済における貨幣の前資本主義的な姿としてではなく，「商品世界」の共同性の具体的実例として，もう一度分析的に取り扱う必要があると考えられる[16]。

ただし交換過程論では，やはり一般的等価物となる

商品種の選出という問題構成が所与とされている。その「商品世界」は，事実上，一般的等価物に置かれるべき商品種を外した場として最初から想定されているのである。しかし，そもそもそのように単一種の商品が一般的等価形態の地位に就くこと自体，何らかの追加要件の下に可能になっているかもしれない。とすれば，やはり「共同の仕事」が行われる「商品世界」は，字義通り全ての商品種を含む集合であり，一般的等価物はそこから「排除」されていると考えるより外ない。その限りで，人間の欲望の対象物である単なる商品以外のものが，「商品世界」によって支えられて一般的等価物として成立する可能性は除外できないことになる。

2│外的条件としての計算貨幣規定

このように「排除の論理」を最大限広くとって一般的価値形態への移行を考察するとき，前節の議論のように，拡大された価値形態における等価物として，複数商品の組み合わせもありうることまで考慮すると，一般的等価物の絞り込みはますます困難になろう。それでも，等価物の拡大経路のロジックに即して，内的的に等価物の統一に向かう営力を析出することは不可能ではない。拡大された価値形態に，単一種の商品を等価物に据えるパターンと，商品セットを用いるパターンがあるとすると，「排除の論理」もそれぞれ異なっていると考えるのが自然であろう。前者についてはこれまでも議論が長年重ねられてきており，そこでは大体，有用物としての人気度と，交換手段としての素材の適性の2つが決め手とされてきた。そのうち，素材の問題は過度に重要視されてきた嫌いがある。交換手段といっても，それを介した交換を証明する何らかのトークンを代用することは可能であり，そうだとすると素材の任意分割性や耐久性はほとんど意味をなさない。むしろ素材を問題とするなら，社会的に広く用いられる交換手段として，贋物を除外しながら十分な量を継続的に確保できるかの方が重要である。素材の適性に比べれば，どれだけ多くの人から求められ，頻繁に交換に付されるかという性質は，間接交換を求めて人々の欲望の連鎖を辿るという価値形態の拡大の論理からして，価値形態を統一化に向かわせる契機になる。多くの商品所有者が欲しがる商品は，彼らが構成する欲望の網の目に頻繁にひっかかることになるため，それだけ等価形態に置かれる機会も多い。そうした商品種は，最短距離の間接交換を模索する中で，交換手段としての性格を強めてゆくことになるであろう。

それに対して，複数種の商品の組み合わせを等価形態に置く場合には，どの種類の商品がどのような比率で組み込まれているのが望ましいのかという，固有の問題が発生する。この選別にあたっては，等価物の価値がどれだけ安定するかという基準で試行錯誤が繰り返される。価値の安定のためには，何であれ異種の商品をただ入れ込めばよいというわけではない。それ単体でも，交換力がそう大きくはブレない商品が選ばれているべきであるし，より決定的なのは，商品セットを構成する商品の価値変動が，お互いを相殺するよう組み合わされているということである。既に見たように，複数種類の商品を同時に等価物とすることのメリットはそこにある。そのためには，価値が変動しにくいというだけでなく，そのブレの方向が予見しやすい商品種が選ばれている必要がある。貨幣がない今の論理次元においてこの見極めはかなり難しいが，その中でも価値の変動を見通しやすい商品としては，生産技術が確立しており，当該商品の供給が確保されやすいなど，その市場への影響要因がなるべく少ないものに絞り込まれてくると言える。

以上のように，一般的等価物の候補を選出する力は価値形態の展開に内在していると言ってよいが，それでも全ての商品の価値表現を一手に引き受ける一般的等価物が，商品所有者の「私事」だけで決定できるというとすれば，そこには論理の飛躍がある。この世のありとあらゆる商品の中から，たった一つの商品が間接交換の媒介物として必ず自生的に選び出されると結論づけることは難しい。価値の安定性にしても，各種商品の価値の変動を推し量ることにはかなり狭い限界があり，適切とされる商品セットの組み合わせは不断に変更されざるを得ないであろう。

そこで一般的価値形態の成立には，個別商品所有者に「共同の仕事」をさせるきっかけが要されることになる。ここで，非商品経済的要因としての国家権力等が，間接交換の媒介として適当なものを制度的に準備した場合，個別商品所有者は，それを等価物として利用することに抵抗を感じない。間接交換を成立させるにあたっては，媒介物の使用価値は問題にならないし，例えば法貨規定のように，法律上追加的に決済機能を与えられた等価物があれば，それは一般的価値形態を成立させる有力なきっかけになる。

ただし法貨規定は，法貨となるものがいかなる単位を持つのかということが，同時に明らかでないと実効的でない。『資本論』では，「一般的価値形態から貨幣形態への移行」として，金が一般的等価物の地位を「歴史的に勝ち取った」(Marx[1962]: S. 84)とした上で，貨幣の名称が，外国貨幣の輸入等の様々な歴史的過程を経て，その素材の物量単位と異なってくることを述べ，「貨幣度量標準は，一方では純粋に慣習的であるが，他方では一般的妥当性を必要とするので，結局は法律によって規制される」(Marx[1962]: S. 115)とされている。ただ，一般的等価物として単一種の商品が選ばれる場合にも，商品経済的論理だけではその絞り込みが果たされ得ないということを思い起こせば，この2つの歴史プロセスは，別個の経緯を辿るものだとしても，全く没交渉であるわけではない。例えば金が一般的等価物に選ばれ貨幣となるときに，そこに法貨規定等の非商品経済的要因が効いているのなら，そのときの国家等は既に，法貨によって強制的に解消されるべき債務の表示単位，つまり価格の度量標準も制定しているはずである[17]。

このとき，貨幣素材の計量単位がそのまま貨幣単位として採用される場合もあろうが，そうでない場合も，法貨の計量単位としては価格の度量標準が採用される。このように，価格の度量標準を前提とした法貨規定によって一般的等価物の地位が成立するとすれば，素材が先に決められ，その名称だけなら後からいくらでも変更できるというように二分法的に考えるべきではない。もちろん，貨幣名だけ決めても何が貨幣を担うかは決まらないが，貨幣の担い手だけを決めてその呼び名が定まらないということはない。一般的等価物の担い手が，非商品経済的要因の力を借りて決まるとき，そこには外的条件としての計算貨幣規定が包含されている。そうして，その名称を用いて全ての商品が価値表現をなす，価値形態全体の構造ができあがる。その限りで，"名は体を表す"のであり，このとき商品貨幣は，非商品経済的主体による貨幣名の規定を伴う，計算貨幣として成立するのである[18]。

この商品貨幣と計算貨幣の関係は，複数種の商品セットが一般的等価物の地位を争う場合には，より明瞭となる。このときも，貨幣名としてどのような名称を使うかは慣習や法律によろうが，複数種から構成される商品セットについては，それ自身の計量単位が必ず個別商品種の計量単位とは別に新たに設定されることになる。実際，一般的等価形態に商品セットが置かれる場合に，いちいち商品A何単位，B何単位，C何単位……と呼び表すことは考え難い。就中，計算がし難くて仕方がないであろう。そのため，そうした一般的等価

物には固有の名称が与えられる。当然，これによって新たに価値が創出されるわけではない。価値を表示する専用の単位が作られるだけである。この点は，単一種の商品が貨幣の地位を占める際に，商品の計量単位とは別個に貨幣名を与えられても，価値が増えないのと同じである。ただ，もともと計量単位のないものに単位を付与するために，この場合には，価値形態論に基づく商品貨幣説が，計算貨幣規定によって補完される関係が顕在化する。

ただし，計算貨幣規定を含む非商品経済的主体の関与は，先に述べたような等価物の統一化の流れに逆行するものであってはならない。商品所有者から求められもせず，価値も安定しないものは等価物になりようがない。したがって，少なくとも価値形態論の舞台設定上では，国家権力等の非商品経済的主体が付与する強制通用力のみで，一般的等価物が成立すると言うことはできない。非商品経済的主体の動員によって，直ちに単純な表券貨幣説に与することになるわけではないことには，ここで改めて釘を刺しておきたい。それでも，商品所有者の行動原理に即して絞り込まれた，等価物の候補の中からなら，商品経済的論理以外の要因で最終的に一般的等価物が決定されることは認められてよいのである。

さらに，複数種の商品セットからなる一般的等価物について，特に注意すべきなのは，国家等による価格の度量標準の制定が，ダイレクトにそのうちに含まれる複数商品の種類と量を決定することはできない点である。それは，この場合の価値形態の展開動力となっている，等価物の価値の安定性が，市場でどう確保されるか，という問題に関わる。一般的等価物に相応しい商品セットの内容を組み合わせたり，組み替えたりする行為には，商品経済的な確証プロセスが要される。商品セットを構成する各商品は，市場を経由して入手されてきたものでなければならず，その構成主体もまた商品経済的な行動原理に従う主体でなければならない。そうでなければ，個別経済主体はその等価物の価値の安定性を信用できない。したがって，商品セットの等価物というのは，そのセットを組成する経済主体が発行する証券の形をとることになる。非商品経済的主体が行うのは，こうして組成された証券型の等価物の中から，一般的等価物を選ぶことだけである。これによって，貨幣1単位あたりに含まれる商品の種類と量は，間接的には非商品経済的要因に左右されるが，国家等が直接それを指定する形では，その一般的等価物はうまく

市場で機能しない[19]）。

かくして一般的等価物となるべき商品セットの価値の安定性も，市場における個別的な利得追求の結果として達成されるものでなければならない。しかしそうした価値の安定した商品を提供する主体は，価値形態論の次元に登場しうる商品所有者ではあり得ない。商品所有者は複数種類の商品を交換に差し出すことはあっても，その価値が安定的であることを望むわけではない。単種商品を提供する従来の商品所有者と同じく，最も自分に有利な価値比率の実現を目指すのである。ここには，自らが資産として保有する商品価値の安定性を基盤として，諸主体の債権債務関係を仲介し利潤を得る，銀行業が要請されるのであり，それを業とする資本が商品セットの実質的な構成主体となる必要がある。このような主体の導出には，価値増殖の方法の分析が欠かせず，それは価値形態論の外側の領域の課題になる。複数種の商品セットによる貨幣は，そのような資産を保有する特定の主体の債務証書という形で実装される。それでも，価値形態論のロジックを再構築していくことで，かなり抽象的な形ではあるが，安定的な価値を基礎とする信用貨幣の原基を抽出することまでは可能なのである[20]）。

おわりに

単一種の商品が一般的等価物として通用するパターンだけを考えていればよいときには，貨幣を会計の用具だと殊更主張することは，価値の尺度と価格の度量標準を混同させ，法定比率の変更が貨幣価値を実効的に変更させるかのような錯覚を生み出す弊害が強く出た。『経済学批判』の「貨幣の度量単位に関する諸学説」でマルクスが描いたのは，そうした貨幣論の混乱した歴史であった。

しかし一般的等価物の地位を特定種の商品が占めるということ自体が，商品経済的論理のみで成立するかどうかというところから問い直すとすれば，価値の尺度として何を用いるかは，度量標準の設定と切り離せない。単一種の商品が一般的等価物になる場合には，単位の設定問題が，等価物の素材そのものに重量名が元々ついているがゆえに，等価物の統一とともに，まさしく自然に解消してしまっているだけであり，むしろそれが問題として取り出されないところに，これまでの

商品貨幣説の見落としがある。価値形態を展開する商品経済的論理こそ，商品貨幣説の本流というべきであり，その論脈の行き着く先において一般的等価物を成立させる最後の一手が，計算貨幣規定を外的条件として含む，非商品経済的要因によって定まる。商品貨幣と計算貨幣という2つの貨幣概念については，唯物的か観念的か，といったような，シェーマ化された対立構造に還元すべきではなく，両者の関連性を糺すべきなのである。

注

❖1） この対立構造は，不換銀行券の位置づけをめぐり，20世紀の経済学の論壇を彩ってきた。日本におけるマルクス経済学は，最も盛んにこの問題を議論した一派であった。「不換銀行券論争」と呼ばれるこの論争を現代的に省察した論考として，泉[2011, 12]（1）参照。

❖2） Wray[1990]やIngham[2004]等参照。これについて日本では，内藤[2011]第1章でレビューがなされ，信用貨幣論と相互補完的との評価が与えられている。後に触れるように，信用貨幣の成立における国家等の役割は見過ごせないが，Wray[1990]Ch. 2の表券貨幣説は，国家貨幣を最高の通用力を持つ債務と認定し，直ちにそれを信用貨幣と同一視してしまう嫌いがあり，信用貨幣が流通する前提条件としての信用システムの役割を十分顧みているとは言えない。それに比してIngham[2004]Ch. 6は，国家債務の発行と商人ネットワークでの為替手形の発展とが「融合」することで，資本主義的信用貨幣が生まれると主張しており，国家権力と貨幣の関係について比較的慎重である。

❖3） ただし，ステュアートの計算貨幣論は，マルクスが照準を合わせた「貨幣の観念的度量単位説」のみならず，貨幣の本質として「観念的貨幣」（Steuart[1995]: p. 274）を据える側面をも併せ持つ。古谷[2003][2004]参照。また『経済学批判』では，「観念的貨幣尺度説」なる主張を説く代表的論者として，バーミンガム学派のT.アトウッドが批判に付せられているが，それと「貨幣の観念的度量単位説」の違いは明確ではない。その部分についての検討は結城[2013]を参照。「心に描かれただけの」「観念的な貨幣」の役割をよりはっきり認める『資本論』の見地からすれば，ステュアートの「観念的貨幣」やアトウッドの「観念的貨幣尺度説」は，マルクス自身の主張と対立しないようにもとれる。それでもなお，計算貨幣論が「ばかげ」ているとされる理由を捉える必要がある。

❖4） 泉[2004]は，『経済学批判』における計算貨幣論批判を，J.グレイの労働貨幣論批判に通ずる伏線と，ステュアートの価値尺度概念への批判との2側面に分けて整理している。それによれば，前者は価値実体論に関わるのに対し，後者では，価値尺度に不変性を要求するステュアートに対して，貨幣価値の変動は諸商品の相対価値を変化させないため，それは価値尺度としての機能不全を意味しないという主旨の批判がなされている。

❖5） ステュアートの計算貨幣論の問題点は，価値尺度と価格の度量標準の区別の不在というより，むしろその説明の不十分さにあるようにも思える。Steuart[1995]: p. 274, 275では，貨幣の観念的度量標準は「基準となる大きさというものを持たず，また人間が慣習によってそれに与えるのが適当と考えるもの以外には，何も必要でない」とされるが，そのように「適当」と思われるものがいかに形成されるかは所与とされるべきではなく，原理的な課題として，十分考究に値しよう。結城[2016]も，バーミンガム学派のC.エンダービーの計算貨幣論を検討し，同様の問題点を指摘している。

❖6） 泉[2009b]は，マルクスにとってステュアート計算貨幣論が受け入れ難かった理由を，それが「商品を同名のものにする尺度の質を否定する」（Marx[1961]: S. 63）ものとみなされたからだと見定めた上で，しかし「観念的貨幣」であるステュアートの計算貨幣概念は，マルクスとは異なる意味での「尺度の質」，つまり価値概念に照応するとし，『経済学批判』でのステュアート評を退けている。しかし計算貨幣の概念をそのように価値概念の方に引き寄せてしまうと，貨幣で以って商品の価値がいかに表されることになるのかを分析する，価値形態論の視座から計算貨幣概念を批判的に捉え直す道は閉ざされてしまう。価値と，それを表現する貨幣形態とが先験的に一体化してしまうことになるからである。マルクスの計算貨幣論批判は，『資本論』の理論次元において，価値概念ではなく，むしろ価格の度量標準の捉え方の不十分さに向けられているという点で押さえ，価値形態論でそれを克服する理路を探るべきであろう。

❖7） 小幡[2013]第2章は，不換銀行券と国家紙幣を区別し，前者を原理的な貨幣論の説明範囲に組み入れる試みとして，まず流通手段論から入り，蓄蔵貨幣・支払手段としての機能を検討したのち，価値尺度論に返り，最後に価値形態論に触れるという大掛かりな迂回路を通っている。それに対して本稿では，価値尺度論から価値形態論へと遡上し，価値形態論に本格的な考察を加える。そうすることで，信用貨幣についても，単純な商品流通のレベルに信用関係を直接嵌入する道を通るときはまた違った洞察が得られる。

❖8） Steuart[1995]: p. 277参照。

❖9） 宇野[1962]: 203, 204頁参照。

❖10） 小幡[1988]: 47-51頁，[2009]: 38, 39頁参照。

❖11） 小幡[2013]: 90-95頁は，ここに直ちに「金属貨幣と信用貨幣の分岐」を見てとる。間接交換の媒介物になる茶10lbは，現物である必要はなく，茶を請求できる「債務証書」でも構わないのであり，それが「価値形態の展開を通じて信用貨幣に結実してゆく」というのである。しかしその「価値形態の展開」の具体的な中身は，そこでは開陳されていない。本稿では，より価値形態の論理展開に即した形で議論を進めてみたいが，このような単一種の商品に裏づけられた債務が信用貨幣の萌芽だとは考えない。信用貨幣は，その発行主体の保有資産価値全体をバックに流通するのであり，その中の特定の資産に紐づけられていないことを特徴としている。それに対してこの"茶債務"は，信用関係を通じて価値を取り出した証券であるのは確かだが，この信用貨幣の特徴を抽象的にも体現しているとは言えず，あくまでその価値は茶という特定物品に根ざしている。泉[2011, 12]（2）: 40頁にも，この説き方では兌換銀行券しか説けないという指摘がある。

[論文]価値形態論における計算貨幣　　　　　　065

そればかりでなく，この段階では"茶債務"「でも」構わないということにしかならず，現物の茶を直接取引する場合に対するメリットやデメリットが理論的に検討できない。そのため「金属貨幣と信用貨幣の分岐」の契機も，明らかにされているとは言えない。

❖12) ここでの論点は，拡大された等価物を全て欲しているのか，それともそのうちのいずれかで良いのかという問題，すなわち拡大された価値形態はそれぞれ and で結ばれるのか，or で結ばれるのかという既知の問題ではない。1着の上衣 and 10lb の茶は，両方合わせて等価物になるが，それはあくまで間接交換のための手段という意味で，他の媒介物候補に対しては or の関係に立つ。敢えて図示すれば，

$$40\text{エレのリンネル} \begin{cases} = 20\text{lb の茶} \\ \quad\text{or} \\ = (1\text{着の上衣 and 10lb の茶}) \end{cases}$$

という形になる。

❖13) 「顚倒の論理」と「排除の論理」の区別は，小幡[1988]：51-53頁参照。

❖14) 宇野[1977]の場合，一般的価値形態では「拡大されたる価値形態は顚倒されて，同時に多少変化して」（38頁）いるといったように，「顚倒」という表現は残っていたが，その後宇野の流れを汲む論者にあってはこの表現とその内容の払拭が追究されていく。例えば日高[1983]：23頁では，明確に「顚倒の論理」が否定されている。伊藤[1989]：32, 33頁は，一般的価値形態の段階では特定商品が一般的等価物の地位を独占するとは言えないものの，使用価値を相互に比較検討するうちにそれは固着化し，貨幣形態を成立させるとしている。拡大された価値形態として，前節の「間接交換を求める形態」を展開した小幡[1988]も，一般的価値形態についてはこれらと同様のスタンスをとっている。

❖15) 既に山口[1985]：27頁には，一般的等価物の素材の特定が理論的に不可能だという言及がある。しかし今問われているのは，一般的等価形態の担い手ではなく，その地位自体の成立の可否である。岡部[1996]：240-246頁，泉[2009a]：67-69頁，小幡[2009]：40頁など参照。

❖16) 拡大された価値形態から一般的価値形態への移行を，交換過程論を媒介になしとげるという方法は，向坂・宇野編[1958]：194, 195頁の鈴木鴻一郎の発言に既に提起されていた。また，久留間[1957]では，『資本論』の「困難は，貨幣が商品だということを理解することにあるのではなく，如何にして wie，何故に warum，何によって wodurch 商品が貨幣であるかを理解するこ

とにある」（Marx[1962]：S. 107）という箇所を取り上げ，「価値形態論では貨幣の「如何にして」が論じられ，物神性論ではその「何故」が論じられるのに対して，交換過程論ではその「何によって」が論じられる」（久留間[1957]：40頁）とされている。これに対し，宇野の価値形態論の流れを汲む論者たちは，交換過程論を単なる歴史過程として理論体系から除外してきた。しかし現在の宇野価値形態論の研究状況は，本文で述べたような形で交換過程論の課題を再発掘すべき点にきている。

❖17) 例えば現在の日本銀行券は，日本銀行法第46条第2項により法貨規定を与えられるとともに，通貨の単位及び貨幣の発行等に関する法律第2条第1項と第3項によって，単位が「円」と定められている。

❖18) 更に言えば，法貨規定によって債務の決済能力を法的に担保するだけでは，交換手段として市場で全面化するには不十分である。そこでは例えば，納税手段としてそれを認めることで，国家等の政治主体が身をもってその流通にコミットすることが必要となる。Knapp[1924]：p. 95参照。

❖19) 国家等の非商品経済的主体が，価格の度量標準として，複数種の物品から構成される商品バスケットを指定する制度を，計表本位制 tabular standard system という。計表本位制については，宅和[1993]や西沢[1994]を参照。計表本位制やそれに類似した合成商品本位制は，19世紀にはバーミンガム学派によって，世紀転換期にはマーシャルによって（Marshall[1925]），20世紀にはケインズ，ハイエク等によって（Keynes[1930], Hayek[1943]），経済学の歴史上繰り返し構想されてきたが，一度も実現することはなかった。それは，本稿の考察を踏まえれば，商品セットによる価値の表現がなぜ商品経済的に求められ，それにどう応えればよいのかといった，価値形態論的な問いが十分に顧みられなかったからではないかと推察される。

❖20) 小幡[2013]：96-99頁では，貨幣価値の安定性の達成方法の違いが，金属貨幣と信用貨幣の違いを画すとされ，「10ポンドの茶，または20エレのリンネル，または1着の上衣等々という合成的な債務証書への展開が，信用貨幣の価値に安定性を与え，開放系の商品流通における通流を可能にする。個別の変動を全体の平均に置き換える一種の保険的効果がそれを支えるのである」と述べられている。しかしこの「保険的効果」は，ただ複数種の商品を組み合わせれば得られるというものではない。価値の安定した商品セットは誰がどのように構成するのかは，価値形態論の範囲を超えた課題である。

参考文献

• Hayek, F.[1943]"A Commodity Reserve Currency", *Economic Journal*, Vol. 53, No. 210/211.

• Ingham, G.[2004] *The Nature of Money*, Polity.

• Keynes, J. M.[1930]*A Treatise on Money*.（小泉・長澤訳『貨幣論』『ケインズ全集』第5, 6巻，1979, 80年）

• Knapp, G. F.[1924] *The State Theory of Money*, abridged edition, translated by H. M. Lucas and J. Bonar, Macmillan and Co., Ltd.

• Marshall, A.[1925]"Remedies for Fluctuations of General Prices", in *Memorials of Alfred Marshall*, London, Macmillan.

• Marx, K.[1961]*Zur Kritik der Politischen Öconomie*, in *Marx-Engels Werke*, Bd. 13, Dietz Verlag.

• Marx, K.[1962]*Das Kapital*, Buch I, in *Marx-Engels Werke*, Bd. 23, Dietz Verlag.

• Steuart, J.[1995]*An Inquiry into the Principles of Political Œconomy*, Book III, in *Collected Works of James Steuart*, Vol. II, Routledge/Thoemmes Press.

• Wray, L. R.[1990]*Money and Credit in Capitalist Economies*, Edward Elgar.

- 泉正樹[2004]「不換銀行券と計算貨幣」『社会科学論集』第113号。
- 泉正樹[2009a]「純粋資本主義論における一般的価値形態の成立——市場の成り立ちに関する一試論」『東北学院大学経済学論集』第171号。
- 泉正樹[2009b]「計算貨幣論におけるマルクスのステュアート評——価値概念の観念性について」『東北学院大学経済学論集』第172号。
- 泉正樹[2011, 12]「不換銀行券と商品価値の表現様式(1), (2)」『東北学院大学経済学論集』第176, 178号。
- 伊藤誠[1989]『資本主義経済の理論』岩波書店。
- 宇野弘蔵[1977]『経済原論』岩波書店，合本版。
- 宇野弘蔵[1962]『経済学方法論』東京大学出版会。
- 岡部洋實[1996]「貨幣「制度」生成の論理」河村哲二編『制度と組織の経済学』第9章，日本評論社。
- 小幡道昭[1988]『価値論の展開』東京大学出版会。
- 小幡道昭[2009]『経済原論』東京大学出版会。
- 小幡道昭[2013]『価値論批判』弘文堂。
- 久留間鮫造[1957]『価値形態論と交換過程論』岩波書店。

- 向坂逸郎・宇野弘蔵編[1958]『資本論研究』至誠堂。
- 宅和公志[1993]『貨幣と交換』日本評論社。
- 内藤敦史[2011]『内生的貨幣供給理論の再構築』日本経済評論社。
- 西沢保[1994]『異端のエコノミスト群像』岩波書店。
- 日高普[1983]『経済原論』有斐閣選書。
- 古谷豊[2003]「ジェイムズ・ステュアートの計算貨幣論」『東京大学経済学研究』第45号。
- 古谷豊[2004]「ジェイムズ・ステュアート貨幣論の構造」『社会科学論集』第112号。
- 山口重克[1985]『経済原論講義』東京大学出版会。
- 結城剛志[2013]「信用貨幣論と表券貨幣論に関する断章」『社会科学論集』第139号。
- 結城剛志[2016]「エンダービーの計算貨幣論に関する試論」『自由経済研究』第44号。

（受理日2017年3月18日　採択日2017年9月17日）

論文

世界金融反革命とアメリカ株価資本主義

涌井秀行 明治学院大学平和研究所

I

はじめに

　アメリカ国民は，2016年11月，ドナルド・トランプを次期大統領に選んだ。この選択は，アメリカン・ドリームというささやかな夢を打ち砕かれたラストベルト(さびついた工業地帯)の労働者達の託した「希望」だ。この希望は，俺たちの仕事を奪った「不法移民」への深い憎しみと背中合わせになっている。トランプの主張する「メキシコ国境の高い壁」はその憎しみを代弁している。

　同じことが欧州でも起きている。2016年6月23日の国民投票で，イギリス国民はEU離脱を選択した。様々な理由がある中で，移民問題は一つの焦点だろう。移民が，俺たち英国民の職・仕事を奪っている。EU離脱で，移民を排斥すべきだ。これが，EU離脱の選択を後押ししたのに違いない。欧州での極右政党の台頭も，そうした排外主義の表れだろう。日本では，移民問題もさることながら，非正規労働や過労死などの労働問題として，矛盾が噴出している。韓国でも若者の自殺が，深刻な社会問題になっていて，その根っこに若者の失業がある。その怒りが，財閥(チェボル)と朴槿恵に向けられ百万単位のローソク・デモとなって現れた。21世紀初頭の長期停滞という黒雲が世界を覆っている。

　第2次世界大戦後およそ半世紀続いた高成長は，20世紀末から停滞へと変わった。それとともに現れた冒頭の諸事象。これらはなぜ起きているのか。1950，60年代のアメリカの黄金期，西ドイツ「ラインの奇跡」，日本の「高度成長」，そして韓国の「漢江の奇跡」，さらに中国の経済成長。これと同調するかのように戦後，縮小していった格差は，1990年代以降再び拡大しはじめた。戦後の「奇跡」が終わり，人々は停滞のなか格差と貧困にもがいている。国際NGOのオックスファムは，「世界で最も富裕な8人が，最も貧困な36億人分と同じ資産を所有しているとの推計を発表した」[※1]。

　小稿では，世界を覆う黒雲が，世界経済の成長を演出してきたアメリカの経済の変容から湧き出ているのではないか。それが冒頭の諸事象を引き起こしたのではないか，と考えている。世界経済を支えてきたアメリカは，ソ連・冷戦体制が解体した今，これまでのように世界を支える必要はなくなった。今度は自分の番だ。「アメリカ・ファースト」とばかりに，である。具体的には1985年のプラザ合意以降だが，アメリカの苦し紛れの世界金融政策が，その後のアメリカ一国生残りの世界戦略として定着していった。それが，冒頭の諸事象となって現れているのだ。

　その生残り戦略が，これらだ。1995年の逆プラザとITニュー・エコノミー，2002年の住宅ブームを背景にしたサブプライム金融商品の世界販売・輸出。どちらもバブルとなって崩壊したわけだが，その過程で，世界が食い物にされ，アメリカ金融資本は肥太った。1997年のアジア通貨金融危機，2008年のリーマン・ショックが世界経済に及ぼした深刻な影響を思い浮かべればわかるだろう。世界金融反革命だ。この思いがけない世界金融政策は，アメリカ本国の経済構造も変容させていった。それは軍産複合体に象徴される「軍需」資本主義から「株価」資本主義への変容でもある。無論それは軍需の行き詰まりを，株価に象徴される金融で代位補塡しようというものである。それは，冷戦時代からポスト冷戦時代への変容とシンクロナイズしている。第2次世界大戦後，およそ半世紀続いた冷戦時代が特異な時代であって，ポスト冷戦時代こそ，むしろ資本主義の「通常の時代」なのだ，と見ることもできよう。「トランプ現象」に象徴されるような様々な事態は，異常ではなく，通常なのかもしれない。

II

特異な半世紀としてのポスト冷戦時代
——200年間の歴史の中で

1 戦後世界の成長と停滞

　図1は，1800年以降の主要国と世界の「1人あたりの

図1 | 特異な時代としての冷戦時代——主要国地域長期1人あたりGDP

1800年以降半世紀間の1人当たりGDPの伸び 単位：倍					
	欧州12国	米国	インドネシア	日本	全世界
1800〜1850	NA	1.4	NA	1.1	1.2
1850〜1900	1.8	2.2	1.6	1.7	1.7
1900〜1950	1.6	2.3	1.1	1.6	1.4
1950〜2000	4.1	3.0	4.0	10.7	2.9

注記：1) GK$(ゲアリー=ケイミス・ドル)とは，各年の各国通貨を購買力平価と物価変動率とを用いて，1990年の共通ドルに換算したものである。
2) 出所のデータを，筆者が摘記し加工した。以下断りなき場合には同様。
3) 図中の図1補図の欧州12ヵ国の1人当たりのGDPは日本と重なっている。
出所：Maddison Project Database, http://www.ggdc.net/maddison/maddison-project/home.htm (2017/05/05).

GDP」の推移を示した図である。図中の表を見ると明らかだ。1人当たりのGDPの伸びは19世紀の前半は1.2倍，後半は1.7倍，20世紀の前半は1.4倍だった。これに対して第2次世界大戦終了後の半世紀の伸びは2.9倍になっている。

それは図中に示した1950年から2000年までの1人当たりGDPの右肩上がりの急激な伸びを見ても明らかである。日本の10.7倍は例外としても，欧州12カ国ではそれまで100年間の2倍未満の伸びが，1950年以降は4.1倍に，同様にアメリカも3倍に伸びている。この指標からも，第2次世界大戦後の冷戦時代が特異な高度成長の時代だったことがわかる。だが2000年以降の伸びは，図1補図にみられるとおり停滞したままだ。これは2008年のリーマン・ショックによる落ち込みが大きかったことも影響しているが，いずれにしても世界は，今の時点でも停滞の時代を過ごしている。冷戦時代は特異な成長の時代だったのである。

特異な冷戦時代＝第2次世界大戦後の世界経済の成長について，別のデータだが財・サービスの生産指数[※2]で概括してみよう。1950年代の成長のスピードは，戦後復興期にもあたり好調である。数字を示せばアメリカは43％，（西）ドイツは85％の伸びを示している。その後10年ごとの財・サービスの成長は，1960年代7.2％，70年代3.5％，80年代2.2％で，90年代に入ると2％となって，徐々にそのスピードが鈍っていく。先ほど述べたように2000年代に入ると，リーマン・ショックを震源とする金融危機が世界を襲い，主要5ヵ国は0.4％のマイナス成長に陥った。2000年以降世界は停滞期に入った。では20世紀の後半，特異な成長の時代としての冷戦時代はどのようにして生まれたのか。どのような時代だったのであろうか。

第2次世界大戦は，筆舌に尽くしがたい惨禍を人類にもたらした。だが第1次世界大戦後，世界がふたたび再編植民地体制へと逆戻りしたのに対して，第2次大戦後の世界は，基本的に変化した。複数国にまたがるソ連を中心とした「社会主義」諸国・民族解放・民主勢力という三大勢力は，植民地体制への逆戻りを許さなかった。だが帝国主義列強の対立・戦争という矛盾の終わりは，新たな矛盾の始まりでもあった。資本主義対「社会主義」の体制間の対抗・対立という新たな矛盾が生まれたのであ

る。世界は冷戦構造という鋳型の中に流し込まれることになる。第2次世界大戦後の世界は，資本主義体制対「社会主義」体制という体制間の対立が世界の主要矛盾となり，かつての列強帝国主義国間の対抗と対立は調整可能な，また調整されなければならない矛盾となった。冷戦が終結した今からは考えにくいかも知れないが，資本主義体制の盟主アメリカは，ソ連「社会主義」体制が世界を支配するのではないか，という恐怖におびえ続けたのである。ソ連もまた同様の恐怖にさいなまれ続けたのである。

たしかにソ連・「社会主義」の脅威は，天が落ちるに等しい「杞憂」だったかもしれない。だが世界史の現実の中では，米ソは体制の存亡をかけて死闘を繰り広げたのである。ソ連の「社会主義」体制に取り込まれないためには，戦禍で疲弊した国・地域の経済の復興が喫緊の課題となった。アメリカは対ソ対抗のために各国・地域へ経済＝軍事援助を投下し，盟主としての使命を果たさなければならなかった。まず西側欧州，東アジアの要となる日本，さらに「社会主義」の浸透しやすい地域の経済的復興安定＝「社会主義」防遏のために，アメリカは，直接投資や軍事・経済援助（借款・贈与）を各国・地域に投下し続けた。陸続きの冷戦最前線の欧州地域にはNATO軍の展開と並行して，それらと密接不可分な関係にある電気・電子，航空・宇宙産業と金融・銀行資本が多国籍企業として展開していった。その母胎は，アメリカ本国のキー・インダストリーとなる軍需産業＝軍産複合体であった。東アジアの体制防遏の要衝・日本には最先端の重化学工業が移植された。むろん朝鮮半島やインドシナ半島，中東地域などの体制間矛盾のホットスポットにも軍事経済援助が注ぎ込まれ，軍も投入された。ドル・スペンディングである。これが戦後の特異な冷戦時代の高成長をつくりだしたのである。第2次世界大戦後の成長の生みの親・育ての親は，アメリカだった。かつての収奪・横奪の帝国主義は，戦後は「持ち出し」・援助の帝国主義国へと変わらざるを得なかった。それを実行する仕組みがIMF＝ドル体制である。

2｜資本主義体制構築・維持のための
　　ドル散布（援助と直接投資）
　　——軍事インフレ成長メカニズムとしての
　　「世界ケインズ政策」

IMF＝ドル体制は，国などの公的機関が保有するドルと金との交換を約束し，米国の不換通貨ドルを世界貨幣に擬制し，管理通貨制の弾力性と金本位制の安定性の両方の長所を具有する，仕組み的には最強の国際通貨制度である。この仕組みによって，米ドルは世界中どこでも通用する通貨となった。このドルを管理・運用する世界的な機構が国際通貨基金（IMF; International Monetary Fund）である。また同時にアメリカは，商品の自由貿易の仕組みとしてGATT（General Agreement on Tariffs and Trade; 関税と貿易に関する一般協定）締結を各国に促した。アメリカはこうした機構を経由して，あるいは直接に国家資本（軍事・経済援助—借款・贈与）を資本主義世界に投下した。「資本主義体制維持＝社会主義体制防遏」のための冷戦ドル・スペンディング＝ドル散布である。対ソ対抗の軍事インフレ蓄積＝成長メカニズムであり，萩原伸次郎氏の表現をかりればアメリカによる「世界ケインズ政策」と言ってもよいだろう。

ドルは体制間矛盾の要衝，東西冷戦の対決点へ投下された。体制擁護のための冷戦ドル・スペンディングは，1950年代では商品貿易黒字額の2.3倍の684億ドル，同じく60年代では1.8倍の735億ドルに達した。既存在来産業においても圧倒的な国際競争力を有していた黄金期のアメリカが，商品貿易で稼いだ黒字額のほぼ倍を援助していたのである。第2次世界大戦前，帝国主義諸国家の収奪対象とされていた旧植民地・途上諸国が，今度は援助対象となった。援助しなければ，「社会主義」体制の側に取り込まれる，資本主義体制が蚕食されるかもしれない，という不安にアメリカは取りつかれていたのである。アメリカはこうした軍事経済援助をしながら，同時に民間投資によって各国の資本不足を補い，需要供給を創出し疲弊した各経済を復興させていった。これが，第2次世界大戦後ほぼ半世紀にわたる特異な

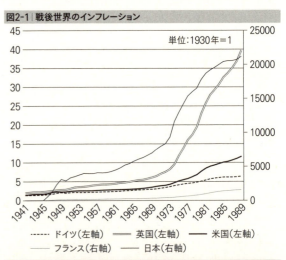

図2-1｜戦後世界のインフレーション

出所：1) International Monetary Fund, *World Economic Outlook Database*, April 2017. http://www.imf.org/external/pubs/ft/weo/2017/01/weodata/index.aspx
2) Angus Maddison, *Dynamic Forces in Capitalist Development; A Long-Run Comparative View*（New York, Oxford Unv. Press, 1991), pp.295-307.

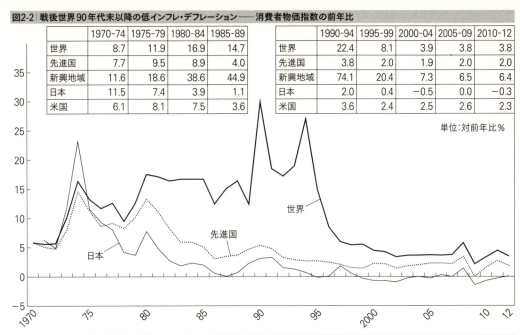

図2-2｜戦後世界90年代末以降の低インフレ・デフレーション──消費者物価指数の前年比

出所：内閣府『経済財政白書 平成25年度 年次経済財政報告』第1-2-22図を補正して転載 http://www5.cao.go.jp/j-j/wp/wp-je13/h05_hz010222.html

成長の時代としての冷戦時代を生み出したのである。

ドルはヨーロッパを中心に堆積していった。ユーロ・ダラーである。「国際兌換紙幣」ドルのインフレーションは必至である。アメリカは、数次わたってドル防衛政策を実施したが、それも功を奏することなく、1961年にはアメリカの金保有高は外国通貨当局や外国銀行・個人の保有するドル短期債権持高に追い越された。そして1967年には外国通貨当局の保有ドル短期債権がアメリカの金保有高を上回り、遂にアメリカは1971年8月15日に金・ドル交換停止を発表せざるを得なくなった。IMF＝ドル体制の機能不全が露呈した。

20世紀前半まで大恐慌の最高時でも2倍程度だったインフレーションは、戦後急伸していくことになる。とくに金・ドル交換停止以降図2-1にみられるとおり、世界はインフレーションの渦に巻き込まれていく。過剰ドル＝浮動貨幣資本という妖怪が世界を徘徊することになる。戦後冷戦時代を支えた「軍事インフレ成長」メカニズムは機能不全に陥り始めた。

1990年代末以降世界は、低インフレ・デフレの時代に突入することになる（図2-2）。これは、軍事インフレ成長メカニズムの機能不全の発症である。

3｜戦後アメリカ製造業衰退要因としての軍産複合体＝軍事産業

戦後アメリカの金ぴかの黄金時代を演出したのは軍需産業だった。この産業は、政府が軍事工場を建設・増設し、関連民間企業が受託して経営・運営するという方式（GOCO; Government-owned, Contractor-operated）で運営＝経営されていた。これは第2次大戦中に生み出されていた方式で、それが戦後の平時に復活され、さらに手厚い保護がかけられた。だが戦後の軍需産業は、かつてのような軍需産業ではなかった。例えばミサイル制御など、量子力学の応用・利用を必須とした産業で、研究・開発費ひとつをとっても一資本・個別企業が、そのコストを負担できるものではなかった。かかった研究・開発費用に製造経費と規定の利潤が上乗せされて、政府の購入価格が決定された。この「費用償還方式」によって、企業利潤は保証された。1963年時点で、国防総省・原子力委員会・航空宇宙局（DOD・AEC・NASA）の総資産は2123億ドル、そのうちの有形固定資産1637億ドルは、全米の民間固定資産総額1030億ドルの1.6倍❖3)に達していた。相手の戦力を上回るために、1％の性能を上げるためにコストはいくらかかってもいい。当然のことながらコスト競争は無視される。しかもこの産業は、核兵器と大陸間弾道ミサイルの存在が端的に示すように、生産力が一瞬にして破壊されてしまうことが現実となった今、戦争に向かって、あるいは戦争が開始されてから準備を整え産業を動員するという、これまでの悠長な方式はもはや通用しなくなった。この新鋭軍需産業は、平時には民需、戦時には軍需という「戦時動

員」方式が可能な産業ではなかった。第2次世界大戦までのように肥大化してはいたが，曲がりなりにも国民経済のなかで応答的な産業連関をもちうる産業ではなかった。

アイゼンハワーは1961年1月離任演説で，「軍産複合体」の肥大化がアメリカ経済ばかりか社会をも蝕むこと憂慮したが，その心配は現実となっていく。戦略核兵器を中核とする軍事支出，国防費はふくれあがった。1950年代の10年間で国防費は4119億ドルに達し，連邦支出に占める割合は59%，また60年代の10年間では1兆2984億ドル，割合は46%[4]に達した。アメリカ経済の1950，60年代の黄金期は，実はこうした国家財政丸抱えの軍産複合体＝軍需産業の繁栄のもとにあったのである。

こうした軍事関連の産業部門を担っていたのは，大独占・巨大企業であった。ボーイング，ロッキード，グラマンなどの航空機メーカー，GE，IBM，ウェスティングハウスなどの電機・電子産業，化学のデュポンなどの大独占企業であり，これらの企業は一般の耐久消費財生産もさることながら，軍需を経営の柱としていたのであった。こうしたプライム・コントラクターのもとにサブ・コントラクターの製造企業群や素材メーカーなど1万社を超える企業群が連なり，この新鋭軍需産業はキー・インダストリーとしてアメリカの黄金期を牽引したのである。アメリカ独占体・企業は，繊維・鉄鋼・自動車などの在来産業での「無益」な国内・国際競争をするよりも，利益が保証されたこの新鋭軍需産業に依存することになる。だが，この時，誰もこの産業の衰退に気づいてはいなかった。この産業，軍産複合体への政府支出はアメリカ財政を圧迫し続け，財政赤字の元凶となった。また，この産業への過度の依存は民需部門の軽視＝衰退をまねき，貿易赤字となってアメリカを苦しめることになった。「双子の赤字」である。1980年代半ば以降，衰退が顕在化してくると，アメリカも民需産業の再生に着手せざるを得なくなった。だが問題の解決は，アメリカ産業再生＝生産性向上＝輸出競争力強化という方向ではなく，為替・通商政策による，という道が選ばれた。

III
アメリカ民間産業「復活」のレシピと
金融・株式による株価資本主義への変容

1│アメリカ株価資本主義の第1幕

アメリカも民需産業の衰退を放置していたわけではな

かった。だがそのやり方が，結果的にアメリカ民需産業，とりわけ製造業の衰退＝ラストベルトを生み出してしまったのである。例えば1970年代末から80年代初頭にかけて，日米貿易最大の焦点となった小型自動車の輸入問題では，米ゼネラル・モーターズ(GM)は，対日競争力強化のために，「Xカー」や「Jカー」といったワールドカー構想の計画を華々しく打ち上げた。1985年には，GM社が日本車への対抗策として小型乗用車サターンを生産販売した。日本車に対する『巻き返し宣言』[5]ではあったが，結局失敗した。GMの幹部は「小型車は大型車を縮めればいいというものではない」と述懐したという。そうした中 Regaining the Productive Edge という副題のついた Made in America という本が，1989年4月に出版された。マサチューセッツ工科大学のチームによって執筆された本書は，1980年代後半のアメリカ民間在来産業復活のレシピではあった。だが，アメリカでは，読まれぬまま店ざらしにされた。前段で述べたように産業政策嫌いのアメリカは，結局為替操作にたよって，この民需産業復活＝貿易赤字解消に対処することになる。

アメリカの在来産業・製造業の「改革」は，製造過程とは別の過程で始まる。90年代以降，とくに半ば以降だが，IT革命の成果である情報ネットワーク化によって進められることになる。アメリカは，ファブレス，アウト・ソーシングなどと呼ばれる経営手法によって，直接的な生産過程＝工場の生産現場をもたないようにし，直接的な製造工程を隣国メキシコに移したのである。同時に間接的な事務，流通部門と製品開発部門での徹底した「情報ネットワーク化」をすすめた。1994年NAFA(北米自由貿易)の発効とWindows 95はそのメルクマールである。

と同時にアメリカは，正規労働者をパートタイマー化することは言うに及ばず，労務管理を請け負う企業に転籍して働く「リース社員」や企業にプロジェクトごとに雇用される「契約労働者：Independent Contractor」，あるいは人材派遣会社に所属する「人材派遣社員」で置き換えたのである。この「企業の再構築」(Re-engineering)によって，ホワイトカラー層を中心とした労働者の解雇や正規雇用者の非正規・契約労働者へ切り替えが強行された。雇用なき景気回復(Jobless Recovery)である。ニューヨーク・タイムズ紙は The Downsizing of America[6]という特集記事を連載した。これが1990年代には「生産性の上昇」をともなった景気拡大を引き起こしたのである。アメリカは1990年代半ば以降，産業をNAFTA化・中国委託化・情報ネットワーク化・派遣化し，経営体として

の生き残りを追求した。これがアジアではないアメリカの「奇跡」＝New Economy の中身である。New Economy は IT バブルとなってはじけたが，それはホワイトカラーの没落の始まりでもあった。ラストベルト(さびついた工業地帯)は，この時もう形成されはじめていたのである。

冷戦終結後，軍需産業も再編を余儀なくされる。軍事予算は 1990 年から 96 年にかけて 1 割以上が削減され，なかでも装備調達費は約 4 割も減少した。軍需産業は生き残りをかけてすさまじい M&A(企業吸収・合併)を繰り返した。軍需産業のコアとなるコンピュータ関連産業の就業者数を見ると，1990 年末 187 万人であった就業者は，2000 年以降急減し，2016 年末には 104 万人[7]にまで減少している。研究者の中には軍需企業に見切りをつけて，金融工学の知識を生かして証券会社の金融商品設計に転職したものも少なくなかった，という。かつてのアメリカの黄金期を支えた軍産複合体も，冷戦終結とともにリストラを余儀なくされたのである。

だがこの第 1 幕の舞台には陰の主役がいた。その人は，投資会社ゴールドマン・サックスの元会長ロバート・ルービンであった。この役者こそがアメリカの今日の株価資本主義「隆盛」の立役者だろう。ルービンは 1993 年クリントン政権の発足と同時にホワイトハウス入りし，新設の国家経済会議(NEC)委員長も兼任し，1995 年財務長官に就任した。ルービンは国際的な金融政策・ドル資金の運用によってアメリカ経済の立て直しを図ったのである。1995 年，主要各国よりも高い米金利を設定し，ドル安からドル高への転換を執拗にアナウンスした。アメリカは，1985 年のプラザ合意以来 10 年間継続した各国通貨高・米ドル安政策を転換した。アメリカは 1995 年 8 月 15 日，日独の利下げと米の利下げをセットとする金利差保持の金利協調と日米独 3 極の為替市場への協調介入(マルク円安・ドル高)を目指す「逆プラザ」に打ってでたのである。米金利高＝各国金利低での金利差益と自国通貨に為替両替した時の為替差益を，日独をはじめとする各国に「保証」して，アメリカへの資本還流を太くする政策を打ち出した。その日は，くしくも 50 年前の日本敗戦，24 年前の金・ドル交換停止，ニクソン・ショックの日でもあった。

1995 年を境にしてアメリカに流入した浮動遊休貨幣資本ドルは，国債や地方債，社債株式の購入に向かった。海外からの対米有価証券投資額は，ダウ・ジョーンズ平均株価と同じ波形を描いている[8]。各国通貨高を演出したプラザ合意から 10 年，世界からアメリカ国内へ，アメリカから新興市場へ，そして再びアメ

リカへという国際金融の大動脈＝大静脈が形成され，世界は遊休貨幣資本ドルの投機市場へと変身させられた。この資金の流れはアメリカの貿易額と資本投資額の乖離となって現れている。2007 年には海外の対米投資は貿易額の 900 倍，アメリカの海外投資は貿易額の 355 倍[9]だ。1985 年のプラザ合意で増加し始めた海外の対米投資(＝アメリカ対内投資)は，1995 年の逆プラザ以降急増していく。これと共にアメリカの対外投資も急増していったのである。

だがこうしたアメリカの政策転換の背景には，大恐慌以来と言われた金融危機から抜け出そうとする金融資本，銀行の計略があった。経済が 90 年代の冷戦不況に突入する中で，政策金利は 90 年の 8.1％から低下し 93 年には 3.02％まで下げた。その後金利は 5％台へ回復するものの「銀行ばなれ」が加速し，預金は MF(ミューチャル・ファンド)や HF(ヘッジファンド)などの金融商品へとシフトした。金融資本，銀行は収益の軸足を預貸金利から株式ファンド，投資信託へと移したのである。同時にこのシフトは，インターネット・ネットバブルとも連動していたのである。

世界のドルは，鹿が水を求めて鳴くようにアメリカに向かい，株式・債券市場に流れ込んだ。折からの Windows 95 で本格化した「インターネットブーム」にも火がつき，設備投資ブームに沸く IT 関連産業が上場するナスダックの株高を機関車にして，在来産業の株価(ニューヨーク証券取引所)も急騰した。ネットバブルである。しかし，2000 年 3 月 10 日のナスダック最高値を潮目に IT バブルは，はじけ飛んだ。

2│株価資本主義の山場としての第 2 幕
──不動産バブル崩壊から世界金融恐慌へ

ブッシュ大統領は，こうした事態を受け，景気刺激策を打ち出す必要に迫られた。ブッシュは持ち家の促進を掲げ，住宅減税や低所得者向けローンの優遇策[10]を打ち出した。2002 年初 5.98％であったフェデラル・ファンドレートは，数次にわたる引き下げのすえ，年末には 1.82％にまで低下した。住宅ローン金利は 30 年物固定で年 6％を切る歴史的低水準にまで下がり，2002 年 7，8 月頃には新築一戸建ての住宅販売戸数は過去最高を記録した。また，年率換算で 1600 万台ならば高水準とされる自動車販売台数も，販売促進のゼロ金利によって，同じ頃 1800 万台を超えた。

1990 年代半ばから，IT バブルによって世界から吸い寄せられていたあふれんばかりのドル資金は，アメリ

の超低金利政策によるカネ余りも加わり,「過剰流動性」状態になっていた。誰でも金が借りられるという社会状況が醸成され,サブプライム(低所得者),オルトA(給与明細や納税証明書などがない者)への貸し出しも行われた。「わが国の歴史上今ほど多くの国民がマイホームを持ったことがない」とブッシュに言わしめる程だったのである。だが大統領の肝いりで推進された「家をもつというアメリカン・ドリーム」は打ち砕かれていく。

その夢を実現させたサブプライム・ローンは,専門家に言わせれば「住宅価格の上昇を前提に,借り手の身の丈に合わない過剰な住宅ローンを組み,フイー〔手数料〕を徴収した上で,業務を完了してしまう略奪的貸付行為(Predatory Lending)」[11]だったのである。問題はこれにとどまらない。アメリカの投資銀行は,その債務=債権を証券化し,格付けし損害保険もかけた「金融商品」を組成し,それを世界中に売りさばいたのである。この金融商品は,1980年代末の金融革命によって生み出された体質と仕組みをもったこれまでのものとは違ったものだったのである。ここでは紙幅の関係もあるのでその代表的な金融商品を一つだけ取り上げよう。

通常の証券取引は原証券(primary securities)の売買であるが,アメリカでは1980年代半ば以降,規制緩和=金融自由化とコンピュータ利用による金融技術の発展で,次々と新金融商品が開発・商品化された。当初実物・実体を背景に組み立てられた証券が,実物・実体と切り離され無制限に膨れあがっていった。その典型的金融商品が,金融派生商品(デリバティブ)である。デリバティブ(derivatives)は原証券の売買にかかわる「契約」や「権利・義務」などを商品化した金融商品である。通常の金融取引と同時にこうした派生商品も,世界金融の流れに乗って世界を駆け巡った。世界とくにヨーロッパの金融機関に転売されたそれら金融商品の信用不安は,ヨーロッパの金融諸機関に深刻な打撃を与えていった。2006年半ば頃から住宅ローンの焦げ付きが,米国内に信用不安を醸成していた。2007年8月にはフランスの最大手銀行BMPパリバが経営危機に陥り,9月にはイギリスの中堅銀行ノーザン・ロックが取り付け騒ぎを起こし,中央銀行の緊急融資が行われた。その後もスイスUBS,英ロイヤル・バンク・オブ・スコットランド(RBS)やドイツ銀行など,各国の大手金融機関の危機が続いた。そしてついに2008年9月アメリカ本国の証券会社リーマン・ブラザースは破綻した。これが,世界金融恐慌を引き起こし,今日でも長期停滞を抜き差しならないものとしている。だが売り抜けたアメリカの金融投資会社は莫大な利益を得た。アメリカの金融による世界収奪,世界金融反革命である。

ITバブルと不動産バブルという二つのバブルを通じて,アメリカ資本主義は,デトロイトからウォール街へ軸足を移した。軍需主軸の製造業の衰退を詐欺瞞着の金融で補塡し,アメリカ経済を維持しようとしているのである。この事態をとりあえず株価資本主義とでも呼ぼう。このことは,図3の産業別GDP推移でも,はっきりと確認できる。1950年42%と基軸産業の地位にあった製造業は次第にその割合を減らしていき,1990年30.2%,2000年25.4%,そして2015年には20.9%にまで落ち込んだ。金融・保険・不動産は,この間その割合を増やしていき,2015年には製造業とほぼ同じ20.1%を占め,拮抗するようになった。

しかし実態をみればアメリカ企業は,さらに金融化している。アメリカを代表する優良企業GEは,この分類では製造業に入っている。しかしその実態は製造業なのか金融業なのかわからないほど金融企業化している。またエネルギー関連のエンロンは,不良金融債権資産を発生させ倒産したが,分類では原油・ガス鉱業に入っている。その他旧ロックフェラー系エ

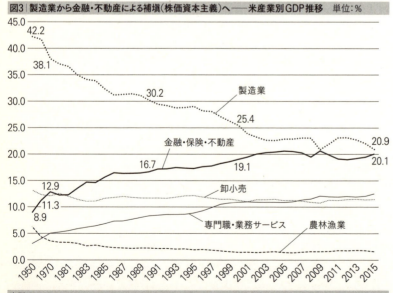

図3 製造業から金融・不動産による補塡(株価資本主義)へ——米産業別GDP推移 単位:%

出所:U.S. Departmente of Commerce, Bureau of Commerce, GDP-by-Industry Data, https://www.bea.gov/industry/gdpbyind_data.htm(2017/05/10).

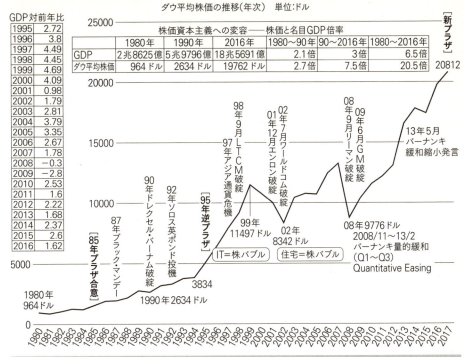

図4 | 株バブル，ダウ平均株価の推移

出所：1) Dow Jones Industrial Average http://ecodb.net/stock/dow.html
2) World Economic Outlook Database http://www.imf.org/external/pubs/ft/weo/2017/01/weodata/index.aspx

ネルギー関連大手企業も金融会社とほとんど見分けがつかなくなっている。「製造の喜び」を忘れたアメリカの姿がくっきりと浮かび上がってくる。これはアメリカ経済が，製造業ではなく，金融・不動産・保険に軸足を移した経済構造になっており，しかもその経済＝企業評価が株価によっていることを意味している。自社株買い，ストックオプションはその手段となっている。

それは別の簡単な指標からもわかる。1990年から2016年の17年間で，アメリカの名目GDPは3.1倍になったが，ニューヨーク・ダウ平均株価は7.2倍となっている。1980年から2016年の36年間では，GDPが7.2倍になったのに対し，株価は20.5倍[※12]に達している。

アメリカの株価資本主義への変容の様子をとらえたのが図4である。1990年まで2000ドル台のボックス圏にあった株価は徐々に上昇しはじめ，1995年のルービン・逆プラザ以降，急伸し始めた。すでに述べたが，これとIT革命が共鳴して1990年代半ば以降の株高が生み出された。だが1999年をピーク（1万1497ドル）に下落に転じた株価は，2001年ITバブル崩壊と共にはじけ飛んだ。この年はGDP成長率も対前年比0.98％と停滞する。先ほど述べたがアメリカ・ブッシュ政権は，ここからの脱出のために住宅バブルを作り出し，景気回復を目論んだのである。その結果，株価は2002年を谷に再び上昇に転じたが，2008年のリーマン・ショックを引き金とした世界金融危機で再び急落し，2008年9776ドルにまで落ち込んだ。アメリカのGDPの対前年伸び率も，2009年－0.3％，2010年－2.8％と2年連続マイナスを記録した。国内のみならず，このリーマン・ショックが世界経済に及ぼした影響は計り知れない。

こうした事態にアメリカは2008年末以降3次にわたる量的緩和（表1）を実施した。金利操作では追い付かず，連邦準備制度理事会は，アメリカ国債やMBS（Mortgage Back Security；住宅ローン担保債権）を買い上げ，ドルを市場に

表1 | 米国FRBによる量的金融緩和の実施及び縮小の状況

	第1段：QE1	第2段：QE2	第3段：QE3	緩和減速1段	緩和減速2段	緩和減速3段
	2008年11月～2010年6月	2010年11月～2011年6月	2012年9月～2013年12月	2014年1月	2014年2月～3月	2014年4月
米国債	3000億	6000億	5400億	400億/月	350億/月	300億/月
MBS	1兆2500億		6400億	350億/月	300億/月	250億/月
その他	1750億					
合計	1兆7250億	6000億	1兆1800億	750億/月	650億/月	550億/月

出所：経済産業省『通商白書2014年（HTML版）』
http://www.meti.go.jp/report/tsuhaku2014/2014honbun/i1120000.html（2017/05/27）．
注記：出所の原資料を改変した部分がある。

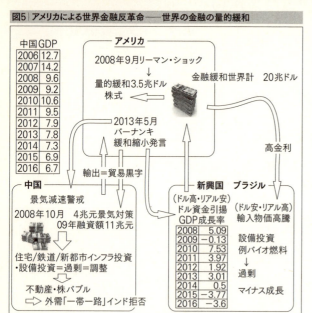

図5 アメリカによる世界金融反革命――世界の金融の量的緩和

供給したのである。こうした量的緩和によって、株価は再び上昇に転じ始めた。行き場を失った浮動貨幣資本ドルが、再び株式市場へ流れ込んだのである。21世紀初頭の世界的長期停滞の中でも株価は上昇し続けている。アメリカは株価の維持と上昇に全神経を集中している。アメリカ資本主義の株価資本主義への変容、即ち軍産複合体をコアにした経済構造の衰微・出血を金融・株価で止血しようとしているのである。同時にアメリカは、量的緩和によってあふれ出た投資・投機資金米ドルを、ブラジルなどをはじめとする世界に、とくに中南米諸国の高金利を目当てにして投資した。その様子を図5に示した。

例えばブラジルに流入した大量のドル資金は、債券・株式等の証券投資や直接投資に向かった。証券投資ではハイイールド債などという高利回りのジャンク債も含まれていた。直接（設備）投資では、自然エネルギーへの関心の高まりから、バイオ燃料の需要が高まるという「世論」を背景に、サトウキビからエタノールを抽出する工場の設備投資なども含まれていた。たしかに株式は2008年の急落のあと翌年には8割も上昇しV字回復を果たした。

だが2013年5月、FRBバーナンキ議長の緩和縮小発言を受けて、ブラジルから資金逃避が始まった。2011年1ドル1.7レアルの水準にあった為替相場は2014年には2.4ドルのレアル安になった。これを反映して2013年3.01％であったブラジルのGDPは2014年には対前年比0.5％、2015年にはマイナス3.77％へと急

落した。2008年のリーマン・ショック後の景気後退は、世界の経済成長を引っ張っていた中国にも対応を迫った。ショックの翌月10月中国政府は4兆元の景気対策を打ち出し、翌年の融資総額は11兆元に上った。中国は過剰問題と融資額の対応にその後追われることになる。こうしてアメリカ発の金融危機は、全世界を巻き込んでいる。アメリカの株価資本主義への変容の副作用である。世界中から資金・資本＝基軸通貨ドルをアメリカに引き寄せ、それを世界で運用＝再投資した。金融によるアメリカ経済の「復活」の副作用である。ポスト冷戦時代に戦場から市場に変わったアジア、そして市場経済に加わった旧ソ連・東欧、アメリカの中庭・中南米の新興市場（エマージング・マーケット）にグローバル・スタンダード、すなわちアメリカン・スタンダードを強制し、キャッチコピー「グローバリゼーションに乗り遅れるな」で利益を稼ぎ出そうと目論んだのである。

それは1997年アジア通貨・金融危機、2001年のITバブル崩壊、2008年のリーマン・ショックで、世界は金融収奪の痛い目をみた。ではこうしたアメリカ資本主義の株価資本主義への変容は、なぜ起きたのだろうか。

Ⅳ
まとめ
―― 特異な半世紀としての冷戦時代とその帰結としてのアメリカ株価資本主義

元米財務長官のサマーズが、世界は「長期停滞に陥っている」という暗い診断を最初に提示したのは、2013年11月の国際通貨基金（IMF）の会合だった。たしかに低成長・低インフレ・低金利が、それを裏付けているようだ。先進国の基準利子率であるアメリカの長期国債、イギリス永久国債、日本の10年物国債の金利の推移をみると、80年代半ば頃までは高水準にあった。1974年に日本が11.7％、イギリスも14.2％のピークをつけ、アメリカも1981年に13.9％をつけた。だがその後は、いずれも低下傾向をたどっている。この利子率の低落の先駆けとなったのは日本で、10年国債の利回りは1997年に2.0％を下回った。さらに2000年代とくに2008年のリーマン・ショック後は、アメリカ、イギリス、ドイツなどの先進国も、10年国債がそろって2％を下回る低金利時代にはいった。その様子は、図2-2の消費者物価の前年比伸びの低さに示されている。先進諸国は1990年代に入るとデフレーション状態に陥ったので

ある。では世界は，このような事態に，なぜ陥ったのであろうか。

　アメリカは世界資本主義の盟主を自認し，資本主義体制擁護のために惜しみなくドルを散布し続けた。IMF＝ドル体制の機能をフル稼働させて，資本主義世界の成長を手助けした。敗戦国（西）ドイツのラインの奇跡，日本の高度成長を実現させ，そして東アジアNICsを生み出し，さらに中国を「世界の工場」にまでした。そして商品を買ってくれた。輸入してくれたのである。だがそれはアメリカの貿易赤字を生み出し，国内の製造業，特に民需生産の衰退を招いた。なぜそうなったのか。

　そこには素材革命やマイクロ・エレクトロニクス技術の利用や応用による製造業の革命があった。アメリカはそうした革新的技術を民需生産に活かせなかった。アメリカ企業は軍産複合体という軍需産業にのめり込み，民需産業を見殺しにしたのである。企業としての生き残るために直接的生産過程を海外にシフトし，間接部門のリストラを推進した。その結果，アメリカは民需生産における国際競争力を喪失し，それらを輸入に頼らざるを得なくなった。その結果，膨大な貿易赤字を抱え込んだのである。アメリカはこれを回避するために，金融商品を組成して輸出して，国際収支のバランスを取ろうとしたのである。1995年の逆プラザ以降，アメリカを心臓とした基軸通貨ドルの動脈と静脈をつくり，国際収支のバランスを取りながら，金融によるアメリカ経済の蘇生を図ったのである。たしかに「ニュー・エコノミー」か，と思われるような好景気も生まれた。住宅，誰もがマイホームを持てるかのような好循環も一時は生まれた。株価も上昇していった。だがそれはバブルだったのである。GDPギャップを指摘したサマーズは，もし住宅バブルがなければアメリカのこの時の成長はなかった[13]，と指摘している。もうアメリカは，世界の過剰生産のショックアブソーバーの役割を果たせなくなっている。もう果たさない。これがトランプ大統領の決意「アメリカ・ファースト」である。

　90年代に入ると世界は需要不足＝過剰生産状態に陥った。それは，世界のエンドユーザーとしてのアメリカが，冷戦時代の終わりとともに，その役割を放棄したことを意味する。冷戦時代に対ソ・「社会主義」体制に対抗するための，資本主義世界の復興・成長の牽引車の役目を冷戦が終わった今，アメリカが果たす必要はない。冷戦時代は，成長の半世紀という特別な時代だったのであり，ポスト冷戦時代は，冷戦時ではない平時の世紀末長期停滞の時代となった。行き場を失った浮動遊休貨幣資本＝過剰ドルは，結局株式市場に行き場を求めている。これが実体経済とはかけ離れた株価を演出している。

注

[1]　BBC NEWS JAPAN 2017年1月16日 http://www.bbc.com/japanese/38633737（2017/05/05）.

[2]　OECD. Stat Extracts http://stats.oecd.org/Index.aspx?DataSetCode=MEI_REAL（2017/05/08）.

[3]　このパラグラフのデータは，南克巳「アメリカ資本主義の歴史的段階」（『土地制度史学』第47号，10頁）から算出。

[4]　『1996年 米国経済白書』（毎日新聞社，週刊エコノミスト臨時増刊，1996年4月22日号）274頁の表から算出。

[5]　「朝日新聞」1985年01月10日。

[6]　N. R. KLEINFIELD, March 4 1996, THE DOWNSIZING OF AMERICA: In the Workplace Musical chairs; The Company as Family, No More. *The New York Times*, http://www.nytimes.com/1996/03/04/us/downsizing-america-workplace-musical-chairs-company-family-no-more.html（2017/05/07）.

[7]　Bureau of Economic Analysys, U. S. Department of Commerce, Employment, Hours, and Earnings（CES）, https://www.bls.gov/webapps/legacy/cesbtab1.htm（2017/05/11）.

[8]　涌井秀行『東アジア経済論』（大月書店，2005年）320-321頁，5-11図を参照されたい。

[9]　Bureau of Economic Analysis Table 1, U. S. International Transactions, http://www.bea.gov/iTable/iTable.cfm? ReqID=6&step=1（2017/06/10）.

[10]　The White House, June 17, 2002, President Calls for Expanding Opportunities to Home Ownership, https://georgewbush-whitehouse.archives.gov/news/releases/2002/06/20020617-2.html（2017/10/01）.

[11]　篠原二三夫「米国住宅ローン市場の現状と課題，持ち家政策と住宅金融：住宅価値の評価と活用を考える」（『ニッセイ基礎研所報』Vol. 53，Spring 2009），69頁。

[12]　株価は，Dow Jones Industrial Average, http://ecodb.net/stock/dow.html（2017/05/10）.名目GDPの数値は，IMFによるSNA（国民経済計算マニュアル）に基づいたデータで，2017年4月時点の推計，http://ecodb.net/country/US/imf_gdp.html（2017/05/10）.

[13]　「サマーズの長期停滞論——世界的な貯蓄と投資の不均衡とその影響」，「みずほリサーチ September2014（電子版）」https://www.mizuho-ri.co.jp/publication/research/pdf/research/r140901us.pdf

（受理日 2017年6月17日　採択日 2017年9月17日）

書評

国境を越える市民社会　地域に根ざす市民社会
——現代政治経済学論集

八木紀一郎　著［桜井書店，2017年］

宇仁宏幸 ｜京都大学

1　本書の特徴と概要

　本書は，著者が，1990年代半ば以降に，現代的な諸問題に関わって執筆・公表した諸論考を，一般読者向けに編んだものである。純理論的な論文の収録は避けられているが，「進化的な政治経済学」という著者の理論的立場を，現実の素材と結びつけて展開している点が本書の強みである。本書の主なねらいは，書名にも示唆されているように，社会科学としての「市民社会論を進化的な公共ガバナンス論として現代化」（5頁）し，それに基づいて，現代のグローバル市民社会と地域市民社会を分析することにあると評者は考える。

　第1〜4章は，「私なりの市民社会論の立場からする世界認識と理論的な基礎にかかわる総論」（4頁）と位置づけられている。第1章で，著者は，「市場のかたちをとって拡がる経済活動を〈市民社会〉と呼ぶことは，それ自体，そこに秩序づけ，あるいは統御（ガバナンス）の作用を想定することである」（30頁）と述べる。さらに，「マルクスの場合には，「市民社会」は「権力の体系」であると同時に，「階級闘争」の場であり，経済活動とともに容易に国境を超えるものである」（32頁）と述べて，マルクスの市民社会とは，グローバル市民社会であることを明示する。第3章では，ゲーム理論と進化経済学の成果と，マルクスの分業論，階級論とを結びつける形で，市民社会論の進化的なガバナンス論としての現代化が試みられている。それは次のような推論によって行われている。「もし予想される協調の利益が，認識視野の長期化や分業＝協業関係の出現によって上昇するか，制裁の恐れや良心のとがめなどによって非協調の誘因が低下するならば，社会的ジレンマ状況は緩和されて協調ゲームの状況へと転化する」（81頁）。つまり，分業の進展によって，当事者はそれを継続する必然性に縛られるようになり，そのことが「一般的な社会的協調の包括的な承認」を意味するのである。また，著者によれば，雇用契約は，「マクロ的に相互関連しあった2つの類型的な利害集団（階級）の利害関係」（84頁）という背後の社会的関係を，多かれ少なかれ表現している。

したがって，階級の形成も，当事者の社会的視野の拡大を通じて，社会的ジレンマ状況を協調ゲームの状況へと転化させる要因になりうる。さらに，このような状況の転化は，主体の側においては，認知的構造の社会化を意味する。伝統的なマルクス解釈においては，分業の進展は，資本家の支配に対する労働者の従属が深まるプロセスとして理解されることが多かった。また階級の形成については，階級間の非和解的対立が激化するプロセスとして理解されることが多かった。著者は，進化ゲーム論の成果を活用して，このような技術決定論的な単線的理解から抜け出している。そして，第4章では，「ガバナンスの場としての市民社会」を説明する図式として，O・E・ウィリアムソンの「制度的環境—ガバナンス—個人という3層図式」（O・E・ウィリアムソン著，石田光男ほか訳『ガバナンスの機構』ミネルヴァ書房，2007年，269頁）が提示される。この複線的かつ循環的図式は，やや抽象的なものであるが，より実践的にガバナンスを説明するものとして，著者は，グローバル・ガバナンス国際委員会のガバナンス定義を引用して，その重要性として，「個人や私と，機関と公とが，対立面だけから捉えられているのではなく，共通の課題に向けて調整や協力をおこなう役割においても捉えられている」点を挙げる（97頁）。そして，このような「〈ガバナンス〉の概念が含意するこのような多元的な社会過程」を，著者は，マルクスが表明しているような伝統にしたがって〈市民社会〉と呼ぶ。

　続く第5章と第6章は，移行経済に関わる諸問題の分析である。ソ連崩壊を適応的効率性の欠如によって説明するD・C・ノースを批判し，A・O・ハーシュマンのボイスとエクジットという「本来は代替的な2つの行動様式が相互に強めあった」ことにより，著者はソ連崩壊を説明する（147頁）。そして「エクジットとボイスの相互作用とは，経済と政治の相互作用にほかならない」と捉える（150頁）。第7〜9章では，労働移動に関して，EUとNAFTAの比較分析が行われている。NAFTAは，貿易および投資にかかわる自由協定であって，労働移動の自由化は対象外となっている。他方，EUが目指す

のは，ヒト，モノ，サービス，資本の4つの自由移動がおこなわれる単一市場である。しかし，労働移動の現実は，制度設計とは逆になっており，合法・未登録合わせて1900万人近くがメキシコから米国へ移動しているが，EU各国に占めるEU内他国民の比率は3％程度にすぎない。第10章と第11章では，結束政策と呼ばれるEUの地域政策，つまり豊かな国から貧しい国・地域への再分配政策が，批判的に検討されている。日本の地域政策の主軸である地方交付税は日本のGNIの3.3％であるが，EUの「結束政策予算」はEU加盟国GDP総額の約0.4％にすぎない。したがって，現状では，国民の安全と生活に責任をもつのは主に各加盟国であり，EUではないと著者は評価する。

第12章と第13章では，著者の勤務校が立地している大阪府北河内地域における地域リーダーの意識と行動と，東日本大震災後の被災者と非被災者の意識と行動とを分析し，生活の安全・存続を保証するための公共的（集団的）ガバナンスの形態を検討している。そして，「地域のコミュニティの再建とその自主的な決定を支持するかたちでなされなければならない」(290頁)など，いくつかのガイドを示している。さらに，経済学者についても，「市場の経済学」にとどまることなく，「再生産の経済学」さらに「生活安全の経済学」にまで視野を広げるべきであると，著者は説いている。最後の第14章では，新興経済大国が台頭する世界が直面する資源・環境制約の問題と，人口減少が進む日本が直面する私有・公有資産や自然資源の維持の問題が採り上げられている。これらの問題を解決するために，諸個人がニーズを転換する必要性とともに，その新しいニーズに対応するように，企業や諸機関の活動を転換する必要性を著者は強調している。

2　進化的なガバナンス論に関するコメント

本書では，ゲーム理論，進化経済学，新制度学派などの成果を利用して，市民社会論を，進化的なガバナンス論へ現代化する試みが行われている。この試みは，本書の独自性であり，理論的貢献である。しかしながら，以下に示すように概念化が不十分な点がある。ウィリアムソンの「制度的環境—ガバナンス—個人という3層図式」を，改変することなく著者は使用しているが，「ガバナンス」が意味するものが，ウィリアムソンと著者とでは，大きく異なると思われる。ウィリアムソンの「ガバナンス」の中心的内容は，マーケット（その基本的メカニ

ズムは価格と供給量・需要量の相互作用）とヒエラルキー（ピラミッド型組織のなかでの上からの指揮命令）という二つの代替的なガバナンス構造である。そして，「諸ガバナンス構造は，コストと能力の点で異なっている。その結果，主として取引コストの節約という点で，異なる結果が生じる」(ウィリアムソン，前掲訳書，12頁，訳文は改変)と述べているように，ウィリアムソンの主な目的は，取引コストの大小を主な判定基準として，代替的ガバナンス構造を静学的に比較分析することである。また，3層間の因果連関について，ウィリアムソンは「私が提案してきた経済組織への主要な接近法は，図の実線の因果関係に依拠し，点線の影響関係はその洗練のために使われる」と述べている(同上書，271頁)。つまり，ウィリアムソンは，制度的環境と個人の選好を，主として与件として扱っている。「市場の経済学」，「再生産の経済学」，「生活安全の経済学」という分類によると，ウィリアムソンの理論は明らかに「市場の経済学」に属する。他方，著者が目指す経済学は「市場の経済学」にとどまるものではないだろう。また，3層図式の「ガバナンス」の内容として著者が想定するものは，マーケットやヒエラルキーにとどまるものではないだろう。「個人と機関，私と公が共通の問題に取り組む多くの方法の集まりであり，また相反する，あるいは多様な利害関係の調整をしたり，協力的な行動をとる，継続的なプロセス」というグローバル・ガバナンス国際委員会のガバナンス定義にも，著者は依拠している。評者には，このガバナンス定義は，マーケットでもなくヒエラルキーでもないプロセスに重点を置いているようにみえる。しかし，残念ながら，マーケットでもなくヒエラルキーでもないガバナンス・プロセスの諸形態や諸メカニズムについて，著者は十分な概念化を行っていない（このことが，3で述べるグローバル市民社会の分析におけるいくつかの難点をもたらしていると考えられる）。たとえば，著者は，この3層図式は「社会経済体制の進化を論じる場合にも有効である」と述べているが，図の中の点線の矢印で書かれているフィードバックを重視した次のような簡単な説明があるだけである。「「ガバナンス状態」の評価に基づく「戦略的フィードバック」については，意図的な変更行動もありうるだろう。たとえば，経済的ガバナンスの評価において，市場的価値だけでなく，福祉指標や環境指標も加えた「社会的価値」を用いれば，企業や個人の行動も変化し，また制度変更の方向も異なってくる。あるいは，平等や民主的決定を重視する立場からは，それらの基準をガバナンスの制度構造のなかに

導入すべきだという議論が出てくるであろう」(96頁)。このような評価基準の「意図的な変更行動」や，制度構造への導入を主張する「議論」は，明らかに，マーケットでもなくヒエラルキーでもないプロセスである。このようなプロセスの諸形態について，もっと明確に概念化すべきであろう。

この点に関して，評者は，旧制度学派のJ・R・コモンズの取引概念が役立つと考えている。コモンズの取引概念は，マーケットにおける売買交渉取引(bargaining transaction)と，ヒエラルキーにおける管理取引(managerial transaction)に加えて，割当取引(rationing transaction)の3種からなる。割当取引は直感的に理解しにくい概念であるが，割当(rationing)とは，主に，課税，補助金，社会保障制度を通じた所得の再分配を意味すること，また取引(transaction)は，人々の間の行為(trans-action)をも意味することを考慮すれば，幾分かは理解しやすくなると思われる。コモンズは割当のプロセスを，「助け合い(log-rolling)」，独裁(dictatorship)，協同(coöperation)，団体交渉(collective bargaining)，司法判断(judicial decision)という5つの異なる形態に区分している(Commons, *Institutional Economics*, New York, Macmillan, 1934, p. 753)。「これらすべてに共通する経済的原理とは，従属的関係者たちの間で，富の生産と享受に関する負担と利益を分け合うことについての，彼らの間の取引を管理するためのルールを策定することである」(p. 754)が，「この5つは，協調行動によってルールを作成する方法が異なっている」(p. 760)。また，「この協調行動とは，コンサーンの割当取引のコントロールを目的とするものである」とコモンズは述べ，「それに政治という一般的名称を与える」。それゆえ「割当取引は，割当を強制するのに必要な大きさの協調行動を引き出すべく，正当化を必要とする」(p. 762)と，コモンズは述べている。また，歴史的に見れば，助け合いと独裁は，昔から存在する両極端の形態であり，それぞれ固有の難点がある。両者の中間にあるような協調行動のプロセスである協同と団体交渉は，協同組合や労働組合の発展により，試行されるようになった。協同と団体交渉にも別の難点があり，司法判断は，それを補足する役割を果たしている。

3　グローバル市民社会の分析に関するコメント

本書では，WTOなど国際機関によるガバナンス，移行国に対する外部からのガバナンス，NAFTAによる労働移動の非制度化，EUによる労働移動の自由の制度化，EUの地域政策など，グローバル・ガバナンスの具体的事例が分析されている。この分析には多くの新たな事実の発見が含まれているとはいえ，進化的なガバナンス論と，具体例の実証的分析との結びつきが，あまり読み取れないのが残念である。

たとえば，第3章で説明されている囚人のジレンマをもたらすような戦略選択肢とその利得構造が，現代資本主義の現実に即して，明示的に説明されていない。つまりグローバリゼーションのゲーム論的構造がどのようになっているのかが不明である。自由貿易主義と保護貿易主義，通貨統合への参加と不参加，労働市場統合を伴う経済統合と労働市場統合を伴わない経済統合，財政統合を伴う通貨統合と財政統合を伴わない通貨統合，これらの戦略ペアはそれぞれ，囚人のジレンマ状況を作り出すと考えられる。また，その利得の大きさは，制度的環境やマクロ経済的状況によっても規定されているし，諸個人の認知的構造によっても規定されている。さらに上記のような様々な割当取引の形態によっても異なるだろう。このような囚人のジレンマをもたらすような戦略選択肢とその利得構造に関して，事実を踏まえて説明してほしかった。

個人―ガバナンス―制度的環境という3層図式の応用という観点から，グローバル・ガバナンスに関する分析をみれば，制度的環境の分析と，「ガバナンス」の分析とが，明確に切り分けられていないと思われる。コンディショナリイなどを通じた移行国に対する外部からのガバナンス，NAFTAによる労働移動の非制度化，EUによる労働移動の自由の制度化，EUの地域政策などがもつ様々な問題点が分析されているが，制度そのものの問題点なのか，「ガバナンス」の問題点なのかが，評者には判別できなかった。個人と制度の間にある「ガバナンス」を，明確に概念化すれば，切り分けられると思われる。

また，制度の変化や「ガバナンス」の変化によって，個人の認知的構造が変化し，個人の選択や行動が変化すると著者は述べているが，この点に関する具体的分析がほとんどない。通貨統合以降の南欧諸国での生産性上昇を上回る賃金上昇は，賃金の国際比較が容易になったことや，賃金の平等化要求の高まりといった，労働者の認知的構造の変化と明らかに関係していると思われる。

書評

新自由主義と金融覇権──現代アメリカ経済政策史

萩原伸次郎 著［大月書店，2016年］

松橋 透 ｜ 中央大学

新自由主義的経済政策とは，小さな政府の下で規制緩和を推進し市場メカニズムの作用度を極力高めることをめざす経済政策である。また金融覇権とは，「金融を基軸に世界経済を支配する体制」という意味で用いられている。本書はこの「アメリカにおける金融覇権の生成・確立・危機を基軸に，ニクソン政権以降の経済政策を論じ」，「こうした視角からアメリカ経済を基軸とする世界経済の展開」を考察した著作である。

I 本書の概要

本書は序章と終章を含めて16の章から成り，4部構成となっている。以下序章と各部の概要を紹介する。

序章で著者は，新自由主義的経済政策の歴史的源流はニクソン政権による金ドル交換停止，変動相場制への移行，国際資本取引の規制解除にあるとする。これを機に「規制された資本主義」から「ネオリベラル資本主義」への移行，著者の言葉では「ケインズ連合」（米巨大企業と巨大労働組合の協調）時代から「新自由主義的金融覇権」時代への移行準備が整ったという。

この変化をもたらした要因は，国際貿易の主体が世界市場志向・資本集約型産業企業からユーロダラー市場にグローバルに支店を張りめぐらす多国籍銀行と多国籍企業に変化していたことにある。こうした状況変化の下で，60年代後半にジョンソン政権がとった直接投資抑制政策は多国籍企業の利害と激しく対立した。そこでこの海外投資規制を取り除くという多国籍企業の利益に沿った政策立案を約束したニクソンが大統領選に勝利し，その公約を果たした。すなわちニクソン政権の誕生は「ケインズ的自由貿易体制の維持を試みるグループ」（組織労働者の利益を擁護するAFL–CIO等）に対する「金融覇権を志向するグループ」（ユーロダラー市場を軸に莫大な利益を上げてきた米多国籍銀行と多国籍企業）の勝利であった。換言すれば，ユーロダラー市場における多国籍企業と多国籍銀行の国際資本取引が戦後IMF・GATT体制を崩壊に導いた。

しかしこの戦後ブレトンウッズ体制の崩壊は，ケインズ連合の崩壊を意味するだけで，アメリカの覇権衰退を意味しないというのが著者の主張である。なぜなら，実際にはユーロダラー市場の展開が国際貿易と国際資本取引における「ドルの必要を増加させ……世界経済におけるドルの位置を急速に高めた」からである。

そこで「アメリカ金融資本の次なる目標は，外国の金融システムの自由化」と「証券化を軸とするアメリカ金融覇権の国際的展開」を実現させることであった。

第I部 金融覇権の生成──レーガン～ジョージ・H・W・ブッシュの経済政策

この両者の政治経済政策はソ連を解体へと導き，ケインズ連合も最終的に解体して「国際的にも，国内的にも，多国籍企業・多国籍金融機関を基軸とする市場原理主義がグローバルに広がるシステム」，すなわち「新自由主義的世界経済」を創出することに成功した。

この過程は次のように進行した。まずレーガン政権下での対ソ戦略のための膨大な軍事支出はアメリカに史上空前の財政赤字をもたらしたが，マネタリズムの考えに依拠する政権はハイパワードマネーの供給を抑制した。そのため実質金利が上昇しドル高が進行した。これは金融業にとっては有利な状況であったが，アメリカ輸出産業の基軸であるハイテク企業は，輸出不振と資金コスト上昇から低賃金を求めて生産設備を中南米やアジアの発展途上国へ移動させ，ますます多国籍化への道を突き進んだ。すなわち「レーガノミクスとは，アメリカ製造業の衰退をもたらし，金融部門の肥大化に積極的役割を果たした経済政策であった」。

また製造業から解雇された労働者はサービス業や卸・小売業などの低賃金部門に吸収されていく一方で，富裕層には有利な減税政策（経済復興税法）が実施されたことにより，ここに「戦後アメリカの所得不平等」の「歴史的起点」が形成されることになった。

さらに預金金利規制撤廃と金融機関間の業態間規制緩和は金融機関同士の競争を激化させ，投機的貸付と投資ブームを煽って金融不安を増幅させた。また91年ブッシュ政権下で成立した「連邦預金保険公社改善法」は証券化と直接金融を基軸とするアメリカ型金融

システムの一層の発展に拍車をかけた。国際的には
レーガン政権が日本に要求し実現させた為替先物取引
の実需原則撤廃と円転換規制撤廃は，為替投機が収
益の源泉となる国際資本取引の自由化を世界的に進
行させた。

第II部　金融覇権の確立——クリントン政権の経済
政策

クリントン政権は産業再生による輸出増強と同時に，
金融覇権の確立による世界経済の一極覇権を戦略的
に企て，それに成功した。まず国際貿易の支配は95
年成立のWTOによって可能となった。とりわけWTO
による知的財産権保護は米ハイテク多国籍企業の知的
独占による世界市場制覇を保証するものであり，また
流通・金融・保険・通信などのサービス貿易の自由化も
米ハイテク多国籍企業の利益に合致するものだった。
さらに「貿易に関連する投資措置に関する協定」によっ
て，多国籍企業の国際的生産ネットワークを自由に広
げる貿易上の自由化も実現した。

金融覇権の確立も同時に進行した。まず94年のリー
グ・ニール地域発展および金融近代化法と95年の金融
サービス競争法によって，商業銀行も投資銀行もともに
株式発行引受業務と企業・消費者への貸付業務の両
業務が可能となった。これにより巨大商業銀行と証券
会社との戦略的提携が進行した。また商業銀行は直接
金融との関連を深め消費者信用も拡大させたが，自己
資本比率（BIS規制8％）を維持する必要から，貸付債
権を証券化しその取引から収益を得るという，アメリカ
商業銀行の投資銀行化が進行した。そしてついに99
年，銀行持ち株会社のもとで商業銀行と投資銀行の合
併を許容する「金融サービス近代化法」が成立する。こ
こに1930年代に構築された金融規制の制度的構造が
最終的に崩壊し，アメリカの金融覇権が確立した。

この途上で97年にアジア通貨危機が勃発したが，ク
リントン政権とIMFは新自由主義的な国際資本取引の
自由化が危機を招いたという事実を認めず，一層の新
自由主義的諸政策を危機に陥った途上諸国に強いた。

ところで著者は，この金融覇権確立過程で継続した
ニューエコノミーと言われる景気浮揚は「ケインズ主義
的景気循環」から「新自由主義的景気循環」（金融資産
価格の動向が消費，投資などの指標に決定的影響を
与える景気変動）への転換を示すものだとしている。

第III部　金融覇権の危機——ブッシュ政権の経済
政策

ブッシュ政権はアメリカ多国籍企業の利益をグローバ
ルに追及するという前政権の路線を受け継ぐと同時に，
エネルギー支配や軍需産業の興隆によってアメリカ世界
戦略の帝国主義的性格を露わにした。そしてこの政権
下では9.11同時多発テロ，イラク戦争等の世界経済に
重大な影響を及ぼす諸事件が多数発生したが，ここでは
2008年世界経済危機勃発の条件が，アメリカを基
軸に如何に創出されていったのかについてみる。

危機に先立つブッシュ政権下での景気拡大（01年11
月～07年12月）は「新自由主義的景気循環」の典型的
タイプであったと著者はいう。すなわち低金利政策のも
とでのサブプライム・ローンによる住宅購入の活発化は，
住宅建設の増大と住宅価格の上昇をもたらし，それは
ホームエクイティ・ローンなどを通じて個人消費を増大さ
せた。また減税政策も家計資産を急増させ，消費拡大
に寄与した。この米の消費拡大は世界経済に膨大な需
要を注入したが（96年から06年までの世界経済成長の
22～23％が米の消費の伸びに依存していた），米の経
常収支赤字も膨大なものとなり，グローバル不均衡が
拡大した。他方，インド，中国，日本など経常収支黒
字国に累積した貯蓄は，金融投資として米の資産市場
に流入し，資産価格上昇を支えた。

しかし06年に米住宅市場の価格上昇が頭打ちとなる
や，サブプライム・ローン関連金融商品の価値が低下し
はじめ，金融機関への不良債権累積に伴って金融資
産価格が暴落した。債務不履行が世界的に波及し，
これに伴う米の消費急減は新興工業諸国や日本の輸
出を激減させ，世界経済危機に発展していった。

この事態に対してブッシュ政権がとった対策は，最
大7000億ドルの公的資金投入による巨大金融機関の
救済（08年10月「緊急経済安定化法案」）であった。

第IV部　アメリカ経済の復興と金融覇権——オバマ
政権の経済政策

オバマ政権は「大企業優遇，金持ち減税政策を批判
し，金融の規制強化とともに……アメリカ国民の生活重
視の公約を掲げて」当選したが「新自由主義的経済政
策からの転換は実現されず」，また「政策そのものが新
自由主義的性格をもつものであった」というのが著者の
オバマ政権評価である。この評価の根拠を危機対策，
国内経済政策，対外経済政策の三点から見ていく。

まず危機対策について。オバマ政権は前政権から引
継ぎ巨大金融機関救済のために膨大な公的資本を投
入した。これによって09年中頃には大金融機関の収益
はリーマン・ショック以前の水準に戻った。（但しリーマ
ン・ショックを「金融システムの全面的崩壊に立ち至らせ

なかった大きな要因」は「各国中央銀行の協調的な緊急措置」であったと著者は捉えている。）また TARP を使って危機に陥った GM，クライスラー等巨大多国籍企業を救済し，減税政策も継続した。これらはオバマ政権の大企業・富裕層優遇的側面である。

しかし他方で，09 年に積極的財政政策に基軸を置くアメリカ復興および再投資法を，また 10 年にはトッド・フランク法を成立させ商業銀行と投資銀行の機能的分離を図ろうとした。但しこれには実効性がなかった。その後，15 年にオバマ政権は「賢明な政府論」に基づく「中間層重視の経済学」を打ち出すが，議会で多数を占める共和党の反対により多くが実現せず廃案となる。しかしオバマ政権の基本理念は新自由主義的経済政策との決別にあり，それは「ケネディ政権の経済政策の現代版」であり，「『忘れ去られた人々』へ援助の手を差し伸べようとしたローズヴェルトのニュー・ディール政策を思い出させる」と著者は言う。

対外経済政策としては，オバマ政権は「リバランス戦略」を打ち出した。これは世界経済危機を引き起こしたグローバル不均衡から脱却するために，東アジア市場を米主導のもとに掌握し，特に中国（対外輸出と投資牽引の経済成長から雇用・所得の増大による個人消費牽引の成長への転換を図ろうとしている）を米ドル圏につなぎ止めたうえで，対中輸出拡大を目論むものであった。オバマ政権が TPP 交渉成立を急いだ理由もここにあると著者はみる。この対外経済政策の面では，オバマ政権は新自由主義的性格を露わにしている。

Ⅱ　若干のコメントと私見

評者は金融分野を専門とする研究者ではないが，本書の基本モチーフである，アメリカの金融覇権が新自由主義的諸政策の下でどのように生成・確立し危機に陥っていったかについての著者のアメリカ経済政策史に即しての分析は概ね首肯できる。但し若干感じた疑問とまたこの著書に触発されて考えた今後の現代世界経済分析にとって重要と思われる点について（本書の分析枠組みから多少外れるが）簡単に私見を述べたい。

第一の疑問点は，世界経済危機後，アメリカの金融覇権は弱化したのか，強化されたのか，それとも維持されているとみるのか，この点についての著者の見解が必ずしも明確ではないように思われる。

もちろん事態は現在においてもなお流動的なのであろうが，しかしオバマ政権が中国への攻勢を強めようと

する中で，15 年 12 月に中国主導のもとに成立したアジアインフラ投資銀行が危機後の世界経済に占める位置とその意義をどう捉えるか，またロンドン市場で人民元建て国債を発行し，フランクフルト市場では元建て商品を扱う新市場を開設するなど，着々と世界金融市場への進出を強めている中国の動きはドル基軸体制への挑戦と見るべきなのか否か，こうした諸点について著者の見解が示されていないのは残念であった。

第二に，著者は終章でバーニー・サンダースが提起した経済政策を紹介しながら「新自由主義的経済政策からの転換を展望」している。民主主義的なその政策内容は首肯できるが，しかし提示された政策は基本的には 1930 年代の「ローズヴェルトの実施した政策を踏襲した」ものである。果たしてそれが構造変化を遂げた現代資本主義において，金融資本を「『経済の召使』へと貶める」ものになり得るか否か，多少の疑問を感ずる。より抜本的な，世界的規模での多国籍銀行，多国籍企業規制が必要であるように思われる。

以下は私見になるが，第三に著者が「新自由主義的景気循環」と呼ぶ景気拡大とその挫折（具体的には，クリントン政権下の金融資産価格上昇による富裕層の消費拡大に導かれての景気浮揚とその終焉，およびブッシュ政権下のサブプライム・ローン証券化とその帰結としての世界経済危機）は，〈新自由主義的資本蓄積様式の限界〉を示すものとして，一本の線上に把握する視点が必要なのではなかろうか。評者が言う〈新自由主義的蓄積様式の限界〉とは，本来実体経済に一定の基礎をおいて形成されるべき資産価格を，実体経済とほとんど無関係に需給関係のみによって成立・変動させることによって現実の経済的価値の増殖（分配替えではなく）を推進していこうとする蓄積様式の〈限界〉である。レーガン政権下 89 年の株価大暴落や貯蓄貸付組合危機も，97 年アジア通貨危機もこの〈限界〉の発現として把握することができるのではなかろうか。そして 08 年世界経済危機はその〈限界〉のまさに世界市場規模での露呈として把握すべきではなかろうか。

上記の点に関連してもう 1 点指摘しておきたいのは，上にみた新自由主義的景気循環が挫折し，金融危機が経済危機へと深化していく過程の背後には，現実資本の過剰蓄積の進展があるという認識が恐慌論的には重要である。この過剰蓄積については本著作でも重視され，アジア金融危機の背後にも，ニューエコノミー終焉の背景にも，設備過剰の問題があったことが指摘されている。そして 08 年「世界経済危機には，アメリカを

基軸に形成されたグローバル不均衡が関わっていることを理解しなければならない」としている。評者はこの「グローバル不均衡」なる事態は，マルクスが「より拡大された恐慌の可能性」がそこにあるとした，世界市場規模での「生産諸部門間の比例均衡性」の破壊（すなわち過剰蓄積）を体現するものとして把握すべきであると考える。（これについては拙稿「現代資本主義の蓄積様式と資本制的生産の内的諸矛盾の開展」『企業研究』第27号，2015年8月で論じた。）

（書評脱稿2017年3月30日）

書評

作られた不平等——日本，中国，アメリカ，そしてヨーロッパ

ロベール・ボワイエ 著／監修＝山田鋭夫，訳＝横田宏樹［藤原書店，2016年］

鍋島直樹 名古屋大学

第3章 不平等レジームの多様性と相互依存性
第4章 デンマーク型フレキシキュリティからの教訓
    ——ヨーロッパ型福祉国家の動揺と模索
第5章 日本型不平等レジームの変容と独自性
結 語

I 本書の目的と構成

トランプ政権の誕生で分断が深まるアメリカ，ナショナリズムの台頭に揺れるヨーロッパ，そして雇用不安定化の進行とともに社会の亀裂が広がりつつある日本……。世界と日本を取り巻く社会経済状況は混沌に満ちており，その行方を見通すことは容易でない。しかし，世界各国がそれぞれ直面しているこれらの問題がいずれも所得格差拡大と密接に結びついていること，そして格差拡大に対する各国民衆の怒りと不満がさまざまな形をとりつつ噴出していることは確かである。こうして今日，格差と不平等の原因を探るとともに，その解決のための方策を講じることが，各国において急務となっている。格差問題に対する人々の関心の高まりは，近年のピケティ・ブームにも見られるとおりである。各国長期統計の詳細な分析にもとづいて格差拡大の仕組みを明らかにしたピケティの著作『21世紀の資本』は，世界的なベスト・セラーとなった。

しかしながら，大きな称賛を浴びたピケティの著作には，理論・実証の両面からさまざまな批判も寄せられている。また格差拡大の基本的仕組みを解明するためには，ピケティとは異なる視角からの分析も必要とされるだろう。とりわけスミス，リカード，マルクスをはじめとする古典派経済学の伝統を受け継ぎ，格差と不平等の問題に古くから取り組んできた「政治経済学」の系譜に連なる経済学者たちは，今日の格差問題について自らの見解を示すことが求められている。このような学問的課題に応えようとするのが，レギュラシオン学派の泰斗であるロベール・ボワイエの手になる本書である。本書は，格差と不平等の問題を扱った近年の著者の論文から4編を選び，さらに日本の不平等に関する新稿1編を加えて一書にまとめたものである。その構成は次のとおりである。

日本の読者へ
第1章 アメリカにおける経営者報酬の高騰——そのミクロ的およびマクロ的分析
第2章 ピケティ『21世紀の資本』を読む

II 本書の概要

第1章は，アメリカにおける所得格差拡大の原因について考察する。1970年代半ば以降，アメリカにおいては，労働者の平均賃金がほぼ一定であったのに対して，経営者の報酬は急速に上昇した。著者によれば，その理由は，経営者と金融業者のあいだの暗黙的な同盟が結ばれたことにある。すなわち，経営者が株主価値原理を受け入れる代わりに，金融業者は経営者の権力を容認するという妥協が両者のあいだで成立した。その結果，経営者はストックオプションの導入によって巨額の報酬を手にすることとなった。大企業のトップ経営者の報酬の高騰とは，彼らが権力を回復したことの表れにほかならないのである。こうして，株価の上昇と家計債務の増加によってもたらされる消費拡大に牽引される金融主導型蓄積レジームが，企業経営者と賃金労働者の妥協に基礎をおく大量生産・大量消費のフォーディズム的蓄積レジームに取って代わった。しかしこの新しい蓄積レジームは，2007年のサブプライム危機によって構造的危機に陥ったとされる。

第2章は，ピケティの著書『20世紀の資本』の貢献と限界について検討する。長期歴史統計の分析を通じて，さまざまな既成の理論と仮説を批判的に検証していることや，興味ぶかい多くの事実を明らかにしていることを，同書の貢献として著者は高く評価する。たとえばピケティは，先進諸国において富裕層の所得シェアが1945年以後に急速に低下したのち，1980年代以降にふたたび上昇に転じたことを指摘し，クズネッツ曲線の妥当性を否定している。ピケティが導いた主要な結論は，資本収益率 r が経済成長率 g よりも大きいならば，所得格差が拡大していくというものである。これに対して

著者は，所得分配をめぐる資本・労働間の対立が考慮されていないこと，さらには統計的な規則性を説明することのできる経済理論を構築するには至っていないことを同書の問題点として指摘している。

本書の核心部をなす第3章では，中国・アメリカ・ヨーロッパ・ラテンアメリカの不平等レジームの特質を描き出すとともに，これらの多様な不平等レジームが相互補完的な関係にあることを明らかにしている。たとえば，低賃金・低福祉によって特徴づけられる中国の「クズネッツ型不平等レジーム」と，金融化にともなう経営者報酬の高騰が主な原因となって不平等が拡大したアメリカの「資産型不平等レジーム」は，アメリカによる中国製品の輸入によって中国国内での過剰生産が緩和される一方で，アメリカ国民は低価格の中国製品を購入することによって生活水準を維持することが可能となっている。また中国からの資金の流入は，貿易赤字のファイナンスを可能としている。危機にあるヨーロッパの福祉資本主義も，アメリカと中国の二者によって生み出されたトレンドと無関係ではない。すなわち欧州連合は，金融自由化とグローバリゼーションの圧力をアメリカから受けると同時に，中国をはじめとするアジア諸国との激しい競争にさらされている。また他方で，2000年代のラテンアメリカ諸国において生じた所得不平等の縮小は，工業化が進むアジア諸国への第一次産品の輸出拡大によってもたらされた高成長によるところが大きい。このように生産と金融のグローバリゼーションによって，対照的で多様な不平等レジームが存続可能となるのである。したがって著者は，「不平等のグローバリゼーション」という概念を「さまざまな不平等レジームの相互依存」という概念に取って代えることを提案している。

グローバリゼーションが進む世界にあって「国民的社会保護システム」が今日なお多様なものであるのは，それが社会的・政治的闘争の結果として形成される「制度化された妥協」を表しているからである。このことを確認したうえで，第4章では，社会的連帯と経済的効率を両立させている国民的社会保護システムの一つとして注目を集めているデンマークのフレキシキュリティ・モデルを取り上げ，雇用のフレキシビリティ，寛大な失業手当，積極的雇用政策という三つの装置のあいだに存在している補完関係を明らかにする。しかしながら，国民的社会保護システムの持続可能性が，制度化された妥協の安定性，成長レジームを構成する制度諸形態との補完性の二つを前提条件としていることを考えると，このモデルを他国が模倣することは困難であろうと著者は

論じている。

最後の第5章は，日本の不平等レジームの歴史的な発展と変容について考察する。第二次世界大戦および戦後改革をへて，日本経済は，地主が支配する農業経済から企業経営者が支配する工業経済へと移行した。これに加えて，最富裕層の主な所得源が不労所得から労働所得へと代わったので，戦後日本においては，資産の不平等よりも賃金の不平等が大きな意味をもつ「賃金型不平等レジーム」が成立した。しかし日本モデルの成功も永遠のものではなかった。1980年代半ば以降には，春闘がもつ賃金波及効果の喪失，非正規雇用の拡大などの要因によって賃金生活者内部の不平等拡大が進んだ。その結果，年齢・性別・企業規模・産業部門・雇用形態など，それぞれのカテゴリーの内部でしだいに格差が拡大し，賃金レジームはフラクタルな構造へと変化したという。したがって不平等を縮小するためには，名目賃金をふたたび硬直的なものとする方向での賃金形成制度の再編が必要であるとされる。

グローバリゼーションは各国の社会経済体制を同質化させるという見解に対して，レギュラシオン学派は正面から異議を唱える。そうではなく，グローバリゼーションのもとでの各国経済の相互依存の強化は，不平等を多様化させていくのである。したがって，不平等を縮小させるための政策もまた多様であるにちがいないというのが，本書の結論である。

Ⅲ　意義と課題

本書の最大の特徴は，豊富な統計データを用いながら，アメリカ・ヨーロッパ・中国・ラテンアメリカ・日本など，多くの国と地域において不平等が拡大（あるいは縮小）している現状とそのメカニズムを詳述している点にある。その際には，労働・社会保障・企業間競争・金融・国際関係など，それぞれの成長レジームを構成する多様な諸制度が分配関係に及ぼしている影響を明らかにするとともに，成長レジームの歴史的変化とかかわらせながら，それらの諸制度の変容について長期的な視野から考察を加えている。この点に，制度主義的・歴史主義的な経済学としてのレギュラシオン理論の強みが遺憾なく発揮されている。多様な不平等レジームの基本的構図を押さえたうえで，それらを大胆に図式化するとともに，さまざまな不平等レジームのあいだの相互依存関係を鮮やかに描き出している著者の力量は，見事と言うほかはない。

本書のもう一つの特徴は，書名が端的に示しているように，不平等とは純粋な経済現象ではなく，政治的につくり出されるものであると見ている点にある。すなわち不平等レジームは，さまざまな社会諸集団のあいだの妥協の結果として構築されるというのが著者の見方であり，このような意味において不平等レジームは「権力の構図」を表している。こうした社会的妥協はそれぞれの国民国家のレベルで形成されるので，グローバリゼーションが進む今日の世界においても，不平等レジームはなお多様なものであり続けるのである。このような分析視点に，レギュラシオン理論の政治経済学としての特質を見ることができる。たしかにピケティも「経済学」よりも「政治経済学」という名称を好んでいるが，彼の著作においては政治的プロセスの場とは何かが明らかにされていない。これに対してレギュラシオン理論は，制度や政策の形成における社会諸集団のあいだの利害対立に照準を合わせる。本書を紐解くことによって読者は，政治経済学のアプローチの今日的な意義をあらためて認識することができるだろう。

　とはいえ，政治経済学の流れを汲む諸学派にとっても，格差と不平等の分析においてはなお多くの課題が残されている。まず，各国経済における蓄積レジームと不平等レジームの関連を明らかにしてゆくことが欠かせない。たしかに，世界各国・各地域における多様な不平等レジームを検出したことが，本書の大きな貢献であることは間違いない。しかし，アフター・フォーディズムの時代における各国経済の蓄積レジームの特性が明確に示されていないので，所得格差の拡大（ないしは縮小）が，マクロ経済の動態に対してどのような形で影響を及ぼしているのかを理解することは難しい。アメリカ経済については「金融主導型蓄積レジーム」論という興味ぶかい分析枠組みが提示されているが，これもまだ大まかなスケッチにとどまっている。それゆえ，その蓄積レジームが2007年のサブプライム問題を契機として構造的危機に陥ったと判断する根拠は何か，そしてその危機の基本的な原因と性格はどのようなものかもなお明らかではない。

　さらに，今日の各国経済の蓄積レジームには，相違点とともに共通点も多く存在しているはずである。とりわけ30年以上にわたって新自由主義の政策路線が採用されてきた先進資本主義諸国には，多くの共通の傾向が見出されるに違いない。たとえば，金融化の進行はアメリカにかぎられた現象ではなく，程度の違いはあれ，多くの国々にその影響が及んでいるのではないだろうか。したがって，新自由主義的な資本主義とその危機の一般的性格を明らかにしていくこともまた重要な課題となる。ともあれ，各国における今日の蓄積レジームを定式化するとともに，それらの異同を明らかにすることが，不平等の縮小に向けた方策を考えてゆくうえでも不可欠となるだろう。

　言うまでもなく，こうした課題は，レギュラシオン学派のほか，ポスト・ケインズ派やアメリカ・ラディカル派なども含め，政治経済学の系譜に属する諸学派が広く連携を進めながら取り組んでいくべきものである。じっさい今日では，そのような学問的連携がさかんに進められているし，ほかならぬ本書の著者ボワイエもその有力な担い手の一人である。本書第1章として収められている論文が，アメリカ・ラディカル派との協働のなかから生み出されたものであることからも，そのことを理解することができよう。これらの学派は，（1）さまざまな社会諸集団の利害対立の結果として制度や政策が形成される，（2）当初は経済の安定化に寄与していた制度的仕組みも，やがてそれ自らがはらむ矛盾によって新たな不安定性を生み出す仕組みへと転化する，などの見解を共有している。資本主義経済の長期動態分析において社会諸制度の果たす役割を重視する異端の諸学派が，理論と実証の両面で協力を進めていくことによって，新自由主義の危機についての理解を深めるとともに，ポスト新自由主義時代の資本主義の姿を展望することが可能となるに違いない。

書評

中成長を模索する中国──「新常態」への政治と経済の揺らぎ

大西 広 編著 [慶応義塾大学出版会, 2016年]

厳 成男 | 立教大学

Ⅰ　はじめに

　近年,「新常態(ニューノーマル)」は中国経済の実態,および中国政府の経済発展戦略と経済政策を表す言葉となっており, 中国国内のみならず, 日本においてもその中身や展望に関する論考が多数発表されている。その中で本書が有する特筆すべきところは, 高成長から中成長への移行に伴う中国の政治と経済の揺らぎを, マルクスの唯物史観に基づいて, 基本的には日本やアメリカのような資本主義に対する一般的な分析方法(視角, 理論, モデルなど)を用いて論じていることにある。以下ではその内容を概観した上で, 評者の専門分野であるレギュラシオン理論(*Régulation* Theory)に基づいて議論を展開する。

Ⅱ　本書の概要

　本書の内容は, 新常態の到来に伴う表層的な側面としての政治的揺らぎを論じた第1部(第1章～第3章)と, その背景となる深層的な経済的揺らぎの諸像を論じた第2部(第4章～第7章), そして本書の基本的な視点と分析課題を提示した序章によって構成されている。

　序章(大西広)では, 中国の政治と経済を論じる既存の研究とは異なる本書の分析視角と課題が提示されている。それは簡単にまとめると以下のような3点である。第一に, 中国政治の現状(薄熙来失脚, 共産党内の権力闘争, 反腐敗闘争など)を分析する際に, その政治的な出来事を引き起こす中国社会の歴史的構造変化を理解する必要がある(p. 5)。第二に, 政治的揺らぎの背景には経済的揺らぎ(経済成長率の低下, 格差の拡大など)が存在しており, 中国経済のマクロ的, ミクロ的側面の丹念な現状分析に基づいて政治的揺らぎを理解すべきである(p. 10)。第三に, 新中国成立(1949年)以降のマクロ経済運営や経済政策, およびミクロな企業経営の歴史的事実から, 中国経済は一部の領域における特殊性はあるにせよ, 基本的には資本主義の一形態とみることができ, 資本主義の分析方法で研究できる(p. 18)。

　第1章(瀬戸広)では, 現在の習近平体制の誕生とのかかわりで, 日本においては主に「中国共産党内部での権力闘争」として報道された, 元重慶市委書記の薄熙来の失脚と彼が推進していた「重慶モデル」の背景には, 鄧小平が提唱した「先富論」に代表される新自由主義的な経済改革の過程で蓄積された格差の拡大, 腐敗の氾濫, 不動産価格の暴騰などの社会経済的矛盾と民衆の不満があった, と分析する。筆者によると, 重慶モデルとは, 2002年以降の胡錦濤体制が目指した「先富論」から「和諧社会」への政策転換を重慶市で具体化したものであり, 薄熙来事件とは, 中国共産党内部, ないし中国社会における改革開放30年と将来に対する市場化改革の更なる推進か, それとも社会的富の再分配か, という路線対立の具現化である。

　第2章(徐一睿・澤田英司)では, 中国の中央政府による地方統制の手段として用いられている「トーナメント方式の政治選抜」システムを取り上げ,「中央集権と地方分権の混合体制」として特徴づけられる現段階の中国において, 中央政府は人事任命権を利用して地方政府による自主的かつ積極的な経済成長への取り組みを促しつつ, 財政再分配権を利用して地方政府の過度な競争をコントロールしながら地域間格差の是正や教育, 医療, 福祉サービスなどのセーフティネットの再構築に取り組んでいる, という二元的統制のメカニズムが働いていることを明らかにしている。

　第3章(徐一睿)では, 中国における地方政府の土地使用権の譲渡による財政資金の獲得行為は, 分税制に伴い「企業経営」から「都市経営」へ移行した地方政府の都市開発に必要な資金を確保する役割を果たしてきたが, この土地依存の財政システムは土地価格の地域間格差に伴う地方政府間財政収入の格差を拡大させ, また売買可能な土地資源の有限性から持続可能なものではなく, 脱土地依存と地方財政の健全化が大きな政策課題となっていることを論じている。

　第4章(大西広・房建)では, 市場経済の進展とともに拡

大している企業内の賃金格差に対する労働者の意識が，毛沢東時代からの過度な平等の修正として生まれた「働きに応じて異なる賃金」を正義として受容していた段階から，企業内の幹部層と一般労働者の間の賃金格差に対する不満が賃金引き上げを要求する労働争議やストライキを引き起こす段階へと変化していることを明らかにしている。そして，一般労働者の賃金引き上げを通じた企業内賃金格差の修正要求の正当性は，雇用契約や労使関係の正常化に向けた政府の取り組みによって裏づけられるのみならず，賃金格差が企業の経営業績，労働者の労働意欲への負の影響を縮小することにつながると主張する。

第5章(駒形哲哉)では，市場競争の主体であると同時に，国策を担う主体でもある国有工作機械産業の発展と現状に対する細心な考察に基づいて，中国の社会主義市場経済の性格は「イデオロギーと相対的に距離を置き，経済発展に共産党執政の存続をかけた経済システム」であり，その基本的構造は「国有部門と民間部門がともに発展する大衆資本主義を包摂する国家資本主義」であると説く。そして，既存の中国国家資本主義論争における「社会主義市場経済は持続性に乏しい」という判断に対して，巨大かつ階層性をもちながら拡大している国内市場の存在，必要な生産要素のグローバル調達の可能性，および拡大しつつある新興国・途上国市場の存在などの新しい環境の現れが，社会主義市場経済システムが持続する可能性を拡大させていると分析する。

第6章(大西広)では，「一人当たり資本ストックにはある最適値(K/L)があり，そこに到達した以降は資本蓄積が停止され，ゼロ成長になる」という成長率の長期的低下を最重要な理論的帰結とするマルクス派最適成長モデルに基づいて，国家主導の投資拡大に大きく依存してきた中国の経済成長が減速するのは当然の結果であり，いずれ中国経済にもゼロ成長の時代が到来する，ということを説明する。

第7章(大西広)では，少なくとも2033年までは成長が続くと予測される中国経済がもたらす国際的な影響について，2015年のBRICs銀行やアジア・インフラ投資銀行(AIIB)の設立をはじめ，人口規模のメリットを享受しながら成長する中国をはじめとするBRICs諸国の経済規模の拡大が，既存の国際秩序に挑戦していくことは避けられないとし，この歴史的な変化に疎い日本政府の対応を批判する。そして，「下部構造(経済)が上部構造(政治)を規定する」というマルクスの唯物史観に基づいて，勃興しつつある新興国と成長が終わった先進国との間の対抗が予測されるなか，中国経済の「新常態」への転換に伴う"揺らぎ"とともに国際政治領域においても大きく深い"揺らぎ"の時代が到来していることを説く。

Ⅲ　本書の特徴

以上の中国の歴史，政治，社会，文化，経済に関する深い洞察と正確な理解に基づき，斬新な分析視角と手法によって導出される一つ一つの大胆かつ明快な結論は，これまでの偏狭な観察と遠慮しがちな断片的な結論を述べるにとどまっている多くの既存研究では見られないものである。少し詳しく敷衍すると以下のようなことである。

第一に，中国の経済成長，ないし中国の社会経済システムの把握において，「下部構造(経済)が上部構造(政治)を規定する」というマルクスの唯物論的視点に依拠している点である。この本書の議論の全体を貫通している視点は，特に共産党政権による独占的な政治統治下の経済と政治の変容を分析，理解するうえで重要である。すなわち，共産党と政府が経済成長を可能にした優れた民間と地方の試みを追認し，普及させてきた中国経済発展の軌跡，経済格差や産業構造の歪みなどの経済の揺らぎが，官僚の腐敗撲滅や中央―地方関係の変容などの政治領域における揺らぎをもたらしている現状を正確に把握することができる。さらに，中国および新興国経済の成長と世界経済全体に占めるプレゼンスの拡大が，国際政治領域における力関係の変化を通じて国際秩序の再構築を引き起こしている今日の国際政治の揺らぎを正しく理解することが可能になる。

第二に，高成長から中低成長への順当な移行を模索している中国経済の実態について，労使関係と企業システムというミクロレベルから，マクロ経済動態と国際経済関係というマクロレベルに至る段階的に上位レベルの課題を設定し，丹念な分析を行っている点が挙げられる。そこでは，計画経済期の停滞から社会主義市場経済システムの構築に伴う高成長，そして今日の中成長への移行過程において，中国の労働者と経営者，国有企業と民間企業，中央政府と地方政府，そして国際機関などのさまざまな経済主体が，如何に行動し，変化に順応しながらまた絶え間なく変化を促しているかが生き生きと描かれている。

第三に，高成長が止まった後も中成長が今後も続き，2033年頃にゼロ成長に辿り着く，とい中国経済の成長軌跡を，厳密なモデル分析に基づいて推計している点が挙げられる。その分析は，既存の根拠なき中国経済崩壊論や政治動乱杞憂論における盲目的，恣意的な言説と一線を画すものである。もちろん，かつての日本における高成長から中低成長への移行に伴う政治・社会・経済的な混乱に鑑み，中国がとるべき対応策にも多く言及しているところも本書の特徴の一つであるといえる。

IV 「新常態」の歴史的位相と 中国経済の調整様式の把握

本書の議論の出発点となっている中国経済の「新常態」の特徴は，主に以下のような四つの転換にまとめられる。第一に，高成長から中成長への転換，第二に，要素投入に依存した粗放型成長から技術進歩に依存した集約型成長への転換，第三に，製造業の発展に基づく輸出・投資需要の拡大からサービス産業の発展に基づく消費需要の拡大への転換，そして最後に，マクロ経済コントロールにおける政府と官僚の介入から市場メカニズムの役割を重視する理念への転換，である。

上記の特徴における一番目の成長率目標の下方修正は，2000年代半ば以降に顕在化した東南沿海地域の労働力不足と賃金上昇によって明らかになった潜在成長率の低下と，2008年の世界金融危機とその後の世界経済の停滞がもたらした輸出需要の低下による実質成長率の低下を後追いで是認したものであり，二番目から四番目までの成長体制（growth regime）と調整様式（mode of régulation）の転換は，中国における輸出・投資主導型成長体制の限界性，ならびにリーマン・ショック後に実施された大型景気刺激策の副作用（過剰設備，国有企業と地方政府の負債拡大，不動産バブル等）を受けた中国政府（共産党）の発展戦略の修正である。すなわち，「新常態」とは，中国経済の現状であり，中国政府が目指す経済発展の目標であり，「中所得国の罠」や「体制移行の罠」のリスクを回避するための経済発展戦略の修正なのである。

これは，中国政府がこれまでの高成長時代の「旧常態」がもたらした成果を享受しつつ，成長至上主義の弊害として現れた歪を修正し，新時代の国内外の環境に適応しうる経済システムを構築しようとする模索である，という意味で国家主導の調整（state-led coordination）の一環

として理解できる。国家主導の調整の中身や特徴に関する詳細な説明は省くが，簡単に言うと，市場的調整，制度的調整，および国家的調整という社会経済システムの三つの調整パターンの中で，中国では国家的調整がヒエラルキーの最上位に位置し，どの分野でどの程度市場的調整や制度的調整を拡大するかを決定する権限を国家が有している，ということである（厳成男［2011］『中国の経済発展と制度変化』京都大学学術出版会）。つまり，上記の「新常態」の四番目の調整様式の転換における国家的調整の役割が決定的に重要である，ということである。

確かに，近年の中国における制度改革案や経済政策の策定も，先進諸国でみられる諸勢力の間での協議・妥協の結果としての性格を呈するようになりつつある。しかし，基本的には中国共産党による政治権力の独占が維持されていることから，社会を構成するさまざまな主体や階層の独立した政治勢力としての役割は限定的であり，依然として共産党政権が新しく出現する社会勢力の台頭をその要求を汲み上げつつ一党支配を緩めていないのが現状である。それは，本書でも取り上げている企業家の共産党加入の容認，民衆生活重視の公営住宅の建設と供給，労働組合（工会）活動と労使交渉の是認，民間企業への公平な競争条件の提供などとして現れている。

このような中国経済の調整様式に基づいて考えると，中国の社会経済システムには，本書が説く「下部構造（経済）が上部構造（政治）を規定する」という視点では捉えきれない側面が残る。すなわち，現在の中国における政治体制や諸制度の歴史的経路依存性や制度的補完性などによって規定される政治（政党）と国家が，経済発展戦略や経済制度改革において果たす役割を過少評価してしまう可能性がある。もちろん，多くの発展戦略や制度改革が，市場メカニズムの導入によってもたらされた民間の諸変化を後追いで追認し，全国レベルで推奨・普及させてきたとしても，である。何よりも，このような国家的調整の実態と歴史を把握することは，今後の中国経済が中成長からさらに低（ゼロ）成長に向かう軌跡が，ほかの資本主義市場経済が辿ってきた道をそのまま一直線に進むことはない，ということを理解するうえで重要である。

そういう意味で，本書が中国の社会経済システムを，（少し遅れた）資本主義の一形態と見なして議論を展開し，経済の揺らぎから政治への揺らぎに至る経路を分析しているところに，少し物足りなさを感じてしまう。す

なわち，もう少し中国の社会経済システムの特徴——先進国を含む他の資本主義市場経済システムとの相違——を強調しつつ，経済の揺らぎと政治の揺らぎの双方向的な規定関係についても議論を展開していただきたかった。つまり，経済領域における変化が政治領域での改革をもたらし，またその改革が経済のさまざまな側面における変化を引き起こす，という累積的因果連関の視点を取り入れることで中国の政治経済をより正確に把握，理解できるのではないか。

もちろん，この考えは，主に評者の研究関心に基づくものであり，ないものねだりであるともいえる。そういう意味で，それらの分析が含まれていないことが本書の研究用の書籍として，また中国政治経済の解読本として価値を損なうことはないことを申し添えておく。

書評

信用機構の政治経済学——商人的機構の歴史と論理

田中英明 著 [日本経済評論社, 2017年]

柴崎慎也 埼玉学園大学・非常勤

Ⅰ　はじめに

『信用機構の政治経済学——商人的機構の歴史と論理』と題された本書は，これまで一貫して原理論研究に従事されてきた著者の現時点における研究の集大成を示す書であると同時に，マルクス経済学，とりわけ宇野学派における市場機構論（商業資本論および金融論）研究の現時点における一つの到達点を示す書である。これまでに幾多の刺激的な諸論稿を発表されてきた著者の初の単著であることから，当然本書に収められた論稿の多くは，すでに何名もの研究者によって議論の俎上に載せられている。しかし，それにもかかわらず，改めて著書として読み直していくならば，そこにはこれまで発見されることなく議論されることを待ち続けていた論点，また今回新たに追加された問題提起的な論点が，「はしがき」から「あとがき」までの全頁の至るところに散見される。もとより寡聞浅学の評者ゆえに，これら論点が秘める理論的真意は未だ十分に咀嚼できたわけではないが，「信用機構の政治経済学の旅は，ようやくここから始まる」（ⅲ頁）との予告通り，本書において全面的に開陳されたこれらの諸論点が2017年現在における市場機構論研究の出発点をなすであろうことには疑いはない。

Ⅱ　本書の構成とポイント

本書は，「商人的機構の歴史的展開」との表題を冠せられた第1部と，第2部「信用機構の理論的展開」の全2部構成となっている。以下では紙幅の都合上，各章の紹介は控え，本書の簡略な目次と議論のポイントのみを示すこととしたい。

第1部　商人的機構の歴史的展開
　第1章　商人的機構の「原型」——中世ヨーロッパの
　　　　　為替契約
　第2章　両替商と商人＝銀行家——都市内決済・
　　　　　信用機構と国際的決済・信用機構
　第3章　為替手形の変容と決済・信用機構の革新
　第4章　ロンドンを中心とした決済・信用機構の「近
　　　　　代性」
　補章1　商品の「資本性」——空所の純粋性から
第2部　信用機構の理論的展開
　第5章　流通過程の不確定性——機構展開の動力
　第6章　商業資本の二類型
　第7章　商業信用の二類型——一時的な信用取引
　　　　　と恒常的な信用取引
　第8章　市場機構としての銀行信用
　第9章　銀行間組織の二類型と中央銀行
　補章2　システムとしての銀行と信用創造

本書における議論の第1のポイントは，組織化の観点（以下，「組織論的観点」と呼ぶ）の原理論への大幅な導入にある。まず確認しておくが，ここで言う組織化とは，労働組織や経営組織などの資本の内部組織ではなく，資本間における組織的関係性の構築を意味している。これまでの原理論研究においては，銀行資本間の組織化が対象とされてきた一方で，産業資本や商業資本が遂行する組織化は概ね看過されてきた。産業資本の利潤率増進活動を補足する一市場機構としての商業資本の内実は，組織的関係性を他の資本と構築することのない分散的（非組織的）な資本像であり，またそれを利用する側の産業資本もまた，同様の組織性なき資本像として彫刻されてきたといってよい。

こうした通説的な商業資本像および産業資本像に対し，本書では他の資本と組織的関係性を構築する産業資本像および商業資本像が対置されている。著者による市場機構論への組織論的観点の導入は，本書第2部の起点に第5章として据えられた1996年発表の論稿が初めとなるが，これは市場機構論研究史としては，『資本論』第3巻第4・5篇を「利子論」として再構築した宇野弘蔵を起点とする第1期，そして「利子論」を「市場機構論」という理論分野へと転回させた山口重克を起点とする第2期，これらにつづく第3期の口開けを示す論稿である。

本書ではこの第5章における，流通過程の不確定性と産業資本の循環運動の特性の考察およびそこから導出される「一時的・スポット的な取引関係と，長期的かつ安定的な取引関係という二つの類型」（137-138頁）を基礎に，「商業資本の二類型」（第6章）および「商業信用の二類型」（第7章）という組織化を遂行する能力を兼ね備えた産業資本像および商業資本像が提示されている。こうした組織論的観点に基づく市場機構論の再構成は，さらに従来より活発に議論されてきた銀行間組織にまで及んでいる（第9章）。そこでは，銀行の銀行としての中央銀行へと至る「垂直的な組織化」（239頁）にくわえ，新たに手形交換所をはじめとする「水平的な組織化」のあり方が，「クラブ」という印象的な語をもって示されている（242頁）。

このように本書では，組織論的観点に基づく従来の市場機構論の全面的な再構築が図られているといってよい。このことの理論的意義は，組織性の回復に基礎をおくこれまでの産業資本像および商業資本像の刷新にとどまらず，個別資本の行動様式の拡張がなされているという意味において市場機構論の展開方法としての「行動論アプローチ」の刷新が図られていると同時に，単一資本種の単一理論像の導出を旨としてきた「分化・発生論」もまた，単一資本種の複数理論像を導出する方法論へと転換させられている。もっとも，商業資本間の組織的関係性を考察する商業組織論が未展開である点，また組織化の内実が「長期的・安定的な取引関係」の構築に集約されている点に若干の疑問が残るが，いずれにせよ本書で展開されている一連の議論に鑑みるに，第1期から第2期へと至る「利子論」から「市場機構論」への転回は，第3期においてはさらに「市場組織論」とでも形容すべき理論分野へと転回していったと一先ず総括することができよう。

第2のポイントもまた，こうした組織論的観点の導入と深くかかわっている。すなわち，「資本主義的な組織化の論理」が，「社会的生産を基盤とするものと，商人的な関係性に基づくものとの二層」として把握されている点である（iii頁）。本書が2部構成を採用する所以もこの点にかかわる。

本書ではまず，第1部において，12世紀のジェノヴァ―シャンパーニュを起点とする中世以降の商人間において展開される決済・信用機構が，それが「商品世界に内在する機構形成の論理にそくしたもの」（6頁），あるいは「相互の合理的な利害の実現という商品経済的な原理の働く機構」（82頁）であるとの視角から，「商人的

機構」（3頁）として理論的に再構成されている。

次いで第2部では，社会的生産の包摂に伴う「産業資本の特殊性によって生み出される機構編成の動力」（112頁）が理論的に明らかにされると同時に，第1部で析出された「商人的な組織性もまた，分化・発生した商業資本や銀行資本等が重層的な市場機構を組織する際の一つの動力・要因として働き続けている」（147頁）との視角から，資本主義経済において展開される諸市場機構が「商人的な組織性と，産業資本に特有な社会性との二面性」（83頁）を有するものとして提示されている。

こうした「二面性」を示すものとして最も象徴的であるのは，第9章で提示される上述の「銀行間組織の二類型」（225頁）であろう。原理論における銀行間組織論はこれまで，中央銀行を貨幣論的観点に基づき「唯一の発券銀行」として問題にする研究から，信用創造論的観点に基づき「銀行の銀行」として問題にする研究へと進展してきたのであるが，そこで明らかにされてきた銀行間信用機構および決済機構の組織化の内実は，概ね本書で括られるところの「垂直的な組織化」に傾斜したものであったといってよい。

本書ではこれに対し，第1部における「イタリア人商人＝銀行家」（44頁）などの歴史的考察から抽出された，「排除・除名が決定的な不利益＝私的な制裁処分となりうる状況を作り，個々の機会主義的な行動を封じようとする会員制クラブ型組織」（6頁）の商品経済的な関係性を踏まえ，これと連続する現代の「独立した非営利の共同機関としての手形交換所」や「独立した非営利の共同機関として決済準備を集中する統一的決済機関」などが「商人的な水平的組織化」として銀行間組織論のうちに位置づけられている（243-244頁）。「資本主義的な組織化の論理」が「商人的な原理と，社会的生産に起因する組織性との二重の影響」のもと把握されることで，これまで概ね「単線的な形態」として捉えられてきた資本主義的な市場機構の展開は，新たに理論的に抽象された「二類型」のそれぞれを極にして結ばれる可能態としての複数の理論像のうちに解消されている（147頁）。「二面性」は，「資本主義的な市場そのもの」が「多様な組織的関係性の介在する諸市場機構によって編み上げられている」ことを確認するうえで不可欠な契機であることが，ここに示されているといえよう（i-ii頁）。

なお，以上の「二面性」を明らかにした意義はこの点にとどまらない。一方の第1部で論じられた「商人的な諸機構」が，「基本的には商品経済的な組織化の論理に基づいており，流通論次元における資本の組織性を

書評　　　　　　　　　　　　　　　　　　　　　　093

示すもの」として把握されていること(146頁)、また「産業資本の登場によって、商人が織りなす市場の機構がどのように変容し、再編成されていくのかを見極めること」に「市場機構論の課題」が設定されていることなどは(113頁)、流通論と市場機構論との関連および流通論の独立化の意義を改めて問い直すものであろう。また同時に、商人資本ないし「商人的機構」にこれまで貼られてきた「前期性」(6頁)のラベルが本書のページと共にめくられ、その社会的生産に対する自律性が理論的に明らかにされていることは(144-147頁など)、労働力商品の全面化および産業資本による社会的生産の包摂に資本主義の本質をみる通説的な資本主義観をも改めて問い直すものであるといえよう。

III 若干の論点

最後に若干の論点を提出しておきたい。これは産業資本間における現金取引に基づく組織化が、本書においては看過されている点にある。本書では、「恒常的・安定的な関係」としての「組織化」は(128頁)、商業資本と産業資本との間、あるいは産業資本と産業資本との間に構築されるものと想定されているが、前者は基本的に「商業資本が信用取引の買い手＝受信者となることによって、長期的・安定的な取引関係が成立する」(158頁)とみられており、後者もまた基本的には商業信用を利用した組織化が想定されている(第7章)。取引主体が産業資本であれ商業資本であれ、本書にあって想定されている組織化は、基本的に商業信用を利用した組織化とみることができるのである。

もっとも、前者に関しては、商業資本と産業資本との間の現金取引に基づく「長期的・安定的な取引関係」(197頁)が「部分的な存在」(198頁)として指摘されていることから、こうした類型の取引が想定されているとみることはできる。しかし、後者の産業資本間の現金取引に基づく組織化は、管見の限りでは正面から論じられておらず、これは商業信用を利用した関係として論じられるにとどまっている。第5章において、「産業資本の支出のうち、少なくとも原材料などの流動資本部分の購入については、ある程度規則的、安定的な性格があり、こうした商品の売買取引に多少とも恒常的・安定的な関係を作り上げることができれば、それだけ偶然的な変動やバラツキは抑えられることになろう」(128頁)とあることから、ここから産業資本間における現金取引に基づく組織化の考察に向かうと思いきや、その後は商業

資本および商業信用を通じた組織化に議論は向かうことになる。「商業資本との取引は、直接の需要者である産業資本や消費者との取引に対してどのように質的に異なったものであるのか」(136頁)との第5章末尾の文言は、産業資本間の現金取引に基づく組織化の不在を実質的に示すものとして受け取らざるをえないのである。

こうした産業資本間の現金取引に基づく組織化の看過は、市場機構論を組織論的観点に基づき再構成するうえで必須となる、市場機構論の展開に先立って考察されるべき、いわば「産業機構論」の展開の不十分性を意味している。もちろん本書にあっては、市場機構論のもっとも基礎におかれる取引主体としての産業資本間の組織的関係性には目が向けられているのであり(さらに言えば、市場機構論に先立つ流通論次元での商人間の組織的関係性にも)、これ自体に異論は全くない。しかし、もっとも基礎的な取引形式である現金取引に基づく組織的関係性に目が向けられていないことには疑問が残る。

産業資本は諸市場機構の発生・展開に先立って、そのもっとも基礎的な取引形式である現金取引によって他の産業資本と組織化する能力を十分に有す。それゆえ商業信用や商業資本などの諸市場機構が展開される舞台は、産業資本間の現金取引に基づく組織化が、全面的にではなくとも、ある程度進展している舞台であるということになろう。

こうした「産業機構論」を踏まえるならば、①商業信用に基づく組織化の固有性は「恒常的な信用取引」(196頁)の他に求められることになる。売手における販売期間の確定化およびそれに基づく投下流通資本量の切り詰めが継続的取引としての現金取引に基づく組織化によっても可能である限り、「恒常的な信用取引」に商業信用に基づく組織化の固有性を求めることはできない。むしろ、現金取引に基づく組織化によっては販売期間の確定化を果たすことのできない対消費部面(最終消費者と資本との間の市場部面)の産業資本に対し準備の節減を可能にさせる取引関係、たとえば将来の準備枯渇時における受信可能性の事前的担保によって、買手における現在の準備資本量の切り詰めを可能にさせる取引関係の構築に(168頁)、商業信用に基づく組織化の固有性は見出されることになろう。

このことは、②組織化の定義に再考を促すことになる。著者は上記の将来の受信の事前確保を「一時的な信用取引」(173頁)に振り分けることによって、組織化を「恒常

的で安定的な関係」(128頁)として把握しているが，「一時的な信用取引」のうちにも組織化として括ることのできる取引関係を見出すことができるのであれば，組織化にはこれら諸々の取引関係を包含しうるヨリ抽象度の高い規定，たとえば複数資本による流通過程の不確定性への事前的対処などの規定が改めて必要となろう。

さらに，以上の現金および信用取引に基づく組織化を踏まえると，③商業資本に固有の役割も改めて問われることになろう。全ての産業資本が現金および信用取引に基づく組織化によって，準備の切り詰めを図ることのできる安定性を得ることは可能であっても，対消費部面の産業資本にあって販売過程の不確定性は組織化によっても依然として排除されることはない。産業資本における不確定性の解除機構としての商業資本の固有性は，この限りでは対消費部面において集中的に現れるのであり，これによって原理論の分析対象の射程に消費部面が入ってくるうえ，商業組織の問題もまたこれとの関連で展開される必要がでてくることになろう。

書評

アメリカの住宅・コミュニティ開発政策

岡田徹太郎 著［東京大学出版会，2016年］

樋口 均 ｜信州大学・名誉

福祉国家が，グローバリゼーションの圧力や財政危機のもとで，再編過程に入って久しい。さまざまなタイプの福祉国家のなかで，アメリカのそれは，もともと市場整合的だったといっていいが[※1]，その再編の動向はどのようなものであろうか。

本書によれば，住宅・コミュニティ開発政策分野におけるそれは，1990年代以降の「政府関与の間接化」であった。「間接的な政府関与」とは，租税支出（Tax Expenditures）と一括補助金（block grants）によるものであり，本書の焦点は，連邦の低所得者用住宅税額控除（Low-Income Housing Tax Credit: LIHTC）とHOME投資パートナーシップ（一括補助金）である。この二つの制度は「市場志向の（market-oriented な）政策フレームワーク」と非営利組織とのコラボレーションによって実現される。LIHTCやHOMEのインセンティブによって，営利をもとめる投資家から資金がひき出され，非営利開発法人によってプロジェクトが遂行されるのである。本書の主題は，この「ユニークな仕組み」にほかならない。

本書の構成は，問題の所在（序章），政策史（第1〜2章），LIHTC（第3章），非営利開発法人（第4章），HOME（第5章），住宅バブル崩壊と対策（第6章），総括（終章），推計式（補論）からなる。概括しておこう。

まず序章「アメリカの住宅問題」では，1970年代以降のそれが住宅の量や質ではなくアフォーダビリティ問題（affordability problem）――所得の30％以上を住宅費にあてている世帯の比率上昇――になっていることや，連邦助成住宅の全住宅戸数に占める割合が7.3％（2013年）であることなど，実相の概要とともに，住宅という財の特殊性（外部性をもつ「準私的財」かつ所得再分配の対象），政策の特徴，先行研究と分析視角（租税支出の受益の帰着問題）などが概観される。

第1章「住宅・コミュニティ開発政策」と第2章「低所得者用住宅税額控除（LIHTC）とHOME投資パートナーシップの始動」では，1930年代以降の政策史が政府や議会資料等を駆使して考察され，そして1990年代に「間接的な政府関与」（LIHTCやHOME）の方向へと政策転換したことがクローズアップされる。この政策と制

度変化の歴史は単純ではないが，ごく大筋のみをたどっておけば，つぎのごとくである。

政策の起源は，ニューディール期の公共住宅供給とスラム・クリアランスであり，それをうけて1937年「合衆国住宅法」が「住環境の保障」を国家政策として位置づけた。そして低所得層用公共住宅の建設に反対する全国不動産業者協会や投資家を融和するため，1949年「住宅法」は，かれらが危惧する都市中心部の荒廃や郊外化をコミュニティ開発・再開発政策によって対処することとし，公共住宅供給を定着させたことなどがあきらかにされている。

1960年代後半の「貧困戦争」期には，連邦のさまざまな民間住宅補助プログラムが始まり，また住宅都市開発省（HUD）が設置され，連邦主導の住宅・コミュニティ開発政策が展開された。しかし，このジョンソン政権期の諸政策は，貧困層の集中や補助基準の不統一など「多大なる欠陥」をもつものであり，これに対しニクソン政権は，1973年モラトリアム（住宅補助の新規契約中断）を実施，1974年「住宅コミュニティ開発法」を制定，補助の算定基準の統一や受給資格世帯基準の統一など，その後の住宅補助の基本的枠組みを整備した。また，住宅にかぎらず全般的に特定補助金が州・地方政府の決定権限を奪っていることなどへの反省から，1971年二つの歳入分与プログラム（revenue sharing）――一般分与と特別分与――を提案し，一般分与は1972年，特別分与は職業訓練分野が1973年，住宅コミュニティ分野が1974年にそれぞれ成立した。この特別分与により州・地方への権限委譲をともなうコミュニティ開発一括補助金（block grant）が創設された。しかし「地方政治」にはコミュニティ開発のプライオリティが低いという限界があった。

レーガン政権期には，住宅問題がアフォーダビリティ問題だとされ，その解決手段が家賃補助にもとめられたが，予算制約と自由市場イデオロギーの強まりとによって，補助金は削減され，住環境は悪化した。

1990年代に入ると，グローバル化や財政危機，そして福祉国家の再編という流れのもとで，住宅・コミュニ

ティ政策もスリム化がもとめられ，これに対して，住環境の保障を連邦政府が囲い込まず，一括補助金や租税支出によって「政府関与の間接化」を進め，住宅供給主体を民間に移行させるという対応がとられた。「アメリカに内在する民間活用型」の強化である。均衡財政の制限が強い州・地方政府や，民間組織の財務諸表に，政策の採算性や効率性があらわれる仕組みだとされる。

この方向への再編の画期は，1990年「全国アフォーダブル住宅法」であるが，その背景は1980年代の連邦補助金の削減，そのなかでの非営利コミュニティ開発法人の拡大であり，同法はこの非営利開発法人を活用しようとするものであった。同法により本書の焦点の一つであるHOME投資パートナーシップが新設された。もう一つの焦点であるLIHTCは，1986年税制改革法で時限的に導入され，クリントン政権下の1993年「統合予算調整法」(OBRA 93)によって恒常的な制度になったものである。

この二つの制度についての現地調査と研究の成果が，第3章「低所得者用住宅税額控除(LIHTC)のインセンティブ効果」，第4章「非営利法人の組織形態」，第5章「持ち家政策とHOME投資パートナーシップ」である。そして第6章「アメリカ住宅バブルの崩壊と経済再建過程」で，ブッシュ政権の「オーナーシップ社会」構想と住宅バブル，2008年金融危機に対するオバマ政権の緊急対策としての租税支出の財政支出転換(LIHTCプロジェクトへの建設資金供給と未活用LIHTCの補助金化プログラム)，FRBのモーゲッジ担保証券(MBS)の大量購入などが考察され，終章「総括と展望」にいたる。紙幅の制約により，この各章の豊富かつ詳細な実証分析をいちいち紹介することはできない。ここでは上記二つの制度の概要をみて，「総括と展望」に進もう。

LIHTCは，民間ディベロッパー(非営利開発法人)——低所得者住宅の供給主体——への税額控除である。すなわち①連邦補助なしの賃貸住宅の新規建設・大規模修復費用の70％，②連邦補助ありの同費用の30％または既存住宅の取得費用の30％について，10年間税額控除するものであり，単年換算では①当初費用の9％，②同4％になる。連邦(内国歳入庁 IRS)が州の住宅計画に対し州人口一人当り一定額(当初1.25ドル)を上限にLIHTCを割り当てる。州はLIHTCを民間ディベロッパーに競争的に配分する。民間ディベロッパーは，全戸数の20％を地域の所得中央値50％以下世帯，ないし40％を同中央値60％以下世帯に提供し，

家賃を基準所得額(同中央値の50％)の30％以内にしなければならない。さて，この制度のユニークな点は，10年間の税額控除の権利を投資家に移転でき，投資資金を集めることができることである。民間ディベロッパーはシンジケーターをつうじ投資家を集める。投資家は，ディベロッパーのプロジェクトの有限責任パートナー(LP)になり，出資に対し，通常の投資収益のかわりに，この税額控除および損金算入可能な損失をうけとる("節税スキーム"をえる)。

この制度の実態が，サンフランシスコ・ベイエリアの四つの低所得者向け住宅・コミュニティ開発プロジェクトの現地調査によってあきらかにされているのであるが，その一つであるバークレーのOxford Plazaプロジェクトについてみると，資金源は多様であって，その構成は主に①州レベニュー債(連邦所得税免税債)15.3％(貸手＝ウェルズ・ファーゴ銀行)，②市場金利以下の融資(州・地方政府の公的資金によるもの)30.1％，③民間出資(LP)44.4％(投資家は"節税スキーム"をえる)である。③の民間資金が大きい。これによって低家賃住宅の開発が可能になっている。LIHTCの効果である。なお，非営利開発法人としての民間ディベロッパーの実態についても，1章をさいて財務諸表の検討などをつうじ，詳しく考察され，そこには住宅購入低所得層の参加という興味深い福祉のあり方などもふくまれているのであるが，これははばかざるをえない。

もう一つの焦点であるHOME投資パートナーシップは，連邦による州・地方への一括補助金である。低所得者住宅の供給インセンティブ惹起のための間接的な資金である。総額の60％が大都市部の市および都市部カウンティに，40％が州に割り当てられる。補助をもとめる州・地方は，「総合的住宅アフォーダビリティ戦略」を策定，住宅都市開発省長官がこれを審査・認否する。州・地方間の水平的競争が想定されている。州・地方は連邦補助金1ドルに対し25セントの見合資金(matching fund)を用意しなければならない。それは民間資金でもよい。

このHOME投資パートナーシップについては，人口密度の低いテキサス州ダラスとミズーリ州カンザスシティの事例がとりあげられている。そのうちダラスの非営利開発法人Builders of Hope CDCのEagle Fordプロジェクト(低所得者持ち家・戸建住宅建設)をみると，開発資金は143万4000ドル(土地はダラス市の無償寄付)，その調達内訳は，①ダラス市のHOME投資パートナーシップ63万4000ドル(金利0％ローン)，②インウッド

銀行60万ドル（プライムレート＋1％の市場金利ローン），③ウェルズ・ファーゴ銀行20万ドル（コミュニティ再投資法による割引金利2％ローン）である。1戸当り住宅価格は11万4601ドルで，購入補助（①ダラス市HOME資金による融資，②住宅都市開発省資金を原資とし非営利組織を介した住宅ローン補助プログラム，③権原移転費用4601ドル相当の連邦補助）と自己資金1000ドルをさしひくと，市場調達資金は残り8万8254ドル（負債比率80％）となる。住宅購入者の月額支払は825ドルで，年間所得3万ドル世帯にとってアフォーダブルな水準（所得の3分の1）となる。この非営利開発法人は，低所得住宅購入者に対し，徹底的な資産管理の教育とカウンセリングをおこなっており，荒んだ貧困地域でも犯罪発生率は低下したという。

終章「総括と展望」では，租税支出の受益の帰着という財政学的に重要な問題が考察されている。まず，逆進的なモーゲッジ利子の所得控除（1913年個人所得税創設時以来）——これは本書の主題ではない——が検討されており，これは20世紀末まで受益は中間層に厚くて「持ち家」というアメリカン・ドリームの制度といえたが，21世紀には受益が高所得層に偏重化していることや，関口[*2)]によりつつ租税支出全体の受益が，2013年で最高位所得層に50％，中位所得層13％，最低位所得層8％であることなどをみたあと，LIHTCの受益が検討される。通説は，受益の主要部分が投資家やディベロッパーにあって，低所得層への受益は明確ではないというものだが，本書は，独自の推計式にもとづいて，これを批判し，受益は一部が投資家に回るが，家賃を低下させ低所得の居住者に帰着しているとする。

以上が評者なりの本書の概括である。全体として実地調査に裏付けられた，すぐれた構図の着実かつ綿密な研究であり，これからのこの分野の研究をリードするものといってよいであろう。本書の主な意義は，第一に，現地実態調査の成果である。すなわち，LIHTCやHOMEの実態が，前者はサンフランシスコ湾岸の低所得者向け賃貸住宅4プロジェクトと3非営利開発法人，後者はダラスとカンザスシティの非営利法人の低所得者向け持ち家戸建住宅事業，それぞれの現地調査と原資料（財務諸表など）にもとづいて，あきらかにされている。第二に，通説批判である。独自の推計式によってLIHTCについての通説を批判し，自説を展開している。第三に，政策史への位置づけである。LIHTCやHOMEによる住宅・コミュニティ政策が，政府や議会資料などを駆使しつつ，アメリカの同政策史全体のなかに，直接的な住宅供給から「間接的な政策関与」への移行として，位置づけられている。

さいごに，こんごの研究への期待を若干記しておこう。第一に，住宅・コミュニティ問題とはなにかについて，福祉国家の政策体系における位置づけもふくめて，さらに検討・考究していただきたい。第二に，アメリカ住宅・コミュニティ政策史の一層の拡充である。本書では，「政府関与の間接化」が主題であるため，やむをえないかもしれないが，ニューディール期や「貧困戦争」期の政策実態が比較的軽い扱いになっている。だが，この両時期には資本主義国家のあり方にとって根源的な問題が現出したのではないか。住宅問題でも，たとえば，19世紀の資本主義典型国イギリスの住宅・コミュニティ政策は人口の都市集中にともなう公衆衛生・治安対策として登場したと思われるが，アメリカでも，とりわけ「貧困戦争」期にこの面——基層としての夜警国家の一面——が，福祉国家の拡充の側面とともに，強くあらわれたのではないか。また，本書があきらかにしているように，この期の政策の「欠陥」の是正への動きが，その後の政策軌道を設定したとすれば，住宅・コミュニティ問題とはなにかという問いともあいまって，この期の政策実態の分析・考察は，なお重要ではなかろうか。さらに，1990年代以降の「政府関与の間接化」の原因についても一層の探求・整理をもとめたい。これは全体としてのアメリカ福祉国家の再編の実態と原因はなにかという大テーマにかかわるであろう。このほか，第三に，LIHTCやHOMEについて，資金源として銀行の出資や融資の割合が大きいが，銀行業界との関係はどうか。銀行の低所得コミュニティ融資の促進を目的とした1977年「コミュニティ再投資法」（CRA）の検討も必要かもしれない。第四に，租税支出について，受益の帰着のみならず，それが租税体系や財政民主主義と衝突するものなのか否かなどにも，さらに財政学的な考察を進めてほしい。

門外漢の的外れかつアバウトな要望にすぎないかもしれない。研究の一層の発展を期待する。

注

❖1) 渋谷博史『アメリカ財政史 I II III』東京大学出版会，2005年。
❖2) 関口智『現代アメリカ連邦財政——付加価値税なき国家の租税構造』東京大学出版会，2015年。

書評へのリプライ

『この経済政策が民主主義を救う』に対する
海野八尋氏の書評へのリプライ

松尾 匡 | 立命館大学

海野会員には，長年お世話になった上，ご体調なかなか安からぬ中，詳細に拙著をご検討いただき，重要な論点を提起くださいました。深く感謝もうしあげます。これを機会に，本書の取り組む問題について議論が盛り上がることが先生のお望みであると思いますので，なるべく論点がはっきりするように私見を述べたいと思います。

実は，多くの会員には違和感がありそうな本書の重要な主題については，大変ありがたいことに，ほとんどの論点で海野会員にはご賛同いただきました。——景気拡大は目指すべきものであり，そのために大規模な赤字財政支出が必要。その財源は日銀による国債引き受け。その多くは日銀に対して償還しなくていい。これで国債暴落など起こらない。円高は阻止すべきであり，安倍政権下の円安はよかった等。

多くの読者のみなさんは，これらの論点についてシビアに吟味することを期待しておられるかもしれません。しかし，ご書評との明瞭な争点を切り出すのは難しいと思いますので，以下では，私たちの間で明らかに意見を異にする論点にかぎり，とりあげることにいたします。海野会員には乱文で失礼になるかもしれないことをご容赦願いますとともに，読者諸氏にもご理解をお願いします。なお，以下では「である」調で失礼します。「本書」とは書評対象の拙著，「本評」とは海野会員のご書評，「著者」とは私を指します。

拙論を「増税なし」の主張とするまとめ方について

まず誤解と思われる箇所について説明したい。

拙著ではなるほど，増税（やるとしたら累進強化と法人税率引き上げを想定）は今やると景気が悪化するので，十分な好況実現後の課題としている。それに対して，海野会員は，所得再分配のために現在の課題とするべきだと批判されている。

これは，拙著がプリンシプルだけを示し，テクニカルな方法の議論に踏み込むのを，読者の自由に任せて避けていたため起こった誤解であり，舌足らずをおわ

びし，ここで私見を披露したい。拙著では，「大企業やお金持ちへの課税を増やすことは，景気がよくなったときには必要だと思いますので，不況の間からスムーズな移行のためにちょっとずつ始めておくというのはいい考えです」(p.98)と書いたが，その具体案の一例である。

インフレの亢進を心配する段階になってから増税の制度作りを始めたのでは間に合わないから，それは現在のうちに制度としては作ってしまうのが望ましい。すなわち，我々が望む福祉，医療，教育，子育て支援などの社会サービスの大幅な充実に対しては，所得税の累進強化と法人税の増税などによって今のうちから財源をつけておく。しかしそのままでは景気に悪影響があるので，総額で同規模の，設備投資補助金や雇用補助金，一律の給付金として民間に戻し，その財源として，日銀の財政ファイナンスによる緩和マネーを使えばよい。

そうすると，マクロ経済的には結局，日銀緩和マネーで社会サービスを充実させたのと同じことになるのだから，増税の景気抑制効果はなくなる。すでに2010年の拙著『不況は人災です！』でも提唱したとおり，法人税増税と設備投資補助金の組み合わせは，かえって景気拡大効果がある。累進課税した所得税を一律の給付金で戻すことも，消費性向の高い低所得者への所得再分配になり，やはり景気拡大効果を持つ。景気による失業減少や，社会サービス充実そのものの効果とも合わせ，海野書評の提唱どおり，景気効果と公平化効果が相乗される。

このスキームの場合，インフレの進行に合わせて，緩和マネーによる補助金や給付金の方を縮小していけば，スムーズな「出口」政策になる。インフレ目標に至った段階になれば，これらを停止し，純粋に税で社会サービスがまかなわれるようにすればよい。このとき，もともと不況時代に，社会サービス向けインフラ建設のような一時的支出に対応させていた税収は，この段階になれば，インフレ抑制のために日銀が売りオペした国債の償還や，インフレ抑制のために，日銀保有の国債の借り換えを停止する分の償還にあてればよい。

グローバル化はケインズ政策の有効性を減らすか

　海野会員の主張の一番重要な論点は，現代はグローバル化しているために総需要が抑制され，ケインズ政策の有効性が減じているとするものである。このうち，総需要が増えても安い海外製品が流入してデフレ脱却の足をひっぱるとする点については，そのような効果がもし大きいならば，インフレ悪化を思い煩うことなく，社会サービスの拡充による雇用拡大を存分に進めることができるという点で，むしろ有効性を高めるものだと考える。

　とはいえ変動相場制下でグローバル化が進んだ場合，政府支出を増やすと，通常は国債発行で金利が上昇し，資金の流入を招いて円高を引き起こし，輸出需要を減退させる。その意味でケインズ政策の有効性を減じる力があることは間違いない。しかし，国債の日銀引き受けによる場合，あるいは現状のように量的金融緩和と併用される場合には，金利が上昇せず，むしろ下がるので，円価値は上がらず，むしろ下がる。よって総需要拡大力が削がれることはない。これは，廉価の輸入が流入しすぎることへの歯止めともなる。

　また海野会員が指摘される対外投資による対内設備投資のクラウディングアウトも，もともと円高によって促進されたものだった。今世紀に入っての円ドル相場の動きは，拙著で示したとおり，ほぼ日米の長期金利差で説明できる。したがって金利を下げて円価値を適切に安くすれば，野放図な対外投資を阻止する力のひとつにはなる。やはり，十分な通貨発行との併用で，ケインズ財政政策の有効性は取り戻せるのである。

長期停滞は「流動性のわな」か

　この問題とかかわり，本評は日本の長期停滞をグローバル化によるものと見て，「流動性のわな」を根本原因とする本書の見方を否定する。しかし，日本企業の対外投資の進展がまず独立変数としてあるのであれば，常に利潤を外貨に換える動きのために，この四半世紀の日本は長期的に円安の力が働き続けたことになる。実際には逆で，放置したら円高が進行するところを，為替介入や金融緩和の力で円安にして，なんとか経済を崩壊から防いでいるのが常だった。

　本来ならば，このかんの日本経済のように，民間が投資不足，消費不足で貯蓄過剰なら，政府部門で吸収できない分は対外貸付（投資）にまわる。これは金利

が下がって海外に資金が流れることによる。そのために外貨に換えようとする動きに対して，応じる外貨が少なければ円安になり，そのために貿易黒字になり，それで海外に流れる外貨がマクロ的に手当てされて均衡する結果になる。

　ところが現実は，放置するとそうはならなかったのである。民間が投資不足，消費不足で貯蓄過剰なのに実質金利が下がらない。だから海外に資金が流れる力が弱く，むしろ事あるごとに海外から資金が流れ込んでくる。何かと言うと，円を円のまま持っておこうとする力が働くのである。これが「流動性のわな」ということにほかならない。その結果は，貿易収支は正常な景気を実現するレベルには満たず，国民所得が減ることで貯蓄が減少するというルートで，貯蓄過剰が解消方向に向かうことになる。つまりひどい不況ということである。

安倍政権下の経済運営の効果をめぐって

　さて，安倍政権下の経済運営の効果について，本評は批判的評論をしているのであるが，この記述が本書の見解に対する批判のつもりなのか，それとも，もっぱら本書とは立場が異なる政権支持派に対する批判のつもりなのかが判然としない。本書に対する直接的な批判の表現は一言もないのだが，事情を知らない読者が，本書の見解がここで批判されているリフレ派の見解と等しいと受け取りかねない危惧を感じる。

　しかし，海野会員が効果を認めた要因がもっぱら財政支出増と円安である点は，筆者もほぼ共有するところである。さらに筆者は，消費税引き上げに先立つ頃から財政支出の抑制が続いていることが，本書でも指摘したとおり，景気拡大が足踏みした主因と考えている。消費税増税も含め，こうした財政政策スタンスの変化から景気動向を説明することは本評からは明瞭に読み取れないが，海野会員の本旨にそうものと思う。もちろん筆者の場合，当初の財政拡大が金利上昇も円高も伴わなかったことと，円相場がほぼ金利差で決まっていることについて，金融緩和の効果を示すものと考えている点では，おそらく認識が異なるのであるが。

　そうした原因論についてはともかく，本書の見解もまた，財政拡大なき異次元緩和は，銀行に緩和マネーを滞らせたにとどまり，かろうじて円安とそれによる輸出増，輸出部門中心の設備投資増を若干もたらしたのだが，それが世界経済の動揺とそれに伴う円高でストップされたというもので，概ね本評と一致している。ただ本書の

場合，安倍首相の作戦への対抗策を立てるという立場上，首相が選挙勝利のために最大限景気拡大効果があるように財政出動すると見込み，その策があたる現実的可能性を指摘することが重要になってくる。だから本書のトーンが海野会員の評よりも，景気見通しが強気になることは矛盾ではない。

実際には，本書のあとがきに書いたように，追加財政支出はたった3兆円余りだった。選挙時に本格的好景気をもたらすには力不足で，野党にとっては大規模な対抗政策を打ち出すチャンスだが，それでも不況への落ち込みは防ぐことができ，今のままの経済政策スタンスでは野党に勝ち目はないと評したが，そのとおりとなった。

純投資ゼロの是非をめぐって

ところで，本書に批判的な読者の多くは，経済の拡大をよしとする姿勢に違和感を持つものと推測するが，海野会員はむしろ逆方向から本書を批判しておられる。本書は，完全雇用に達する前の，総需要を拡大することで失業がなくなっていく景気拡大と，完全雇用が実現された経済の「天井」の成長とを区別し，前者の意味の経済成長は必要だが，後者の意味の経済成長はゼロ成長でよいと論じた。ここから本書では，設備投資の更新投資を超える分の純投資は無くてよく，その分の投資財を生産するための労働配分は，介護などこれから高齢社会で人手が不足する分野にまわすべきであるとした。そして，現状の景気拡大は，設備投資の比率が過剰である点が批判されるべきだとし，もっと消費財や福祉分野の拡大が主導する景気拡大策を対置すべきだと論じた。

それに対して海野会員は，筆者の議論が生産性一定を前提していることを正しく指摘し，生産性が上昇するならば「天井」はプラス成長し，したがって純投資も必要になるとされた。この論理は全く正しいが，本書では，生産性上昇率は高々年率1％で，大きく論旨を変えるものではないとみなしている。

これは客観的根拠を原理的に持ち得ない将来推測をめぐる，水掛け論的な程度問題に帰着することは確かである。しかし実は背景には，私たち二人の根本的な問題意識の差をめぐる対立が横たわっていることを，読者にはご理解いただきたい。

海野会員の問題意識は，先述のとおり，グローバル化によって対内投資が対外投資にクラウディングアウトされ，慢性的に総需要不足になってしまう問題にいかに対処するかということにある。投資が足りないのが問題だと言うわけだ。それゆえ，本書の過剰投資との見立てを批判して，98年以来，日本の設備投資は更新投資だけで純投資はほとんどなかったと指摘している。

筆者が本書で直近2015年の設備投資を過剰と判断したのは，GDPとの比率についてであり，たしかに絶対額が依然更新投資の範囲内にあった可能性は否定しない。だが，この調子で成長が続くと完全雇用とは整合せず，過剰投資になると指摘しているのである。リーマン恐慌前の2007年頃は，実際に過剰投資になっていたと思われる。

本書でも2010年の拙著でも述べたとおり，筆者の問題意識としては，もっぱら金融緩和だけに依存したリフレ政策は，設備投資財部門に偏奇した景気拡大をもたらす点が最も批判されるべきである。そうなるのは，賃金上昇が遅れるため，投資財価格上昇率の予想で割り引く実質金利が最も低下し，消費財価格上昇率の予想で割り引く実質金利の低下はそれに遅れ，賃金上昇率の予想で割り引く実質金利の低下は最も困難になるからである。景気拡大下の労働分配率の低下は，この特徴から必然的に導かれる。

しかしながら，リフレ政策への反対者の多くは，設備投資が起こらないという批判をしている。これでは，いざ今後過剰投資を伴う好況が本格化したとき——そうなる可能性は高いと思う——景気はよくならないと言っていた勢力は大衆の信頼を失い，人々は，もっと良い好況があることを知らされないまま，不況より現状が良いと，またも安倍自民党を選択することになるだろう。

たしかに，生産性上昇が起こらないと言うことはできないし，起こった方がいいに決まっている。だが，起こるかどうかも，どの程度起こるかもわからないことを前提にして，長期の経済政策を立案するわけにはいかない。最も不都合なことを想定して，対処を考えるのが正道である。

しかも，景気拡大策の結果，更新投資が起こるだけでも，新技術は体化され，生産性は上昇する。それ以上に政策として何ができるのか。イノベーションは自由な創意に任せてこそできるもので，国策で振興するなど無理だし危険である。規制緩和すれば生産性が上がるものでもないし，かえって弊害が多い。子育て支援や教育などの充実で，完全雇用の「天井」を伸ばそうという以外，経済政策として打ち出すにはなじまない性格のものであると考えられる。

公共事業は抑えるべきか

　本書で公共事業を抑えるべきだと書いたことについても，海野会員から批判を受けた。これも，多くの読者から見たら反対側からの批判かもしれないが，筆者にはある程度は理解できる。公共インフラについて，本書では必要なものを更新するだけでよいとしたが，本評では，新たに災害増や核汚染に対処する必要は増しているとされる。また，現状は更新もままならない状態だと指摘される。

　私事であるが，先日の福岡県の大雨のとき，筑後川の増水にもかかわらず，近年の堤防工事のおかげで決壊を免れ，近くの自宅が被害を受けなかった。同様に拡充すべきインフラは多いだろう。しかも，小泉政権以降の公共事業削減は行き過ぎで，次世代への技術継承ができなくなっていることは大きな問題である。

　とはいえ，オリンピックやリニアは不要だろう。住民ニーズに基づき，地域の中で常に一定の仕事があることで若者が安心して就職し続け，技術継承ができるよう，長期計画的に精査されたインフラ建設が望まれる。

第8回（2017年度）経済理論学会奨励賞

奨励賞選考委員会

　今回の選考対象著作は，『季刊 経済理論』掲載の論文を含め，著書と論文合計14点であった。第8回経済理論学会奨励賞選考委員会は慎重審議のうえ，下記の2会員の著作が奨励賞に値するという結論に至った。以下にその選定理由を記す。

柴崎慎也 会員の著作
「**商業資本のもとにおける債務の集積**」，『季刊 経済理論』第53巻第2号（2016年7月20日）および「**競争と商業組織**」，『季刊 経済理論』第53巻第3号（2016年10月20日）

薗田竜之介 会員の著作
Ryunosuke Sonoda, "Price and Nominal Wage Phillips Curves and the Dynamics of Distribution in Japan," *International Review of Applied Economics* 31(1), pp. 28-44, 2017.

選定理由

　柴崎慎也会員の受賞論文2点は，商業資本にかんする原理論的研究である。この研究をつうじて柴崎会員は，すでに豊富な先行研究の蓄積をもつ商業資本論にも，商業信用の次元における商業資本と貨幣取扱業務との結びつきや，「組織化」をつうじた流通の不確定性への事前的対応，消費部面にたいする商業資本の関与など，未検討の論点がまだまだ多く埋もれていることを示している。これは，たんに商業資本研究に一石を投じるばかりではなく，原理論体系の後半部分に当たる市場機構論全体の組み立てを考察する上でも貴重な手掛かりを与えている。以上の理由から，選考委員会は，柴崎会員の研究成果を奨励賞に値するものと評価した。

　第一論文は，商業資本と信用機構との関連を，従来のように信用創造という側面からではなく，貨幣預託という側面から説くことを企図したものである。商業資本に信用で売る産業資本は，将来その商業資本から買うことを見越して，手形を受け取ることなく商業資本の下に「売掛金の留め置き」を行うようになる。柴崎会員は，この「売掛金の留め置き」を，貨幣取扱費用の節約というメリットを伴う「事実上の貨幣預託」として捉え，そこから商業資本の下での債務集積を導き出すという斬新な議論を展開している。これは，銀行信用の次元における貨幣預託だ

けに焦点を絞ってきた，発券先行説と預金先行説との共通の視角を突いたものとして評価できる。また，マルクスが商業資本論のなかで貨幣取扱資本を説こうとしたことの意味についても，再考のきっかけを与えるものである。

　第二論文は，商業資本研究のなかで手薄であった商業組織の問題について，「組織化」論という近年の研究潮流の成果と限界とを踏まえつつ，本格的な考察を試みたものである。近年の「組織化」論は，商業資本の理論像を大きく組み替えるという成果を残したが，その反面，継続的取引こそが「組織化」であるという一面的な見方に傾きがちであった。また，商業資本との取引の継続性を強調するあまり，産業資本間の取引は反対に単発的であるという見方に固執しがちであった。これにたいして柴崎会員は，産業資本間の取引にも，すでに単発的な大量買いをつうじた「組織化」の原理が働いていることを明らかにしている。さらに，商業資本の主たる舞台を，産業資本が当事者となる生産部面ではなく，最終消費者が当事者となる消費部面に求めている。これは，従来軽視されてきた小売商業の意義を再評価する試みとして評価できる。

　もっとも柴崎会員の研究成果には，残された課題も少なくない。まず，商業資本論に限って最終消費者との関係をクローズアップすることは，なるほど商業資本論の内部に商業組織論を組み込むことには繋がるかもしれないが，市場機構論全体の本筋から逸れたところに商業資本論を定位させることにならないかどうか。卸売商業だけを重視してきた伝統的な見方の狭さを克服しようとして，反対に卸売商業を軽視しすぎる狭い見方に陥りかねないことが懸念されるが，その懸念は十分払拭されないまま残っている。また，第二論文で論じられる対消費部面での商業資本の「組織化」と，第一論文で論じられる対生産部面での商業資本の貨幣取扱業務との関連も，まだ十分詰められているとはいえない。以上の課題については，今後のさらなる研究の進展を期待したい。

　薗田会員の論文は，日本のマクロ経済データを用いて，所得分配の動態と産出の動態の関係の実証分析を試みたものであり，国際的水準にある研究である。

　本実証分析の基礎となっているのはポスト・ケインズ派のモデルの1つである，カレツキアン・モデルである。カレツキアン・モデルは，賃金シェアあるいは利潤シェアで

定義される所得分配の変化が，産出に与える影響を分析するのに適したマクロ動学モデルである。

カレツキアン・モデルを用いて所得分配と産出の関係の実証分析を行った研究は国内外を問わず数多くあるが，それらのほとんどは，所得分配から産出への一方向の因果関係のみを分析している。これに対して，本論文のモデルは，所得分配が産出へ与える影響のみならず，産出が所得分配へ与える影響も考慮しており，より現実に即した分析を行っている。

本論文のマクロ動学モデルは，物価フィリップス曲線，名目賃金フィリップス曲線，オークン法則，生産性変化メカニズム，稼働率調整，という5本の式から構成されている。これら5本の式を集約することで，稼働率と賃金シェアという2変数に関する微分方程式が導出される。稼働率の微分方程式は需要レジーム，賃金シェアの微分方程式は分配レジームと呼ばれる。

次に，稼働率と賃金シェアが時間を通じて一定となる定常状態を導出し，定常状態が局所的に安定となるパラメーター条件を導出している。安定条件を詳細に分析することにより，需要レジームと分配レジームの組み合わせに応じて，定常状態が安定となるか不安定となるかが判明する。定常状態が安定となるのは，賃金主導型需要レジームと反循環的分配レジームの組み合わせ，および利潤主導型需要レジームと順循環的分配レジームの組み合わせであり，これら以外の組み合わせでは，定常状態は不安定となる。賃金（利潤）主導型レジームは，賃金シェア（利潤シェア）の上昇が稼働率を増大させるレジームと定義される。順（反）循環的分配レジームは，稼働率の上昇が賃金シェアを増大（低下）させるレジームと定義される。

本実証分析では，1977年から2007年の日本のマクロデータを用いて，モデルを構成する5本の式を推計し，需要レジームと分配レジームの組み合わせを識別してい

る。この分析より，日本の需要レジームは利潤主導型レジームであり，分配レジームは反循環的分配レジームであったという結果が得られている。これら2つのレジームの組み合わせは不安定性を生む要因である。しかし，1997年以降，労働保蔵効果の低下と産業予備軍効果の上昇が観察され，構造的不安定性が解消されたことがわかる。

本論文の意義は，非新古典派理論に基づいたマクロ動学モデルの実証分析に挑み，日本経済の財市場と労働市場の構造的特質を明らかにした点にある。この分野の理論的研究は数多くあるが，それに比して実証分析は途上の段階にある。また，それらの実証分析もほとんどは欧米を対象としている。本論文は，日本の労働市場の構造的特質がマクロ動学に与える影響を明らかにした上で，近年の雇用制度の変容が動学構造にもたらした変化をも分析した意欲的な研究である。

本論文では，労働市場の構造変化がキーワードとなっており，1997年以降，労働市場における構造変化が生じ，それが分配レジームを変容させたと論じている。特に本論文の後半では，正規雇用の割合が減少し，非正規雇用の割合が増大するという雇用の非正規化が労働市場の構造変化であると論じている。しかし，本論文の理論分析の部分において，労働を正規雇用と非正規雇用に分けた分析を行っているわけではなく，したがって，実証分析の部分においても，雇用形態を考慮した分析を行っているわけではない。今後，マクロ動学モデルにおける労働市場の役割に着目して研究を進めるさいには，雇用形態を明示的に考慮した分析を期待したい。

第8回経済理論学会奨励賞選考委員会：

足立眞理子（委員長），**小西一雄，佐々木啓明，石倉雅男，清水真志，芳賀健一**

Article Summaries

ruled class one-sidedly but also shared by the ruling class. Political twists and turns in the real world have been caused by the conflicts of such a burden sharing.

The "theory of economic policy" in Marxian economics has been composed of quite different kind of questions concern from that of modern economics. We cannot find any desirable economic policies without the correct understanding of the objective law of history and the exact stage of the era. So, our urgent task is the correct recognition of them. That is Marxian "theory of economic policy". This is why we have an advantage over modern economics which does not have such awareness of the problem.

Theories of Anti-Austerity Macro Economic Policy

Tadasu MATSUO
(Ritsumeikan Univ.)

Key words:

anti-austerity, money financing of government, Keynesian theory

Summary:

Many Western anti-austerity political arguments from the left side claim some sorts of the money financing of government by central bank (including the advocacy to distribute universal dividend by money creation or to cancel out public debt by central bank purchasing). This essay follows the theoretical backgrounds of these arguments. One stream of them is the restoration of Keynesian theory caused around the mainstream economics. Instead of the rigidity of wage or price, here is recognized the liquidity preference as the true essence of the Keynesian underemployment equilibrium theory. Especially in the situation of the "liquidity trap", which is reinterpreted as the unity of the real asset effect on the real money demand, the absolute price level, as well as the nominal money quantity lose their effects on the real economy. Here a certain decrease of the absolute price level caused by the underemployment raises the real interest rate and oppresses the aggregate demand, which reproduce the underemployment and the decrease of the absolute price level as a kind of steady state equilibrium. One of the prescription to cope with this situation is to change the expectation of public to positive inflation which weakens the liquidity preference and lowers the real interest rate to boost the aggregate demand. Many instruments for it, including the quantitative easing with inflation targeting, are provoked. Among them, the money financing of government by central bank is one of the strongest measure because it is easily expected by public that the government would pursue it until the realization of the target inflation, recognizing that it is an interest of government to spend without additive taxation or borrowing from private sector. Then the FTPL model will be examined to show that

What Should Be Discussed on Economic Policies by Marxian Economics

Hiroshi ONISHI
(Keio Univ.)

Key Words:

Marxian Economics, Democratic Reform Theory, Policy Science

Abstract:

Marxian viewpoint to discuss economic policy is different from that of modern economics which aims at the capitalism to be eternal and, in some cases, to prolong its life. Moreover, unlike "economic engineering" which sees the economy as an operable mere object, we have to "recollect" that Marxian social science is a "science of law recognition". Here, the reason why we use the word "recollect" is that its original idea seems to be forgotten.

In the past, I belonged to a research group intended to develop Marxian economics into "policy science", but many of its members have withdrawn from narrowly defined "policy science". I would like to discuss in this paper that reason, and what should be studied as "economic policy". For this purpose, this article discusses the following three points. That is, (1) conversion of the argument from democratic regulation theory to deregulation theory, (2) our discussion should not be converged only to government policy, and (3) recognition of historical law is a prerequisite for policy evaluation.

The third point is that even if a certain law goes through the history in the long-run, separately from the law itself, we should consider how much speed to proceed or what kind form to be taken. For example, burdens caused by trade liberalizations or other type of deregulations (in summary, conversion to a small government) should not be paid only by the its basic conclusion is derived from very Keynesian process and that untraditional monetary easing, not the temporary one, is consistent only with permanent fiscal easing.

The other stream of the theoretical background of the money financing orientation of the Western anti-austerity left is rather heterodox economic theories which recognize the present monetary system as money creation system by commercial banks and provoke the alternative monetary system of the money creation by the people's government. Thus, many arguments of some sorts of money financing are claimed coinciding with the demand to abolish the credit creation system.

And this essay shows a brief sketch of debates inside the Western anti-austerity movement over Corbynomics or citizen's dividend. And it concludes with an author's proposal of an economic policy package, which aims to synthesize advantages of the Corbynomics and the citizen's dividend.

Political Economy and the Reconstruction of Fukushima from the Nuclear Disaster

Masafumi YOKEMOTO
(Osaka City Univ.)

Key words:
Fukushima nuclear disaster, unevenness of reconstruction, people-centered reconstruction

Summary:
The Fukushima nuclear accident caused serious environmental and socio-economic damages. In this paper, we first describe a fundamental perspective that is essential in thoroughly understanding the damage caused by the Fukushima nuclear disaster. Our perspective is based on "Political Economy of the Environment", which has been developed by S. Tsuru, K. Miyamoto and others, since 1960's in Japan. We also draw on previous research on reconstruction policies after other natural disasters, especially "people-centered reconstruction" (*Ningen No Fukko*) doctrine.

Then, we will reconsider seven years of nuclear accident compensation and government policies for the reconstruction of Fukushima. We also explain how the policies lead to the structural "division" of victims. We will identify, from the vantage point of compensation for damages from the Fukushima nuclear accident, the unevenness of the reconstruction of areas victimized by the disaster as well as the structures responsible for producing social division among the disaster's victims. Unevenness here refers specifically to the way in which the results of reconstruction policies manifest unevenly for the region's communities and victims. In order to prevent the further expansion of social divisions, it is essential to eliminate the disparities in compensation by carefully attending to specific local circumstances, and to respect the diversity of evacuees' preferences.

Accordingly, it is important to consider victim's own ef-

forts to reduce disparities in compensation and to overcome social divisions, which include class action lawsuits against the national government and TEPCO. In this connection, we also reveal the details of the mechanisms to shift the burden of compensation and decontamination costs to citizens and electricity consumers, and to bail out TEPCO and other electric power companies.

The national government considers compensation to be a means of rebuilding victims' daily lives. If daily life rebuilding is seen an essential first step towards reconstruction, then it is likely that these steps will achieve continuity. This paper provides a preliminary discussion useful for further consideration of such tasks and strategies.

A Graham-type Trade Model with Keynesian Unemployment:
Simultaneous Determination of International Values, Wage Rates, and Quantities of Employment

Hideo SATO
(Tohoku Univ., Professor Emeritus)

Key words:
multi-country multi-commodity, Keynesian unemployment, link commodities

Summary:
In this paper, we provide two versions of a multi-country multi-commodity Ricardian trade model, which we call the Graham-type trade model because the model is based on F. D. Graham's theory of international values. One is the full employment version and its outlines are as follows. 1) There are many countries and many commodities. 2) There are no intermediate goods and no profits. 3) Full employment and trade equilibrium are fulfilled. 4) There are no transport costs and no trade barriers. 5) There are no international labor movements and domestic wage rates are equal in all sectors. 6) For each country, production techniques of commodities (labor input coefficients), quantities of labor, and structures of demand for commodities (expenditure coefficients) are given. Under these assumptions, the patterns of the international division of labor (IDL patterns), international values (world relative prices), relative wage rates in every country, and each country's production volumes, export-import volumes, and consumption volumes are determined uniquely.

The IDL patterns can be classified into two types. The first type is when all countries are linked through link commodities produced in common in more than one country. We refer to this as *the linkage type*. In this type, international values are highly stable in the face of changes in demand. Small changes in demand are adjusted through changes in production volumes and export-import volumes without price changes. We call the aspect of the quantity adjustments without price changes *the Graham case*. The second type is called *the limbo type*, in which the linkage of countries is not perfect and one or more disconnections of the linkage occur. In the limbo type, there are places where the quantity adjustments don't work and small changes in demand may bring about price changes. We call the aspect of the adjustments with price changes *the Mill case*. Although most of the IDL patterns of the limbo type contain both of the Graham case and the Mill case, a few IDL patterns have no link commodities and therefore form the perfect specialization, where the Mill case excludes the Graham case wholly. In the multi-country multi-commodity trade model, if the three conditions of the above 6) are given randomly, the IDL patterns of the linkage type, where only the Graham case exists, account for the greater part, the IDL patterns of the limbo type in which the Graham case and the Mill case coexist account for the small part, and the perfect specialization patterns are uncommon.

The other of the two versions is the underemployment version or the Graham-type trade model with Keynesian unemployment. This has many points in common with the full employment version but also several important differences. First, the model setting differs in some points: Demand conditions are given in terms of physical units, not of expenditure coefficients; Labor quantity constraints and unemployment rate constraints are given instead of full employment conditions. Second, there is, not always, a possibility to reach multiple equilibria according to the three conditions. Third, this version is the model that determines the international values, wage rates, and the quantities of employment (or unemployment rates) simultaneously, and therefore, may be useful to research the relationship between trade and unemployment.

Money of Account and the Value-form Analysis

Kei EHARA
(Oita Univ.)

Keywords:
Marx, Value-form, Money of Account

Abstract:
The concept of money of account is now the focus of the theory of money against the background of today's monetary phenomena. Since Marx severely criticised the 19th-century theorists of money of account in *A Contribution to the Critique of Political Economy* and asserted the material commodity theory of money based on the labour theory of value, Marxians have thought their concept of money cannot be reconciled with the concept of money of account.

Nevertheless, the value-form analysis in *Capital* Vol. 1 is a theory to study how the inherent value of a commodity is expressed. Here, the materiality of money is not necessarily the point of argument. Meanwhile, Marx negated the concept of money of account in *Capital* for reasons of its improper distinction between the measure of value and the standard of price. It means that if we properly distinguish these two, the

concept of money of account can be compatible with the value-form analysis.

We have considered how the commodities express their values in a uniform equivalent. We usually assume the equation has a single commodity in each side. However, if the owners of the commodities expand the value-form during asking for the indirect exchange, it is possible that they meet a commodity owner who offers two or more kinds of commodities in a relative form of value. Though this set of commodities cannot be an object of exchange in itself, it has an advantage in maintaining the stability of a value in comparison with a single kind of commodity. Hence doubled trajectory in the expansion of the value-form.

The expanded form of value has in itself a force of unifying itself, but it must be complemented by a certain external condition, such as a provision of legal tender, which accompanies the name of money. Therefore, the commodity theory of money is compatible with the concept of money of account. Here we should note that a stable set of commodities must be selected not by a non-economic actor but by a banking capital, who seeks profit-making by intermediating credit relationships.

World Financial Counter-Revolution and U. S. Stock Price Capitalism

Hideyuki WAKUI
(International Peace Research Institute Meiji Gakuin Univ.)

Key Words:
Financial Counter-Revolution, Stock price capitalism, Post-Cold War Era

Summary:
In the beginning of the 21st century, black cloud called secular stagnation have covered the world. The United States has led growth of the world economy after WW II. Now we are in the black clouds called deflation. The clouds cover the world and are gushing from U. S. economy. In the cold war era, the United States has supported the world economy. Now it became unnecessary for the United States to support the world. The Soviet Union (Cold war system) collapsed. The United States said it is my turn. It is the U. S. First. The first policy is the Plaza Accord in 1985. The U. S. world financial policy which is out of desperation was established as a world survival strategy.

A subsequent survival strategy is as follows. One is the Reverse Plaza Accord and IT (Information Telecommunications) new economy in 1995. Another one is housing boom and export of subprime financial products in the world. Both are bubbles and they collapsed. In the process, the world was exploited and U. S. financial capital got fat. It is world Financial Counterrevolution.

We were squeezed out with the Asian currency finance crisis in 1997 and the Riemann Shock. It gave serious influence on the world economy. It is world "Financial Counter-revolution". This world financial policy also transfigured the economic structure of U. S. It is change to "Stock Price" capitalism from the manufacturing industry symbolized by the Military-Industrial Complex. Now, the U. S. manufacturing industry weakens and is not in the center of growth. The United States is going to cover it with finance. The point is a stock price.

It is synchronizing with the change to the Post-Cold War Era from Cold War Era. The Cold War Era was a unique time after World War II. The Post-Cold War Era is the "normal era" of capitalism. Today's situation (Donald John Trump phenomenon) is not unusual. This is the usual capitalism.

【刊行趣意】

本誌は社会的・歴史的視野をもった経済学の理論の発展に貢献することを目的とした季刊ジャーナルとして，経済理論学会によって刊行されます。

取り扱う領域は，狭義の経済理論だけでなく，近・現代の経済および経済政策の分析，現代資本主義の理論，社会主義その他のオルターナティヴの検討，政治経済学・社会経済学の新領域，古典的理論の再検討などを含みます。

本誌は経済理論学会が1961年以来刊行してきた『経済理論学会年報』を引き継ぐものですが，投稿資格は学会会員に限定されません。経済学における批判的な研究の公器として編集され，投稿された論文は厳正な学術的な審査のもとに採否が決定されます。本誌刊行の趣旨をご理解いただき，積極的な投稿，批評，また購読によってご支援くださるようお願いします。

【投稿規定】

❶ 本誌は厳格なレフェリー制度に基づき投稿を受け入れています。刊行の趣意に合致した投稿を歓迎します。

(a) 投稿は「論文」「研究ノート」の2つのカテゴリーで受け付けています。

(b)投稿者は経済理論学会会員に限りません。非会員の投稿も会員のものとまったく同じ手続きで審査され，掲載されます。

(c) 匿名，あるいは組織名での投稿は受理しません。

(d) 受け付ける原稿は，未公刊のものに限りますが，口頭発表，コンファレンス・ペーパー，ディスカッション・ペーパーの類は，未公刊とみなします。

(e) 他雑誌との重複投稿等は絶対におやめください。

❷ 投稿は日本語によるものを原則とします。それ以外の言語の場合には，その都度，編集委員会でその取り扱いを判断します。

❸「研究ノート」は，興味深い論点の簡潔な解明やサーベイ，有益な資料紹介や研究ガイドなどを内容とするものです。

❹ 投稿はカテゴリーごとに以下の字数の上限を設けており，上限を超えた投稿は受理しません。なお上限には，図表・参照文献などを含みます。

(a)「論文」：日本語24,000字，英語12,000words

(b)「研究ノート」：日本語12,000字，英語6,000words

❺ 投稿に際しては，次の提出物を投稿受付窓口（後掲：桜井書店）にお送りください。

(1) A4判横書きで明瞭に作成した投稿論文正本1部（日本語の場合は1ページ35字×30行，英語の場合は1ページ約500words程度），(2)審査用副本3部，(3)正本・副本の電子ファイル（1枚のCD-Rに収めてください），(4)論文要旨4部。なお，正本には，氏名，所属，郵送先，電話番号，e-mailアドレスを付記してください。

❻ 審査用副本はレフェリー審査のため執筆者が特定されるような記載を削除した原稿です。本文や注での執筆者の別の論文への言及や文献リストも含めて，執筆者の特定につながるものはすべて削除してください。上記に該当する恐れのある箇所は，編集委員会で点検し，削除させていただくことがあります。

❼ 論文要旨は，冒頭に投稿論文のキーワードを3つ記載し，本文800字〜1,000字（英語の場合は400〜500words）の範囲で，無記名で作成してください。また，審査用副本と同様，執筆者が特定される

ような記述を含まないようにしてください。

❽ 投稿は随時受け付けますが，編集委員会では，事務の都合上，3月，6月，9月，12月の各10日前後を実質的締め切りとし，それまでの到着分を一括してレフェリー審査を行っています。投稿者には，原稿が到着した時点で受け取った旨通知します。

❾ 受取通知から概ね3か月で審査結果をお知らせします。審査がながびく場合にも，その頃に通知します。

(a)「そのまま掲載可」の場合または「わずかな手直しで掲載可」となった場合は，「改善要望」と「提出原稿作成の手引き」を送付しますので，これにしたがって，電子ファイルとハードコピーで原稿を再提出してください。

また，その際に，英語によるタイトル，著者名のローマ字表記，英文キーワード3点，英文サマリー（論文は300words〜600words，研究ノートは200words〜400words）を付してください。掲載号は，編集委員会が決定します。掲載には受取通知から最短で7か月を要します。

(b)「継続審査」扱いとして，「改善要望」と期限を伝える場合もありますが，これは期限内に改善された原稿が再提出された場合，前回と同じ基準で再審査を行い採否を決定するもので，掲載を確約するわけではありません。

❿ 掲載が決定された場合，その原稿の著作権を経済理論学会に委譲してください。ただし，原著者の著作権使用の申し出については，所定の基準・手続きによって無償で許可します。詳しくは経済理論学会ホームページの「機関誌」「投稿案内」を参照してください。

⓫ 希望により所定額（5,000円）で抜刷り30部を作成します。

⓬ 経済理論学会の会員でない著者からは，掲載号刊行時に掲載料5,000円を徴収します。

（2007年6月17日改定）

投稿宛先

『季刊 経済理論』事務局
〒113-0033　東京都文京区本郷1-5-17 三洋ビル16
桜井書店気付
電話 03 (5803) 7353　fax 03 (5803) 7356
e-mail sakurai@sakurai-shoten.com

編集後記

■『季刊 経済理論』第54巻第4号の特集テーマは「政治経済学の経済政策論」です。「特集にあたって」は，グローバル金融危機後の財政金融政策を通じて，主要な資本主義国が「自律的な回復を遂げたのだろうか」との問いを発しています。まさに時宜を得たテーマであり，この特集を設定した関根順一委員の慧眼です。関根委員が簡潔に整理しているように，政治経済学は①階級間の対立を認め，政府の中立性を認めない。②資本主義の歴史的諸条件を問う。③経済政策の各階級に与える影響を分析する。④代替的な経済政策を構想する，という特徴を持ちます。いずれの特徴も新古典派経済学との間に明確な境界線を引くものであり，経済学のリアリティをめぐって吟味されなければならないものです。

■大西論文は「『マルクス派経済政策論』として研究されるべき，論じられるモノは何か」，「何がマルクス的な理論であるか」という問題を提起しています。そこで，「民主的改革論」と「経済整合性論」の反省を踏まえ，「政府政策」に問題を収斂させてはならないと注意を促しています。また，「長期法則の認識」の下での政策評価を求めてもいます。そして，「新古典派的なもの」「新自由主義」を再評価しながら，政策主体としての国の問題をクローズアップしています。「学者の関心は『政府』にのみ向きすぎている」との指摘には大いに首肯したいところですが，マルクス主義の歴史的文脈からいえばアナーキズムとの関係の再評価も期待したいところです。

■松尾論文は，反緊縮的な財政金融政策が「安倍自民党の国政選挙の圧倒的五連勝を説明する基本原因になっている」と既存のマルクス経済学を痛烈に批判しています。その背景には，経済成長論の欠落を問うだけでなく，経済政策さえ支持されれば，左翼でも極右でも政権の座についてしまうことへの懸念があるのではないかと推察します。この点について，マルクス派内部での合意形成のために必要であると思われることは，「民意を代表する政府が公益のために」政策を実施するという見方への懐疑と「日銀のバランスシートの数値が悪化したからといって本来，何の問題もないのだが，気にする人もいる」ことへの対処ではないでしょうか。

■除本論文は「人間の復興」の観点から，実物タームと貨幣タームを区別する「政治経済学的方法」によって原発災害を分析しています。被害実態と賠償制度の乖離を明らかにしたうえで，最終的には国の社会的責任に加えて法的責任をも問わなければならないと指摘しています。素材面での分析は，近年解明が進む新MEGAの物質代謝論的なアプローチとどのように共鳴するのでしょうか。

■大西論文と除本論文に通底しているのは，国家への批判的なまなざしと民間(人民)の自己解決能力に信頼を寄せている点であり，それは関根会員が提起したように，政府が「国民の総意を受けて」いるという擬制と，政策における階級的な利害対立の隠蔽を明らかにするという視点でもあるでしょう。松尾論文の指摘が政治経済学者の琴線に触れるものであるだけに，政治経済学的な方法との整合性をめぐって今後も活発な論争が行われることを期待します。

（結城剛志）

○編集委員会
黒瀬一弘，佐々木啓明，渋井康弘，関根順一，
鳥居伸好，薗田竜之介，松尾秀雄，宮田惟史，
安田 均，結城剛志

○本号編集担当
関根順一，結城剛志

○編集委員長
松尾秀雄
〒468-8502
名古屋市天白区塩釜口1-501
名城大学経済学部
電話 052-838-2267（研究室直通）
hmatsuo@meijo-u.ac.jp

○副委員長
黒瀬一弘
〒980-8576
仙台市青葉区川内27-1
東北大学大学院経済学研究科
電話 022-795-6284（研究室直通）
kazuhirokurose@tohoku.ac.jp

ISSN 1882-5184

季刊
経済理論
第54巻 第4号
政治経済学の経済政策論
2018年1月20日発行

編集・発行
経済理論学会
代表幹事 河村哲二
URL http://www.jspe.gr.jp/

経済理論学会事務局
〒176-8534 東京都練馬区豊玉上1-26-1
武蔵大学経済学部 清水 敦研究室内
電話 03-5984-3781（研究室直通）
e-mail secretariat@jspe.gr.jp

発売
株式会社 **桜井書店**
〒113-0033 東京都文京区本郷1-5-17 三洋ビル16
電話 03-5803-7353 FAX 03-5803-7356
URL http://www.sakurai-shoten.com/

ブックデザイン
鈴木一誌＋下田麻亜也

印刷・製本
株式会社 三陽社

© Japan Society of Political Economy,
2018 Printed in Japan
ISBN978-4-905261-87-2

定価は表紙に表示してあります。
本誌の無断複写（コピー）は著作権法上での例外を除き，禁じられています。
落丁本・乱丁本はお取り替えします。